우리 신화의 수수께끼

우리 신화의 수수께끼

조현설 지음

인류의 오래된 마음이 빚어낸
서른 개의 수수께끼를 찾아서

나무장례에 대한 소식을 들었다. 화장한 후 뼛가루를 나무 밑에 묻고 나무에 이름표를 달아주는 의례라고 한다. 따로 비석도 울타리도 세우지 않으니 이만큼 겸손하고 자연스러운 장례도 없을 법하다. 나무장례에는 큰 무덤으로 위세를 부리려는 세태에 대한 성찰이 묻어 있는 것 같다. 그런데 왜 나무장례일까?

아주 오래된 나무의 신화 한 편이 자연스레 떠오른다. 옛날에 큰 나무 한 그루가 있었는데 하늘에서 선녀가 내려와 늘 머물렀다. 그러던 어느 날 선녀는 나무 신의 정기를 받아 잉태를 하고 사내아이를 낳았다. 아이는 나무 신의 아들이라서 나무도령이라고 불렸다. 나무에서 자란 나무도령이 열여덟 살쯤 되었을 때 선녀 어머니가 하늘로 돌아가자 지상엔 나무도령 혼자만 남게 되었다. 그런데 갑자기 큰 비가 쏟아졌다. 홍수신화로 넘어가는 대목이다. 그 후 어찌어찌하여 나무도령만 살아남아 나무도령으로부터 인류가 다시 시작되었다는 이야기가 이어진다.

우리의 〈목도령〉 신화는 이처럼 인류가 나무도령의 후손이라고 말한다. 그런데 나무도령은 나무 신의 아들이다. 결국 우리는 모두 나무 신, 곧 신성한 나무의 자식이라는 뜻이다. 어린이 같은, 그러나 무의식이 빚어낸 참으로 놀라운 상상력이다. 신화의 이야기처럼 우리 모두가 나무의 자식이라면 다시 나무로 돌아가는 것은 아주 자연스럽다. '흙에서 왔으니 흙으로 돌아가라'는 잠언 곁에 '나무에서 났으니 나무로 돌아간다'는 유언이 걸려 있는 것 같다. 그렇다면 수목장(樹木葬)은 우리가 오랫동안 잊고 있었던 신화의 기억을 되살린 신화적 장례라고 해도 좋지 않을까?

나무도령처럼 나무와 인간의 관계를 말하는 신화는 적지 않다. 옛 여진족의 신화는 옛날 대홍수 때 천신 아부카허허가 버들가지를 드리워 생명을 구했다고 이야기한다. 여신 아부카허허의 성기가 버들잎으로 변해 인간을 낳았다는 신화도 같은 상상력의 소산이다. 중국 윈난 성에 사는 두룽 족 신화에서는 태초에 지상에는 나무와 풀만 있었는데 어느 날 느닷없이 사나운 바람이 불어 찻잎을 떨어뜨리자 홑잎은 남자, 겹잎은 여자로 변해 인류를 이루었다고 한다. 먀오 족의 신화는 단풍나무가 사람을 낳았다고 하고, 타이완 다이얄 족은 자신들의 조상이 계곡 상류의 산에 솟아 있는 대추나무에서 나왔다고 믿고 있다. 조금씩 다르기는 하지만 똑같이 인류의 기원을 신성한 나무에서 찾는다. 나무에서 왔으니 '네가 바로 나무야'라고 말한다. 돌아갈 곳도 거기라는 뜻이다.

인류 최초의 사유 형식을 간직하고 있는 신화는 이런 식으로 '여전히' 우리 곁에 있다. 이제 와서 사람들이 나무장례를 고안한 까닭은 나무가 좋아서만은 아닐 것이다. 나무를 조상이나 신으로 여겨서도 아니다. 더 이상 물을 곳이 없다는 현실적인 한계 때문이다. 어쩔 수 없는 한계가 다른 길로 눈을 돌리게 한 것이다. 하지만 그 돌린 눈길이 머문 곳이 나무장례라는 사실이 심상치가 않다. 나무의 신화가 속삭이는 신화적 사유가 그 눈길의 배후이기 때문이다. 신화는 종종 이런 임계점에서 봄풀처럼 되살아난다. 의식의 한계점에서 작동하는 무의식처럼 과학적 합리성의 임계점, 신화는 거기서 감고 있던 눈을 뜬다. 나무장례에 대한 관심이 높아지고 있는 우리 사회의 현실과 신화에 대한 근래의 열기는 결코 둘이 아니다.

나무장례를 떠올린 바로 그 마음, 그리고 그 마음에서 비롯된 신화열이 《우리 신화의 수수께끼》를 책의 동굴 속에서 불러냈다. 새로 책을 내면서 어울리지 않게 장례 이야기를 꺼낸 뜻이 여기 있다. 지금 여기서 신화를 읽는다는 것은 이 오래된 인류의 마음을, 그러나 여전히 우리의 삶을 만들어가고 있는 마음의 수수께끼를 푸는 일이다. 나아가 마음이 빚어낸 언어와 문화의 비밀을 푸는 일이다. 이 풀이 안에 나무장례와 같은 대안적 지혜의 샘이 있다고 믿기 때문이다.

이 책에는 우리 신화의 '약수'를 찾아 떠나는 긴 여정에서 만난 서른 개의 수수께끼가 실려 있다. 수수께끼를 풀면 스핑크스는 죽지만 테베는 되살아난다. 나무장례로 묻힌 이가 나무로 되살아나듯이. 이 책이 인도하는 풀이의 길을 따라가다보면 독자들은 어디쯤에선가 약간의 약수를 맛볼지도 모르겠다. 그러나 서른 개의 풀이로는 충분치 않다. 바리데기처럼 서천서역국 동대산 약수터에 이르려면 수천 리 길이 아직 남아 있다. 하지만 우리 신화에 대한 풀이가 막다른 길에 이를 때 길을 열어 주는 또 다른 우리 신화, 곧 다른 민족의 신화가 있으니 그 길이 외롭지는 않을 것이다.

이 책은 2004년 11월부터 6개월간 '우리 신화의 수수께끼'라는 제목으로 〈한겨레〉에 연재된 글을 손질하고, 새 글을 보태 엮은 것이다. 이 책에는 필자의 새로운 풀이도 적지 않지만, 우리 신화학계의 오랜 성과도 많은 부분이 녹아 있다. 또 연재 과정에서 얻은 지적과 조언도 담겨 있다. 책의 성격상 일일이 출처를 거론하지 못했음을 밝히면서 이 자리를 빌려 그분들께 감사의 말을 올린다. 아울러 과분한 지면을 제공해준 한겨레신문사에도, 책을 만드느라 애쓴 한겨레출판 식구들에게도 고마움을 전한다.

2005년 12월 31일 조현설

차례

■ 인류의 오래된 마음이 빚어낸 서른 개의 수수께끼를 찾아서　　　4

1　웅녀라는 오래된 수수께끼　　　12

2　단군의 어미는 웅녀인가 백호인가?　　　22

3　부루신화의 세 가지 얼굴　　　32

4　나무꾼과 선녀의 수수께끼　　　40

5　오누이는 결혼할 수밖에 없었다　　　48

6　노각성자부줄의 수수께끼　　　60

7　하늘 줄, 끊어지다　　　70

8　마고할미인가 마귀할멈인가?　　　78

9　태초에 싸움이 있었다　　　88

10　태양신이 된 거지　　　98

11　해가 이상하다　　　108

12　혁거세의 이상한 죽음　　　116

13　신화적 인물 호공의 사라진 신화　　　126

14　하늘인가 알인가?　　　134

15　거대한 거시기의 비밀　　　146

16 바리데기, 이것이야말로 신화다 156

17 저승, 우리 신화의 중간계 164

18 선도성모는 정말 불사를 좋아했을까? 174

19 서천꽃밭에는 누가 있을까? 184

20 황우양씨는 어떻게 성주신이 되었는가? 194

21 신화의 나라 탁라국은 어디로 갔는가? 204

22 천하일색 자청비를 만나고 싶다 216

23 아버지와 아들, 누가 진짜 문전신인가? 226

24 사만 년을 산 사만이는 행복했을까? 236

25 뱀과 결혼한 여자, 뱀을 낳은 여자 246

26 용녀 저민의가 왕건의 할머니가 된 까닭 258

27 3의 신화적 비밀 268

28 두 가지 사냥 두 가지 신화 280

29 왜 그녀가 운명의 신이 되었을까? 290

30 신화 속 수수께끼의 수수께끼 302

■ 사진·그림 저작권 및 출처 309

우리 신화의 수수께끼

1

웅녀라는
오래된 수수께끼

단군을 낳은 웅녀는 어디로 갔을까? 단군신화에서 웅녀는 단군을 낳기 위해 잠시 자궁을 내어준 대리모 같다.
단군을 낳았다는 진술 이후 웅녀에 대한 언급은 어디에도 없지 않은가.

충남 공주의 곰나루에 가면 곰사당이 있다. 30여 년 전 곰나루 부근에서 발굴된 도무지 곰 같지 않은 돌곰을 모신 사당이다. 연전에 방문했을 때는 관리가 제대로 안 된 탓인지 덩그러니 돌덩이 하나만 놓여 있는 웅신각(熊神閣) 밖에는 잡초가 무성했다. 곰나루 전설의 슬픔이 사당 안에도 무성한 것 같았다.

공주 곰사당.

어떤 남자가 나무하러 갔다가 암곰에게 잡혀 굴에서 동거한다. 몇 해 동안 남자와 곰 사이에 새끼 두 마리가 태어난다. 자식을 낳은 후 안심하고 곰이 굴을 비운 사이 남자는 도망쳐 배를 타고 강을 건넌다. 뒤늦게 알게 된 곰이 따라와 자식을 죽이겠다고 위협하지만 남자는 가버린다. 곰은 두 자식을 물에 던지고 자신도 몸을 강물에 던진다. 곰이 죽은 후부터 배가 뒤집히는 일이 자주 일어난다. 나라에서 사당을 지어 곰을 위로해 주자 그런 일이 그쳤다.

익히 알려진 곰나루 전설이다. 그러나 이 전설에는 문면에 드러나지 않은 비밀이 적잖이 숨어 있다. 우선 곰과

공주 곰나루에서 발견된 곰 석상.

나무꾼이 동거하고 거기서 자식이 태어난다고 하는 것이 수상하지 않은가. 남자의 도망과 곰의 자식 살해와 자살도 뭔가 석연찮다. 마치 최근 자주 듣게 되는 삶을 비관한 부모 자식의 동반자살 같은 비극적인 분위기를 풍긴다. 하지만 단순히 한을 품고 죽은 원귀의 억울함을 풀어주었다는 원혼 전설과는 여러 모로 다르다. 이 웅녀의 수수께끼를 어떻게 풀어야 할까?

실마리는 의외의 장소에서 만남을 고대하고 있었다. 이야기부터 들어보자.

어떤 사냥꾼이 사냥하러 갔다가 암곰에게 잡혀 굴에서 동거한다. 몇 해 함께 사는 동안 곰은 새끼 한 마리를 낳는다. 그후 사냥꾼은 암곰이 굴을 비운 사이 도망을 친다. 뒤늦게 알게 된 곰이 새끼를 안고 따라오자 사냥꾼은 뗏목을 타고 강을 건넌다. 화가 난 곰은 새끼를 두 쪽으로 찢어 한쪽을 사냥꾼에게 던진다. 남은 쪽은 곰으로, 던져진 쪽은 에벤키 인으로 자라났다. ✉

이 이야기는 곰나루에서는 너무도 먼 북방 홍안령 일대에 거주하는 에벤키 족의 기원신화, 혹은 시조신화이다. 그런데 놀랍지 않은가? 에벤키 족 기원신화와 공주의 곰나루 전설이 쌍둥이처럼 닮았다니. 운명의 갈림길인 강가에서 에벤키 족의 웅녀는 아이를 찢어 사냥꾼에게 던지고 우리의 웅녀는 제 몸을 던져 다른 길을 선택하지만 강가에 이르기까지 이야기의 진행은 동일하다. 본래 같은 이야기였다고 믿고 싶을 정도다. 우연의 일치일까, 아니면 내밀한 곡절이 있는 것일까? 실마리인가 했더니 또 다른 수수께끼다.

단군신화의 웅녀, 에벤키 족의 웅녀, 곰나루의 웅녀

이쯤에서 가장 유명한 웅녀, 〈단군신화〉의 웅녀를 만나보자. 《삼국유사》에 그려진 웅녀는 굴에 살면서 환웅에게 사람이 되게 해달라고 빈다. 물론 호랑이도 같이 빌었다. 환웅은 신령한 쑥 한 타래와 마늘 스무 개를 주면서 먹고 백일 동안 해를 보지 않으면 사람의 형상을 얻을 수 있다고 한다. 그래서 사람이 된, 아니 여자가 된 곰은 이번에는 아이를 배게 해달라고 빈다. 신 환웅이 사람으로 변하여 곰과 짝을 이뤄 아들 단군을 낳는다. 이것이 우리가 너무나 잘 알고 있는 웅녀의 이야기다.

곰의 슬픈 전설이 깃든 충남 공주의 곰나루 솔숲 위로 여명이 밝아오고 있다.

1970년대 서울 중구 남산 단군
사당에 모셔진 단군·환인·
환웅(왼쪽부터)의 모습. 웅녀는
이 제단에 없다.

그런데 웅녀의 이야기라니? 사람이 되게 해주세요, 아이를 낳게 해주세요, 두 가지 기원과 두 가지 소원 성취가 웅녀가 출연하는 이야기의 전부인데 이게 과연 웅녀의 이야기일까? 웅녀의 이야기라면 고소설 〈박씨전〉의 박씨 부인처럼 웅녀가 주인공이 되어 활약하는 이야기여야 할 텐데 그렇지가 않다. 단군신화는 환웅의 아들 단군이 고조선을 세우고 다스리는 그들의 이야기이지 웅녀의 이야기가 아니지 않은가. 웅녀는 자신의 고유한 이야기를 지니지 못한 인물이다. 요즘 흔히 쓰는 말로 '허스토리(her-story)'가 없는 여성이다. 그렇다면 웅녀의 스토리는 어디 있는가? 그리고 단군신화의 웅녀와 에벤키 족 시조신화의 웅녀, 곰나루의 웅녀는 무슨 관계가 있는가? 잘 풀리지 않는 수수께끼가 꼬리를 물고 일어난다.

이제 남은 마지막 단서는 영남 지방에 전승되고 있는 〈봉화산의 암곰〉이라는 전설이다.

봉화산 꼭대기 커다란 소나무 아래 암곰이 살고 있었다. 암곰은 사람이 되는 것이 소원이어서 백일기도를 올려 예쁜 소녀가 된다. 이 웅녀는 사냥할 때 곰으로 변신할 수 있는 능력이 있었는데 길을 잃고 쓰러진 사냥꾼을 구해 준다. 웅녀의 강요로 둘은 굴속에서 동거한다. 일년 후 웅녀의 경고를 무시하고 사냥꾼은 처자식이 그리워 도망친다. 사실을 알게 된 웅녀는 사냥꾼을 찾아 헤매다가 소나무 아래 목을 매 죽는다.

이 봉화산의 웅녀는 자살을 한다는 점에서는 곰나루의 웅녀와 같다. 웅녀에게 발목을 잡힌 남자가 굴속에서 동거한다는 점에서는 에벤키 족의 웅녀, 또는 곰나루의 웅녀와 같다. 그런데 흥미로운 점은 소나무 아래 사는 암곰이 소원을 이루기 위해 백일기도를 올려 여자가 된다는 전반부의 이야기다. 이 암곰의 소원과 변신이 〈단군 신화〉에 그려진 웅녀의 모습과 너무도 흡사하기 때문이다. 〈봉화 산의 암곰〉이야기에는 에벤키 족 시조신화, 단군신화, 곰나루 전설이 난마처럼 얽혀 있다. 하지만 이들 이야기들의 얽힘이 분명히 말하 고 있는 것은 〈단군신화〉에서 소원을 빌던 웅녀가 곰나루의 웅녀, 그리고 에벤키 족의 웅녀와 절대로 무관하지 않다는 사실이다.

그렇다면 한 식구들이었을 이 곰들의 이야기는 어째서 이렇게 서로 다른 얼굴로 서로 다른 지역에서 오랜 기억의 편린들을 간직한 채 전승되고 있었을까? 거기에는 신화의 역사적 변모라는 오랜 내력이 감춰져 있다.

무지개 마을의 곰 이야기

에벤키 시조신화에서 웅녀는 주인공이다. 수렵민이었던 이들에게 곰은 사냥감이면서 동시에 숭배의 대상이었고 곰에 대한 신앙은 이들에게 곰과 자신들이 한 핏줄이라는 관념을 낳았다. 곰에 대한 숭배와 의례를 정당화하는 시조신화에서 곰은 당연히 주인공일 수밖에 없다. 곰은 남자를 나포하여 굴에서 동거하면서 새끼를 낳고, 남자와 분리되는 순간 새끼를 나누는 창조적 행위를 감행한다. 몸을 반으로 나눔으로써 새끼는 죽지만 그 죽음을 통해 피와 살을 나눈 두 몸으로 재창조되고 있지 않은가. 창조적 행위를 통해 스스로 에벤키 족의 시조가 되는 웅녀, 이것이야말로 허스토리가 아닐 수 없다.

이누이트의 옷을 입고 사냥꾼에게 인사하는 북극곰.

그러나 웅녀는 단군신화라는 새로운 신화 체계 속에 포획되면서 자신의 이야기를 잃어버린다.

물론 단군신화에 포획된 웅녀가 바로 에벤키의 시조모 웅녀라고 단정할 만한 확증은 없다. 그렇지만 몇 가지 유력한 방증은 있다. 먼저 에벤키 족이 우리와 동일 어족에 속한다는 점이 증거가 될 만하다. 근래 우실하 교수는 바이칼 인근에 거주하는 에벤키 족이 지금까지도 '아리랑(맞이하다)'과 '쓰리랑(느껴서 알다)'이라는 말을 쓰고 있다는 보고서를 내놓았다. 그는 이를 우리 선조의 흔적을 찾을 수 있는 유력한 단서로 보고 있다. 하지만 근래 언어학계에서는 한국어의 알타이어 계통설을 부정하고 있으므로 아쉽지만 단서 목록에서 내려놓자. 그렇다면 에벤키 족이 본래 고조선의 강역과 무관하지 않은 황하 하류와 화북 일대에 거주하다가 금석 병용기 시대에 북쪽으로 이동했다는 루광티엔[呂光天]의 에벤키 족 이동설은 어떤가? 에벤키 족과 고조선이 어떤 식으로든 만났을 가능성을 보여주고 있지 않는가? 이런 방증도 미심쩍다면《세종실록》의 한 대목에 유의할 필요가 있다.

> 우지개(亏知介)의 풍속이 여자는 모두 방울을 찹니다. 무오년 5월에 여자 셋이 벗나무 껍질을 벗기려고 산에 들어갔다가 한 여자는 집으로 돌아오고 두 여자는 돌아오지 않았습니다. 그 해 11월에 사냥하는 사람이 산에 들어가서 곰 사냥을 하다가 나무의 빈 구멍 속에서 방울 소리가 나는 것을 듣고 나무를 베어 내고 보니 두 여자가 모두 아이를 데리고 있었습니다. 그 연유를 물으니 대답하기를 "지난 5월에 벗나무 껍질을 벗기려고 산속에 들어왔다가 길을 잃어 집에 돌아가지 못했는데, 수곰의 협박을 당하여 함께 잔 후 각각 아이를 낳았다" 라고 하였는데 그 아이들의 얼굴이 반은 곰의 모양과 같았습니다. 그 사람이 그 아이들을 죽이고 두 여자를 거느리고 돌아왔다고 합니다.

세종 21년(1439) 7월 2일 함길도(함경도) 도절제사가 올린 정문 (呈文)의 한 부분이다. 함경도 우지개라는 곳에 전해지는 이야기가 하도 수상해서 형조에까지 보고서를 올린 모양이다. 사실 여부를 확인할 수는 없지만 우리는 적어도 이 이야기에서 함경도 지역에 에벤키 신화와 유사한 전승이 15세기에 유포되어 있었다는 사실은 확인할 수 있다. 피살된 우지개의 곰 아이들의 모습에서 우리는, 마치 곰나루 전설처럼 곰 시조신화가 전설화된 모습을 발견할 수 있다. 우지개 마을의 곰 이야기는 에벤키 신화와 곰나루 전설을 이어주는 연결고리가 될 자격이 충분하다.

이런 증거들을 통해 우리는 에벤키 족, 혹은 적어도 에벤키 신화와 같은 신화를 지닌 종족이 고조선에 통합되면서 신화 역시

통합되었다고 보는 것이다. 이 신화의 통합 과정에서 고조선의 하부
구성원으로 된 종족의 시조신은 지배 종족의 시조신인 환웅의 짝으로
상징화되면서 자신들의 종족 이야기인 웅녀 이야기를 잃어버린다.
동시에 여신 웅녀의 이미지는 남신 환웅에게 사람이 되기를, 아들을
낳기를 간걸하는 타자의 이미지로 전환되었던 것이다.

　단군을 낳은 단군신화의 웅녀는 어디로 갔을까? 단군신화에서
웅녀는 단군을 낳기 위해 잠시 자궁을 내어준 대리모 같다. 단군을
낳았다는 진술 이후 웅녀에 대한 언급은 어디에도 없지 않은가.
고조선 건국신화에서 웅녀는 건국을 위해 동원된 존재지만 웅녀는
웅녀를 시조모로 섬기는 에벤키 족들에게는 여전히 신성한 어머니였을
것이다. 현재의 에벤키 족들이 시조신화를 전승하고 있는 것처럼.

　하지만 생각해 보라. 고조선에 편입되어 동화되면서 문화적
정체성을 상실했거나 고조선의 해체 이후 그 잔류 집단이 북방의
유목민으로 돌아갔을 때, 혹은 그 일부만이 고조선의 유민으로

남하했을 때 전승할 입과 힘을 잃은 에벤키 족의 웅녀 이야기는 어떤 운명을 맞게 되었을까? 창조와 재생의 능력을 잃은 여신 웅녀는 강물 앞에서 절망하고 자살할 수밖에 없지 않았겠는가.

〈곰나루전설〉이나 〈봉화산의 암곰〉 전설은 그저 '배신한 남성에 대한 절망감 때문에 자살한 어떤 여성의 이야기' 식의 통속적 서사 만은 아니다. 웅녀의 잃어버린 신화가 묻혀 있는 신화의 유적이다. 기필코 발굴되어야 할 유적이다.

에벤키 족

에벤키 족은 동쪽으로는 태평양 연안에서 서쪽으로는 오비 강, 이르티슈 강에 이르는 넓은 지역에 흩어져 살고 있는데 그 가운데 대략 러시아 지역에 4만 명, 몽골에 2000명, 중국 동북에 2만 5000여 명이 있다고 한다. 과거에는 캄니간·퉁구스·오르존· 솔론·야쿠트 등으로 불렸으나 지금은 에벤키라는 종족명으로 통일되었다. 에벤키, 곧 '거대한 산림 속에 사는 사람들'이라는 뜻대로 이들은 주로 시베리아 산림에서 순록을 키우고 사냥을 하는 유목 수렵생활을 하고 있지만 중국·몽골의 북동부 지역에 사는 에벤키 인들은 소나 말을 사육하면서 농업에 종사하기도 한다. 역사 기록으로 보면 이들은 당나라 시기의 실위(室 韋), 명나라 시기의 북산야인(北山野人)으로 불린 종족과 관계가 깊다. 언어학적으로는 알타이어계 만주퉁구스어족으로 분류된다. 씨족마다 샤만이 있고 샤만은 씨족의 우두머리 역할을 하고 있으며 곰을 조상으로 숭배하는 문화가 특징적이다.

에벤키 족이 곰의 뼈와 내장을 풍장(風葬)한 모습.

2

단군의 어미는
웅녀인가 백호인가?

창조신 호랑이, 고조선의 국모 호랑이, 고려 왕가의 시조 호랑이, 그리고 산신 호랑이. 이런 교정된 시각으로 봐야
무수한 산신도에 좌정하고 있는, 천의 얼굴을 지닌 호랑이를 제대로 볼 수 있다.

 저 태백산 신단수 아래쪽 깊은 동굴을 뛰쳐나간 호랑이는 어디로 갔을까? 쑥과 마늘만 먹고 백일 동안 햇빛을 피하라는 환웅의 금기를 어겨 인간되기에 실패했던 단군신화의 범은 어떻게 되었을까? 승자는 신화 속에 국모(國母)로 남았지만 패자는 종적이 묘연하다. 범의 행방은 고조선 건국신화의 또 다른 수수께끼이다.

그런데 여기 《삼국유사》의 강력한 전승력에 밀려 잊혀진 또 하나의 〈단군신화〉가 있다. 승려 설암(雪巖, 1651~1706)이 지은 기행문인 《묘향산지(妙香山誌)》의 〈단군신화〉가 그것이다. 설암은 《제대조기(第代朝記)》라는 문헌을 참조했다고 하는데 내용은 이렇다.

환인의 아들 환웅이 태백산에 내려와 신단수 아래 살았다. 환웅이 하루는 백호(白虎)와 교통하여 아들 단군을 낳았다. 그가 요(堯) 임금과 같은 해에 나라를 세워 우리 동방의 군장(君長)이 되었다.

《삼국유사》와 유사하지만 여기서는 곰이 아니라 호랑이가 단군을 낳는다. 곰과 범, 대체 어느 쪽이 진짜 단군의 어미인가? 환웅과 백호의 결혼이라는 낯선 〈단군신화〉가 지금 우리에게 묻고 있다.

중국 쓰촨[四川], 윈난[雲南] 등지에 거주하고 있는 이 족(彝族)의 별명은 호랑이족이다. 이 족은 자신들을 '로로'라고 하는데 이 족 말로 '로'는 '호랑이'라는 뜻이다. 호랑이 민족답게 이들은 자신들의 피와 뼈를 호랑이의 피와 뼈로 여기고 있고, 집집마다 돌 호랑이를 조상신[虎祖]으로 모시고 있다. 이들은 3년마다 한 번씩 한 해의 첫 번째 달인 호랑이 달에 치르는 마을 제사에서 호랑이 춤을 춘다. 문화인류학자들의 주목을 받고 있는 이 유명한 춤은 바로 자신들을

낳은 어머니 호랑이를 기념하는 춤이다.

　호랑이와 문화적 한 몸을 이룬 민족답게 이들은 창조신화에도 호랑이를 등장시킨다. 창조신 켓조가 자녀신들을 만들어 천지를 창조한 후 천지간의 만물을 만들 때 질료로 사용하는 것이 바로 호랑이다. 켓조의 아들들이 호랑이를 잡아 호랑이의 왼쪽 눈은 해, 오른쪽 눈은 달, 수염은 햇빛, 이빨은 별, 호랑이 기름은 구름, 배는 바다, 피는 바닷물, 창자는 강, 갈비는 길……, 이런 식으로 만물을 조성하고 있다. 신의 주검에서 세계가 만들어지는 사체화생(死體化生) 신화의 특이한 사례라고 할 만한데 그 주검이 호랑이인 것은 이 족의 호랑이 숭배 문화 때문일 것이다.

고려 건국신화의 호경 이야기

단군신화의 호랑이를 이야기하다가 뜬금없이 이 족 호랑이 숭배 문화와 창조신화를 거론한 까닭은 그것이 고조선 신화의 호랑이와

조선시대의 민화 까치 호랑이.

호랑이로 분장한 이 족 노인.

직접적 친연 관계가 있기 때문은 아니다. 그보다는 원시사회에서 공포와 숭배의 대상이었을 호랑이가 어떤 형상으로 신화에 나타날 수 있는가를 잠시 엿보려는 것뿐이다. 이 족의 신화와 문화가 말하는 것은 호랑이가 다른 신성 동물들과 마찬가지로 인간과 혈연관계를 맺는 동물 조상신으로, 때로는 창조신으로 신화에 출현할 수 있다는 것이다.

이와 관련하여 흥미로운 대목은 우리 창조신화에도 호랑이가 등장한다는 사실이다. 민속학자 손진태가 도쿄에서 간행한 《조선민담집》(1930)을 보면 남매혼 홍수신화의 변이형으로 보이는 자료가 실려 있는데 이 홍수신화의 오누이는 일반 형과는 달리 결혼을 못하고 늙어간다. 그때 어디선가 호랑이가 사내 하나를 데리고 와서 누이와 결혼을 하게 한다. 그래서 인류가 다시 시작되었다는 이야기다. 근친상간 회피심리가 이런 변이형을 만들어냈겠지만 하필 호랑이가 남자를 데리고 왔다는 점은 예사롭지 않다. 이 신화에서 호랑이는 분명 인류를 재창조하는 창조신의 직능을 수행하고 있기 때문이다.

이 족 신화에서 조상신인 호랑이가 창조신으로도 나타난다면 우리 신화에서 창조신의 모습을 지닌 호랑이가 조상신으로 나타날 수 있는 가능성은 결코 낮지 않다. 고려 건국신화의 일부인 《고려사》의 호경 이야기를 주목할 수밖에 없는 까닭이 여기에 있다.

왕건의 6대조인 호경(虎景)은 어느 날 고을사람들과 평나산에 사냥을 갔다가 날이 저물어 굴에서 자게 된다. 그런데 범 한 마리가 굴을 막고 으르렁거린다. 굴 안의 일행들은 어쩔 수 없이 갓을 벗어던져 제물이 될 사람을 결정하기로 했다. 범이 호경의 갓을 물자 호경은 싸우려고 나간다. 그때 마침 굴이 무너져 오히려 굴속에 있던 사람들은 모두 죽어버리는 사태가 발생한다. 호경이 죽은 이들의 장사를 지내주고 산신에게 제사를 올렸는데 자칭 평나산 주인이라는 과부 산신이 나타난다. 바로 굴을 막고 으르렁거리던 호랑이였다. "그대와 부부의 인연을 맺어 함께 신정(神政)을 펼치려 하오니 이 산의 대왕(大王)이 되어주소서." 말이 끝나자 산신도 호경도 사라진다. 그 광경을 본

조선시대 산신도에는 늘 호랑이가 함께 등장한다. 여산신도에도 예외 없이 호랑이가 나온다.

고을사람들이 사당을 세워 호경을 대왕으로 모신다.

산신인 호랑이와 백두산 성골장군 호경이 짝을 맺은 신인혼(神人婚) 이야기인 셈인데 여기에는 모종의 변형이 도사리고 있는 것 같다. 왜냐하면 여산신인 호랑이가 호경에게 평나산의 대왕이 되어달라고 간청하고 있기 때문이다. 평나산의 호랑이는 스스로 산신이면서 왜 호경에게 대왕의 자리를 맡아달라고 요청했는지 의문스럽다.

이에 대해서는 호랑이가 동물신에서 인격신으로 변형되면서 인간의 모습을 지닌 산신과 산신의 동반자인 호랑이로 분화되는 과정을 반영한 것이라는 종교심리학적 해석이 가능하다. 또는 굴에 남아 있다가 함께 죽었던 아홉 사람 때문에 평나산을 구룡산(九龍山)으로 개명했다는 기록에서 알 수 있듯이 평나산 산신을 모시던 집단의 성격이 달라지면서 산신 신앙의 중심이 호랑이 여산신에서 남산신 호경대왕으로 바뀐 내력이 신화에 반영된 것이라는 문화변동론적 해석도 가능하다. 물론 이때 바뀐 집단은 왕건의 집안과 무관하지 않을 것이다.

'호랑이의 소생' 아크뗀카 족

그러나 호경신화에서 좀더 중요한 대목은 구룡산 산신이 된 호경이 옛 부인을 잊지 못해 밤마다 꿈처럼 찾아와 합방을 했다는 부분이다. 평나산 호랑이 여산신과 호경의 결합이 구룡산 호랑이 남산신과 호경의 옛 부인의 결합이라는 새로운 신인혼으로 변형되고 있는 것이다. 물론 이 변형의 목표는 강충이라는 아들을 낳기 위한 것이

고, '호경-강충-보육-진의(숙종)-작제건-용건-왕건'으로 이어지는 고려 왕통을 신성화하기 위한 것이다. 그런데 이 변형에서 우리가 확인해야 할 것은 비록 인격화되기는 했지만 산신인 호랑이가 조상신이라는 점이다. 창조신 호랑이가 조상신으로도 우리 신화에 나타날 수 있다는 사실이 확인된 셈이다.

기실 고려 건국신화의 조상신 호랑이는 고조선과 문화적 친연관계가 있으리라고 생각되는 동북 지역 민족의 시조신화에서 익숙한 존재이다. 예컨대 아무르 강 하류 하바로프스크 부근에 거주하는 아크멘카 족의 호랑이 시조신화가 그렇다.

언젠가 한 처녀가 산속에서 호랑이와 사귀어 아들을 낳았는데 이름을 '아크멘카'라고 했다. 호랑이의 소생이란 뜻이다. 아크멘카는 자라서 뛰어난 사냥꾼이 되었고, 장가를 들어 자식을 많이 낳아 아크멘카라는 한 씨족을 이루었다.

곰 시조신화를 가지고 있는 에벤키 족의 한 지파인 아크뗀카 족은 호랑이 시조신화를 지닌 민족이다. 곰과 마찬가지로 호랑이 역시 고조선 건국신화의 일부가 되기 전에는 이 같은 자기 신화를 가지고 있었을 것이다.

자, 그렇다면《묘향산지》의 단군신화에 보이는 흰 호랑이와 환웅의 결합은 전혀 이상할 게 없지 않겠는가? 아크뗀카 족의 '호랑이-처녀'의 결혼이 단군신화에서 환웅과 백호의 결혼으로 변형되고, 그것이 후대의 고려 건국신화에서 '호랑이 여산신-호경장군', '남산신 호경대왕-옛 부인'의 형식으로 반복되고 있을 따름이다. 우리에게 환웅과 백호의 혼인이 낯설다면 그것은 순전히 '환웅-웅녀' 커플로 이뤄진《삼국유사》의 단군신화에 너무 익숙하기 때문일 것이다.

이제 최초의 물음들로 돌아가 보자.《삼국유사》 중심의 주류적 전승에서 호랑이는 금기를 깬 패배자지만《묘향산지》의 단군신화에서 호랑이는 환웅과 짝이 되어 단군을 낳는 승리자이다. 게다가 두 단군신화를 견주어 보면 더 오래된 것은, 신화의 형태로 보아《묘향산지》 쪽이다.《삼국유사》에 보이는 '곰의 인간되기'에는 이미 동물신보다 후대에 발생한 것으로 인정되고 있는 인격신 개념이 개입되어 있기 때문이다. 그렇다면 더 오래된 단군신화의 백호가 단군의 진짜 어미인가?

수수께끼를 던져놓고 답이 없다고 발뺌을 하는 것 같지만 중요한 것은 밝히기 어려운 진짜를 억지로 밝히는 것이 아니다. 중요한 것은 진위가 아니라 다른 형태의 단군신화가 지닌 각각의 의미이다. 그리고 당장 필요한 것은 금기를 깬 호랑이와 호랑이를 시조로 모시던 집단을 역사의 패배자로 여기던 우리의 사시(斜視)를 교정하는 일이다. 창조신 호랑이, 고조선의 국모 호랑이, 고려 왕가의 시조 호랑이, 그리고 산신 호랑이. 이런 교정된 시각으로 봐야 무수한 산신도에 좌정하고 있는, 천의 얼굴을 지닌 호랑이를 제대로 볼 수 있을 테니까 말이다.

《조선민담집》의 홍수신화

옛날 대홍수가 있었다. 오랫동안 이어진 큰비와 해일로 세상이 모두 바다로 변해 생물은 물론이고 인간도 모두 죽었다. 그 가운데 오직 오누이만 큰 나무를 타고 살아남아 높은 산정에 닿았다. 홍수가 물러가자 세상은 다시 본래대로 돌아갔지만 아무도 살아남지 못했기 때문에 오누이가 결혼하지 않는다면 인류는 멸절할 수밖에 없었다. 그렇지만 오누이가 결혼을 결심하기는 어려웠다. 그런 가운데 두 사람은 점점 늙어 머리가 빠지기 시작했다. 그때 호랑이 한 마리가 어디선가 남자 하나를 데려와서 누이가 그 남자와 결혼하여 자식을 낳았다. 이들이 오늘날 인류의 조상이다.

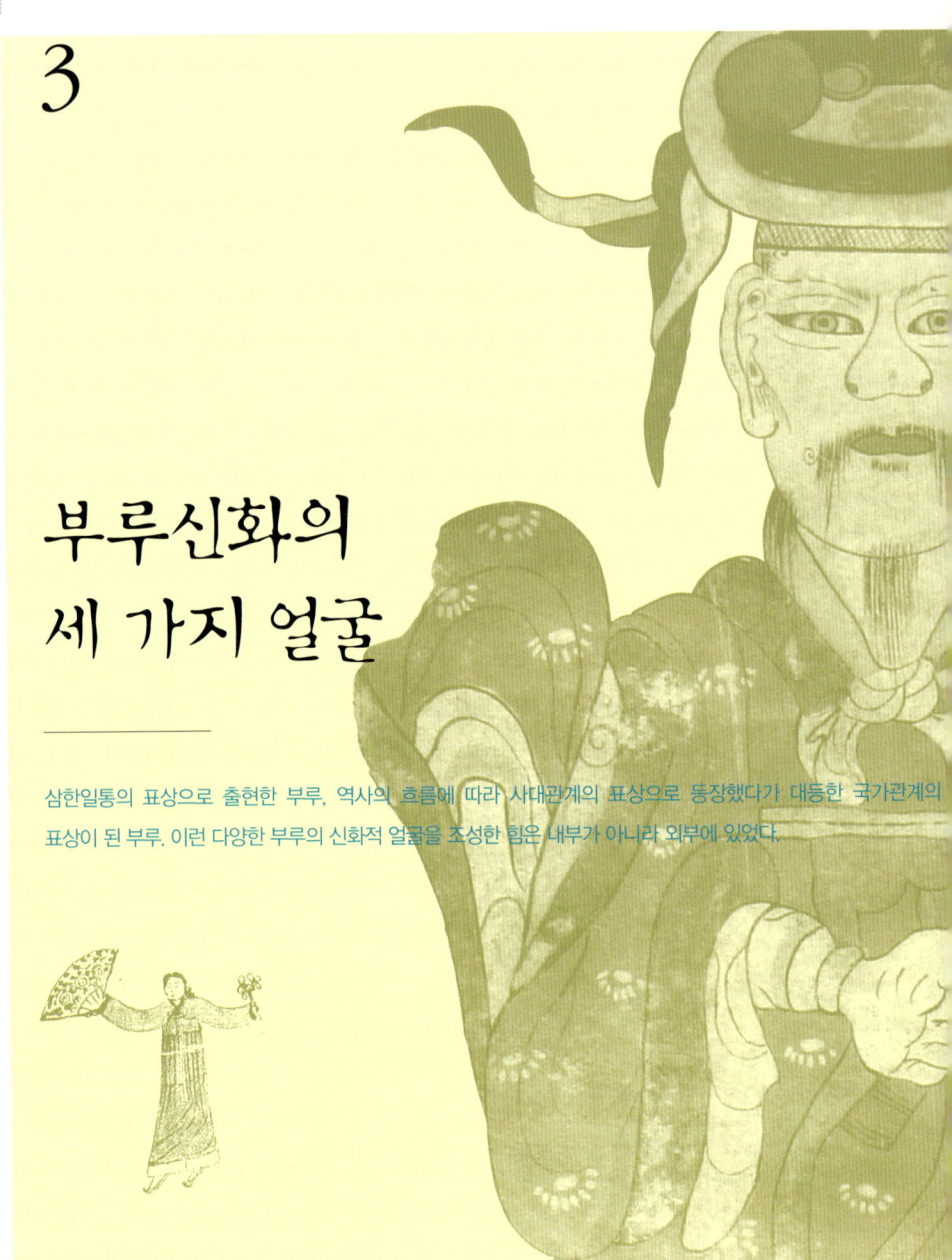

3

부루신화의
세 가지 얼굴

삼한일통의 표상으로 출현한 부루. 역사의 흐름에 따라 사대관계의 표상으로 등장했다가 대등한 국가관계의
표상이 된 부루. 이런 다양한 부루의 신화적 얼굴을 조성한 힘은 내부가 아니라 외부에 있었다.

 단군신화에는 아직 열리지 않은, 혹은 끝내 비밀의 빗장이 열릴 것 같지 않은 방들이 많다. 단군신화가 여전히 지적 매력을 발산하는 이유도 거기 있을 것이다. 단군이 부루(夫婁)라는 아들을 두었다는 짧막한 기록도 그런 매력의 하나다.

일연은 《삼국유사》를 편찬하면서 우리가 다 아는 단군신화를 〈기이(紀異)〉편 첫머리에 올려놓았다. 그런데 일연은 엉뚱하게도 〈기이〉편에서는 하지 않은 이야기를 1권 왕력(王曆)〉편에서 한다. 일설에는 고구려 동명왕의 이름이 추몽(鄒蒙)인데 단군(壇君)의 아들이라는 것이다. 여기서 그치지 않는다. 〈기이〉편에서 주몽신화를 기록하면서 〈단군기(壇君記)〉를 인용하여 "단군이 서하 하백의 딸과 관계하여 아들을 낳았는데 이름을 부루라고 하였다. 이제 이 기록(삼국사기 고구려 본기)을 보니 해모수가 하백의 딸과 사통하여 주몽을 낳았다고 한다. 〈단군기〉에도 아들을 낳아 부루라고 했다 하니 아마도 부루와 주몽은 배다른 형제일 것이다."라는 자신의 해석을 덧달고 있기도 하다. 《삼국유사》보다 몇 년 늦게 쓰인 이승휴의 《제왕운기(帝王韻紀)》(1287) 역시 "먼저 부여와 비류를 일컫네."(先以扶餘沸流稱)라는 시구에 〈단군본기(檀君本紀)〉를 인용하여 주석을 달면서 "비서갑 하백의 딸과 혼인하여 아들을 낳았는데 부루"라고 적고 있다. 또 〈동명본기(東明本紀)〉를 끌어와 부여의 왕 부루가 늙도록 자식이 없어 아들을 낳게 해달라고 산천에 제사를 드렸는데 말이 곤연이라는 곳에서 큰 돌을 보고 눈물을 흘리는 것을 보고 돌 밑에서 금빛 개구리 모양의 아이를 얻어 금와(金蛙)라고 이름 짓고 태자로 삼았다고 적고 있다. 뭔가 미심쩍지 않은가? 부루가 고조선 단군의 아들이고, 고구려 주몽의 이복형제이고, 동시에 부여의 왕이라니!

왜 이런 혼란이 생겼을까? 부루가 시간을 초월해 동에 번쩍 서에 번쩍 하지 않았다면 여기에는 틀림없이 혼란을 야기한 문제가 있을 것이다. 일연은 단군신화를 편집하면서 〈위서(魏書)〉와 〈고기(古記)〉를 인용하고 있다. 중국 역사서인 《삼국지》의 〈위서〉에는 단군 왕검에 관한 기록이 없어 인용된 〈위서〉가 어떤 문헌인지 알 수가 없고, 〈고기〉 역시 고유명사인지 그저 옛 기록을 통칭하는 명칭인지 알 수가 없는 상태지만 일연은 어쨌든 두 문헌을 근거로 단군신화를 기록한 것이다. 그런데 일연이 본 문헌에는 〈단군기〉라는 것이 있었고, 이승휴는 같은 책인지는 알 수 없지만 〈단군 본기〉를 거론하고 있다. 말하자면 13세기 당시에 고려 이전의 역사에 관한, 서로 다른 시각을 지닌 다양한 기록들이 공존했다는 것이다. 서로 다른 목소리가 혼란의 진원이고, 일연의 '배다른 형제'라는 과감한 추론의 바탕이다.

부루신화의 확산을 상징하는 부루단지

그러나 이 혼란 속에는 알 수 없는 웅성거림만 있었던 것이 아니다. 어떤 뚜렷한 음성도 감지된다. 그것은 고조선과 이후의 역사를 단절이 아니라 연속으로 파악하려는 목소리다. 《제왕운기》가 단적인 사례다. 《제왕운기》를 보면 산천의 형세가 좋고 예의를 알아 화인(華人)들이 소중화(小中華)라고 불렀다고 자랑하면서 부여·비류(沸流)·신라·고구려·남북옥저(南北沃沮)·예맥이 모두 단군의 후손이라고 읊조리고 있다. 다분히 고려 사람 이승휴의 대타적 자부심과 한반도와 그 북부 지역에 있던 고대 국가들을 단군 이래 한 계보로 묶어 역사의 부단함을 웅변하려는 태도가 생생하다.

그런데 이승휴만 그랬던 것은 아니다. 부루와 주몽을 이복형제로 추론하는 일연의 생각이 그렇고, 일연이나 이승휴가 인용한 〈단군기〉나 〈단군본기〉와 같은 문헌들의 시각도 그렇다. 단군의 아들 부루가 부여의 왕이 되면 부여에서 갈라진 고구려 역시 한 통속이 되고, 고구려에서 갈라져 나간 백제 또한 그렇게 된다. 고조선에서 삼한과 삼국, 그리고 고려로 이어지는 역사의 연속성에 대한 강력한 욕망이 일연과 이승휴 시대의 시대정신이었던 셈이다. 역사학자들은 이를 삼한일통(三韓一統) 의식이라고 하는데 이런 의식은 신라의 통일 이후 형성되었지

무당내력도 중 '조상거리'.

만 고려시대 북쪽의 외적, 특히 몽골과의 전쟁 와중에 고양되었다는 것이 일반론이다. 당할수록 강해지는 것이 혈족 중심의 집단의식이라는 사실은 고금의 역사가 이구동성으로 증언하는 것이다.

여기서 단군과 하백의 딸 사이에서 태어나 부여의 왕이 된 부루는 단지 단군의 아들이 아니라 삼한일통의 매개자로 변형된다. 무력으로 삼국통일의 토대를 다진 인물이 김유신이었다면 의식의 차원에서 삼국을 통일한 것은 부루라고 해도 좋을 것이다. 이렇게 변형된 부루 이야기는 후대의 문헌에서 고착된다.《세종실록지리지》등 조선시대 문헌에서 부루는 내내 단군과 하백의 딸 사이에서 태어나 (동)부여의 왕이 된 인물로 나타난다. 부루의 '신화'는 이런 내력을 거쳐 생성된 것이다.

이렇게 생성된 신화가 어떻게 확산되었는가를 잘 보여주는 흥미로운 징표가 하나 있다. '시조단지'가 그것이다. 우리나라 민속에서 쌀을 넣어 안방 선반 위에 모시던 단지인데 햇곡식이 나오면 해마다 바꿔 담는다. 말하자면 햇곡식 단지를 잘 모셔놓고 조상처럼

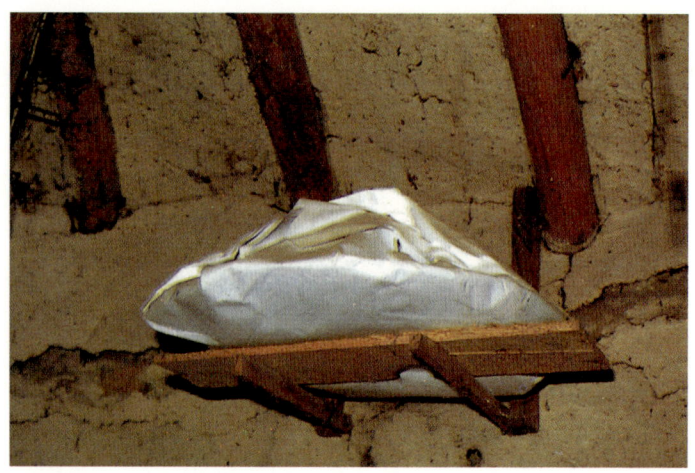

시조단지

여기는 것이다. 지역에 따라서는 세존단지(시준단지), 성주단지, 용단지 등으로 변형되는데 전라도에서 성주단지는 조상의 위패를 대신하기도 하고, 경상도에서 용단지[龍壺, 龍盆]는 집안의 수호신으로 모셔진다고도 한다. 곡물신 숭배와 조상신 숭배가 결합된 형태가 시조단지가 아닐까 생각된다.

그런데 이 시조단지에는 부루단지라는 다른 이름도 있다. 19세기 문헌인 《무당내력(巫堂來歷)》(서울대 규장각)을 보면 해마다 10월에 햇곡식을 담아 제사를 드리던 돌 단지를 부루단지라고 불렀으며 단군의 아들 부루에서 유래했다고 한다. 같은 내용이 이른바 20세기 초에 제작된 위서(僞書)로 분류되는 《규원사화(揆園史話)》에도 보인다. "울타리 아래 깨끗한 곳에 흙으로 단을 쌓고 토기에 벼를 담아 그 위에 두고 짚을 엮어 가린 뒤 시월이 되면 반드시 햇곡식을 담는다." 시조단지와 부루단지는 다른 것이 아니다.

그렇다면 당연히 물음표 하나가 뒤를 따른다. 시조단지가 왜 하필 부루단지라는 별명을 얻었을까? 부루단지와 나머지 이름들 가운데서 부루단지가 원형이라는 견해가 없는 것은 아니지만 꼭 그렇게 볼 것은 아니다. 조상 모시기나 농경과 더불어 생성되었을 농경 생산신에 대한 제사는 고대 국가인 고조선 이전부터 있었을 테니까 말이다. 오히려 부루단지는 부루가 하백의 딸과 단군의 아들로 인식된 후, 나아가 단군이 한반도와 그 이북 지역 주민들의 공동시조로, 그리고 아들 부루는 삼한일통의 표상으로 단군신앙을 가진 이들에게 공인된 후, 집안의 수호신이자

조상신이자 농사의 풍요를 가져다주는 신의 신체(神體)로 여기던 시조단지가 자연스레 부루단지로도 전용된

부루단지를 만드는 모습.

것으로 생각된다. 여기에는 《규원사화》에 보이는 대로 단군신앙을 가진 이들 사이에서 부루가 대홍수를 피해 백성들을 구월산 아래 장평으로 이끈 인물, 농업을 크게 일으킨 인물로 인식되고 있었던 점도 적잖이 영향을 주었을 것이다. 부루단지야말로 부루신화의 확산을 상징하는 좋은 물건인 셈이다.

부루의 다양한 신화적 얼굴

한데 부루신화 만들기는 여기서 끝나지 않는다. 조선시대에 이르면 태자 부루가 단군의 사신으로 우(禹) 임금이 홍수를 다스리고 마련한 도산 모임에 참석한다는 이야기가 나타나기 시작한다. 《세종실록지리지》가 그 첫 기록이다. 그런데 실록도 《단군고기(檀君古記)》를

부루단지.

인용하고 있는 것을 보면 이런 이야기가 실록이 마련되기 이전에도 없지 않았다는 것이다. 그런데도 15세기에 와서 비로소 역사 기록에 포착된 데에는 까닭이 없지 않을 것이다. 이는 아마도 명나라와 조선 사이의 조공(朝貢)·책봉(冊封) 관계와 무관치 않으리라 생각된다.

조선은 국초부터 이씨 왕조를 인정받으려고 명나라를 드나든다. 정도전은 이성계가 즉위하자마자 명나라에 들어가 '억만년이 지나도 조공의 정성을 다하겠다'는 표문(表文)을 바친다. 이렇게 하여 형성된 중원 왕조와의 조공 관계가 오랜 역사적 연원이 있다는 것을 말하기 위해 부루가 도산의 조회에 참석했다는 이야기를 실록의 지리지에 끼워넣은 것이다. 《부도지(符都誌)》와 같은 민족의식과 자주성을 내세운 문헌이 우의 도산 모임을 '우가 부도를 배반하고 도산에 단을 설치하고 조공을 받았다'는 식으로 대단히 부정적으로 기술하고 있는 것을 보면 단군이 부루를 도산 조회에 파견한 것은 사대관계의 표현일 수밖에 없다는 확실한 반증이 된다. 부루는 중원의 왕조와 조선 사이의 조공·책봉 혹은 사대관계의 표상이라는 새로운 얼굴을 지니게 된 것이다.

그러나 부루의 신화 만들기는 아직도 끝난 게 아니다. 부루가 사대관계의 표상이었다면 사대관계의 청산과 더불어 부루의 새 얼굴도 시효가 만료될 가능성이 높다. 과연 그랬다. 우리가 근대 계몽기라고 부르는 시대의 마지막 신화 공정이 부루를 기다리고 있었다.

우리가 잘 알고 있듯이 1894년 갑오개혁으로 중국 연호가 폐지된다. 사대관계의 형식적 틀이 깨진 것이다. 더불어 1895년 학부가 설립되어 근대적 학교 교육을 시작하는데 학부가 펴낸 교과서가 흥미롭다. 단군신화는 주로 역사 교과서가 다루고 있는데 부루의 도산 조회 파견 부분을 보면 미세한 변화가 감지된다. 1895년에 간행한 《조선역사》나 《조선역대사략》을 보면 '조(朝)'라는 표현을 사용하다가 1905년의 《동국사략》에 이르면 '상견(相見)'으로, 1909년의 《초등본국역사》에서는 '참(參)ㅎ다'로 조금씩 변모된다. '조'는 말 그대로 왕이 연 조회에 신하로서 참여한다는 뜻이다. 조선 초의 기록을 그대로 수용한 셈이다. 그러나 '상견'과 '참ㅎ다'는 전혀 뜻이 다르다. 《동국사략》에서 '상견'은 "태자 부루를 지나의 하우씨 도산 모임에 파견하여 각국과 옥백(玉帛)으로 상견하고"라는 문장에서 사용되는데 이는 여러 나라와 대등한 외교관계를 표현하는 말이다. 참여한다는 표현 역시 같은 뜻이다.

근대 계몽기 교과서에 와서 부루는 중국과의 사대관계가 아니라 대등한 외교관계를 표상하는 존재로 전환된다. 연호의 폐지에 담긴 뜻이 10여 년 만에 근대적 국민을 만드는 과업을 수행하던 교과서를 통해 실천되었던 것이다. '조(朝)'가 중세적 소중화와 사대의 수사학이었다면 '상견(相見)' 혹은 '참(參)'은 근대적 민족국가의 수사학이었다고 해도 좋으리라. 우리가 확인할 수 있는 부루신화의 마지막 모습이다.

삼한일통의 표상으로 출현한 부루, 그리고 역사의 흐름에 따라 사대관계의 표상으로 등장했다가 대등한 국가관계의 표상이 된 부루. 이런 다양한 부루의 신화적 얼굴을 조성한 힘은 내부가 아니라 외부에 있었다. 여진이나 몽골 등의 북쪽 오랑캐, 또는 중화라는 타자(他者)가 아니었다면 부루는 그저 단군의 맏아들이었거나 사라진 이름이 되었을 것이다. 타자야말로 부루와 같은 집단의 신화를 만드는 에너지의 원천인지도 모르겠다.

4

나무꾼과 선녀의
수수께끼

나무꾼이 노루의 말을 따르지 못한 것은 금지에는 늘 위반이 뒤따르는 민담의 이야기 문법을 따른 것이기는 하지만 이 위반에는 또 다른 비밀이 숨어 있다.

〈나무꾼과 선녀〉 이야기를 모르는 한국인이 있을까? 마음씨 착한 노총각이 사냥꾼에게 쫓기는 노루를 구해준 덕분에 선녀의 깃옷을 감춰 행복하게 살다가 깃옷을 내어주는 바람에 선녀랑 자식과 헤어지게 되었다는 이야기. 여기다가 동화를 한번쯤 읽어본 사람이라면 다시 나타난 노루의 천기누설로 두레박을 타고 하늘나라에 올라가 처자와 상봉하는 이야기, 혹은 지상에 두고 온 늙은 어머니를 뵈러 내려왔다가 천마에서 내리지 말라는 금기를 어겨 영원히 지상에 남게 된 나무꾼 이야기를 기억할 것이다.

금강산 구룡폭포 위쪽에 있는 상팔담. 수정같이 맑은 물이 여덟 개의 작은 못을 따라 흐르며 경치가 아름다워 팔선녀가 내려와 목욕을 했다는 전설이 전해 온다.

그러나 다양하게 변주되는 〈나무꾼과 선녀〉 이야기에는 변주되지 않는 부분이 있다. 아무리 이야기가 입에서 입으로 구전되어도 나무꾼과 선녀가 지상에서 자식을 낳고 행복하게 살았다는 결말은 없다. 행복한 결말을 유난히 좋아한다고 소문이 자자한 한국인들은 왜 이들 부부가 지상에서 내내 행복하도록 이야기를 꾸미지 않았을까? 물론 하늘나라에서 선녀와 자식들을 만나 거기서 잘 사는 나무꾼 이야기도 있지만 개똥밭에 굴러도 이승이 좋다고 하지 않던가. 게다가 지상에는 노모가 남아 있지 않은가. 〈나무꾼과 선녀〉 이야기가 숨기고 있는 이 수수께끼를 풀어보려고 애써본 한국인은 몇이나 될까?

수수께끼 풀이의 첫 번째 단서는 '금지의 위반'이다. 나무꾼은 노루가 절대로 다시 내주면 안 된다고 신신당부한 선녀의 날개옷을 꺼내준다. 독자들이 혹은 청중들이, 아니 사내들이 가장 아쉬워하는 대목이다. 쯧쯧 어리석은 나무꾼 같으니라고. 나무꾼이 노루의 말을 따르지 못한 것은 금지에는 늘 위반이 뒤따르는 민담의 이야기 문법을 따른 것이기는 하지만 이 위반에는 또 다른 비밀이 숨어 있다. 나무꾼이 금지를 위반할 수밖에 없는 비밀.

비밀의 문을 여는 주문은 신화 속에 있다. 비밀은 〈나무꾼과 선녀〉 이야기가 본래는 신화였으며, 우리가 아는 상당수의 전설이나 민담이 신화의 변형이라는 사실에 있다.

백조처녀 이야기와 선녀와 나무꾼

몽골 부랴트 족 사냥꾼의 모습. 몽골의 사냥꾼과 백조는 우리의 나무꾼과 선녀로 변주된다.

바이칼 호수 부근에 사는 몽골 부랴트 족은 백조를 신성하게 여기는데 거기에는 이유가 있다. 옛날 어떤 사냥꾼이 새를 잡으러 갔다가 호수에서 깃옷을 벗고 여자가 되어 헤엄을 치고 있는 백조 세 마리를 본다. 사냥꾼은 한 마리의 깃을 감춘다. 날아가지 못하고 남은 여자를 붙들어 살았는데 여섯 아이가 태어난다. 어느 날 아내가 소주를 빚어 남편을 취하게 한 후 깃을 달라고 한다. 감추었던 깃을 내주자 순식간에 백조로 변한 아내는 다섯 아이들을 데리고 하늘로 날아갔다는 것인데 이야기는 여기서 끝나지 않는다. 이 백조는 바로 천신 에세게 마란의 딸이고 이 백조로부터 바이칼 지역 부랴트인들의 족보가 시작되었으며 이들이 백조를 모시고 제사를 지내는 것도 여기에 이유가 있다고 신화는 설명해준다.

이런 유형의 〈백조처녀 Swan Maiden〉 이야기는 유럽에서

몽골, 시베리아, 중국과 일본에 이르기까지 널리 퍼져 있다. 그런데 이 기원신화에서 우리의 눈길을 잡는 부분은 백조 역시 깃을 찾아 아이들을 데리고 하늘로 떠나버린다는 것이다. 사냥꾼과 나무꾼, 백조와 선녀, 너무도 닮은 모습이다. 그러나 지상의 두 남자, 하늘의 두 여자 사이에는 전혀 닮지 않은 부분이 있다. 그것은 나무꾼에게는 있는 금지가 사냥꾼에게는 없다는 것이다. 노루와 같은 동물이

등장해 천기를 누설하는 일과 같은 흥미로운 행위가 신화에는 없다. ✉

신화에서 사냥꾼이 술에 취해 깃을 내준 것은 단순한 실수가 아니다. 실수가 사냥꾼을 이별의 고통에 빠뜨리지도 않는다. 오히려 신화에서 사냥꾼의 실수는 부랴트 족이라는 새로운 민족을 생성시키는 계기가 된다. 드러난 금지는 없지만 금지가 있더라도 금지가 위반되어야 새로운 생성이 가능하다는 것이 신화가 깃옷처럼 감추고 있는 은밀한 이야기다. 이것은 에벤키 족의 웅녀가 새끼를 찢어 사냥꾼과 절반씩 나누는 행위와 다를 바 없다. 죽어야 새로운 민족이 생성될 수 있듯이 천신의 딸과 지상의 사냥꾼이 헤어져야 부랴트 족이 지상에 존재할 수 있게 되는 것이다.

〈선녀와 나무꾼〉 이야기가 오랫동안 한국인들의 입과 귀를 드나들었음에도 불구하고 지상에서 행복한 가정을 꾸미는 결말이 없는 것은 이 이야기의 원천이 신화였기 때문이다. 마치 유전자와 같은 신화에 대한 기억이 행복한 결말을 원하는 한국인의 심성이 발동하지 못하도록 훼방을 놓았던 것이다. 그래서 신화가 아닌 전설이나 민담은 선녀와의 이별을 나무꾼의 통곡으로 처리하거나 하늘나라의 재회로 마무리했던 것이다.

첫 번째 수수께끼가 풀리려는 이 대목에서 의문이 머리를 든다. 우리나라에는 백조처녀가 어떤 집단의 시조가 되었다는 신화가 없는가? 없다면 몽골에는 있는 것이, 일본에도 있는 것이 왜 우리에게는 없는가? 이런 의문이다. 정답은 천신 에세게 마란만이 알고 있겠지만 두 가지 추정은 가능하다. 하나는 백조처녀 신화를 지닌 집단이 한반도로 들어왔을 가능성이고, 다른 하나는 이야기 자체가 중개 과정을 거쳐 들어왔을 가능성이다. 전자의 경우라면 들어

온 민족이 융합되는 과정에서 집단의 정체성을 잃었기 때문에
시조신화 역시 더 이상 전승되지 못하고 전설이나 민담으로 변형되
었을 것이다. 후자의 경우라면 처음부터 전설이나 민담으로 수용
되었을 가능성이 많다. 4세기 동진(東晉) 사람 간보(干寶)가 기록한
《수신기(搜神記)》에도 이미 〈모의녀(毛衣女)〉라는 백조처녀 전설이
실려 있으니까 말이다.

> 예장 신유현의 어떤 남자가 밭에서 예닐곱 명의 여자들을 보았는데
> 모두 날개옷을 입었으나 새인지는 알지 못했다. 기어가서 한 여자가
> 벗어놓은 깃옷을 훔쳐 감추었다. 다른 새들은 모두 날아갔는데 한
> 새만 날아가지 못했다. 남자가 붙잡아 아내로 삼아 세 딸을 낳았다.
> 어머니가 딸을 시켜 아버지에게 물어 옷이 쌀가마니 아래 있다는 것을
> 알아내고는 그것을 꺼내 입고 날아가 버렸다. 후에 다시 돌아와 세
> 딸도 데리고 가버렸다.

변형의 내력이야 어쨌거나 변하지 않는 부분이 있으면 변하는
부분도 있는 법. 신화가 전설이나 민담으로 변형되면서 사냥꾼은
나무꾼으로 백조는 선녀로 백조의 깃은 선녀의 날개옷으로 변했다.
그러나 이런 사소한 변화보다 근본적인 변화가 있다. 그것은 '〈나
무꾼과 선녀〉는 누구의 이야기인가'라는 물음과 관련되어 있다. 두
번째 수수께끼다.

〈나무꾼과 선녀〉의 진짜 주인공은?

부랴트 기원신화에서 주인공은 사냥꾼이 아니다. 사냥꾼은 누구의 도움도 없이 깃을 숨겨 천신의 딸을 차지하는 것으로 그려지고 있지만 백조의 처지에서 보면 깃은 지상의 사냥꾼을 유인하기 위한 미끼일 수도 있다. 백조는 사냥꾼을 끌어들여 여섯 자식을 낳고 결국에는 지상에 딸 하나를 남겨두고 승천하기 때문이다. 이 딸로부터 시작되는 것이 부랴트 족이고 그래서 백조는 이들의 신성한 어머니가 된다. 신화는 이 신성한 어머니의 이야기이다.

그러나 〈나무꾼과 선녀〉 이야기의 주인공은 선녀가 아니다. 홀어머니를 모시고 사는 마음씨 착한 노총각 나무꾼이 이 이야기의 진짜 주인공이다. 신화의 사냥꾼은 드러난 이유 없이 백조를 발견하지만 전설의 나무꾼은 노루의 목숨을 구해준 선행 덕분에 선녀를 붙잡을 수 있었다. 착한 남자는 마땅히 아름다운 선녀를 만날 자격이 있다! 물론 이 착한 노총각의 이야기는 금기를 어겨 선녀를 놓치는 결말로 풀리기도 하고, 두레박을 타고 하늘나라에 올라가 가족이 재회하는 결말로 매듭지어지기도 하지만 어떤 결말이든 거기 숨어 있는 것은 남성들의 욕망이다. 〈나무꾼과 선녀〉 이야기는 선녀를 가정 안에 붙잡아 두고 싶어 하는 사내들의 이야기이다.

지리산 발치에 박두규라는 시인이 있다. 그는 술이 깊어지면 가슴에서 흘러오는 노래로 우리의 심금을 울리는데 〈금강산녀〉라는 노래도 레퍼토리 중 하나다. "내 옷은 어디로 갔나. 그 누가 가져갔나. 오늘 꼭 올라가야 내일부터 베를 짜는데"로 이어지는 노래. 장기수들이 부르던 노래라고 한다. 이 노래 속의 '금강산녀'가 바로 나무꾼에게 날개옷을 빼앗긴 〈금강산 선녀〉 전설의 선녀다.

    남녘의 옥방에 갇힌 장기수들은 자신들의 신세를 옷을 잃은 선녀에 비유했을 것이다. 또 이 노래를 받아 "직녀는 옷을 잃고 울면서 보낸다오, 이 일을 어이하랴. 옥황님 나는 못 가오"라고 이어 부르며 술잔을 들었던 70, 80년대 글쟁이들은 감옥 같은 시대에 대한 절망을 노래에 실었을 것이다. 그러나 오늘 우리에게 이 애절한 노래는 남성적 이야기의 감옥에 갇힌 여성들의 오래된 신음으로 울리는 듯하다.

 헤르만 호프베르그가 펴낸 《스웨덴 민담》에 실려 있는 〈백조처녀〉 이야기

사냥을 좋아하는 젊은 농부가 백조 세 마리가 내려앉는 것을 보게 된다. 백조들이 깃옷을 풀밭 위에 벗어던지고 물 위를 오가는 것을 보고 놀란다. 농부는 백조들 가운데 막내에게 반해 상사병에 걸린다. 어머니가 이유를 알고는 좋아하는 백조의 깃옷을 감추라고 일러준다. 목요일 저녁 어머니의 말대로 젊은 농부는 깃옷을 훔친다. 두 처녀는 날아가 버리고 청년은 막내 백조 처녀를 데려와 결혼한다. 7년이 지난 후 어느 목요일 저녁 사냥꾼이 깃옷을 보여주자 아내는 곧 백조로 변해 창문으로 날아가 버렸다. 사냥꾼은 그리움과 눈물로 몸져눕는다.

나나이 족 샤만.

5

오누이는
결혼할 수밖에 없었다

홍수신화는 태초의 창조를 말하는 창조신화는 아니다. 오히려 홍수신화는 태초의 창조가 완전한 것이 아니며
불완전한 세계는 계속 재창조되지 않으면 지속될 수 없다는 것을 보여주는 창조신화다.

 소나기가 내리는 고갯길을 넘어가는 오누이가 있었다. 남동생은 비에 흠뻑 젖은 누이를 보고 욕정을 느낀다. 그러나 욕정대로 할 수는 없는 일. 동생은 정욕을 느꼈다는 자책감 때문에 멀찍이 떨어져 자신의 남근을 돌로 찍다가 죽는다. 뒤늦게 죽은 동생을 발견한 누이는 "달래나 보지"를 연발하며 탄식했다. 달래산은 지금도 거기 있다.

참으로 비극적인 달래산 혹은 달래고개 전설이다. 이 전설에는 황순원의 소설 〈소나기〉의 낭만적 소나기와는 전혀 다른 소나기가 쏟아지고 있다. 이런 달래고개, 또는 달래강이 우리나라 도처에 있는 것을 보면 이 이야기가 대단히 많은 이들의 관심과 공감 속에서 구전되었다는 것을 알 수 있다.

대체 무엇이 한 젊은 사내를 자살로 내몰았는가? 누이에 대한 욕정은 죄악이라는 근친상간 금지가 그 주범이다. 그리스의 오이디푸스는 아버지를 죽이고 어머니와 결혼하리라는 신탁 때문에 버림을 받았다가, 버려졌기 때문에 아버지를 죽이고 어머니와 결혼하는 비극에 빠진다. 동서를 막론하고 근친상간 금지는 신화의 중요한 주제 가운데 하나이다. 근친상간 금지야말로 원초적 자연과 인간의

성남시의 달래내길. 달래고개, 달래강, 달래산 등은 우리 땅 곳곳에 있다. 면면히 살아남은 신화의 자취이다.

스핑크스의 수수께끼를
풀고 있는 오이디푸스.
오이디푸스가 수수께끼를
풀자 스핑크스는 죽어
버린다. 19세기 유채화.

문화를 구별 짓는 긴요한 지표이기 때문이다. 오이디푸스 신화가 오랫동안 인문학자들의 화두가 된 까닭도 여기에 있다. 📧

그런데 근친상간이 파멸에 이르는 비극이 아니라 새로운 인류를 탄생시키는 창조적 행위라고 주장하는 신화가 있다. 신화학자들을 난감하게 만드는 그 신화는 바로 남매혼 신화다. 아니, 근친상간을 부추기는 신화라니? 뭘 어쩌잔 말인가?

근친상간이라는 주제와 '맞짱'뜨기

옛날 홍수가 일어나 세상 사람들이 모두 죽고 남매만 살아남았다. 물이 다 빠진 후에 세상에 나와 보니 어디에도 인적이 없었다. 그대로 있다가는 사람의 씨가 사라질 수밖에 없었지만 그렇다고 남매가 결혼할 수도 없었다. 남매는 생각다 못해 각각 높은 산봉우리에 올라가 맷돌을 굴려 하늘의 뜻을 묻기로 하였다. 남매는 맷돌을 굴리며 하늘에 기도를 했다. 암맷돌과 수맷돌은 산 아래쪽에서 한데 포개졌다. 오누이는 하늘의 뜻으로 여기고 결혼했다. 지금 인류의 조상은 이들 오누이다.

1923년에 민속학자 손진태 선생이 함경도 함흥에서 들은 이야기다. 그런데 이렇게 대홍수가 일어나 다 죽고 오누이만 살아남았다고 하는 홍수신화는 함경도에만 있는 것이 아니다. 우리나라를 비롯한 동아시아 여러 민족 사이에 널리 퍼져 있는 이야기다. 맷돌이 아니라 연기를 피워 올리거나 화살을 쏘거나 동물들에게 묻는 경우도 있고, 한 번만이 아니라 여러 번 시험을 반복하는 경우도 있지만

여와 복희도. 여와 복희 신화의 원형이 홍수 후 살아남은 오누이다. 한나라.

유일하게 생존한 오누이가 하늘의 뜻에 따라 결혼하여 새로운 민족이나 인류의 기원이 된다는 이야기의 구조는 어디서나 같다. 그만큼 보편성이 강한 이야기라는 뜻이다. 그렇다면 이 신화가 숨기고 있는 보편적 함의는 무엇인가?

대홍수가 일어나 소수만 살아남을 경우 꼭 오누이가 살아남아야 할 이유는 없다. 혼자 살아남을 수도 있고, 그리스 신화의 데우칼리온과 퓌라처럼 부부가 살아남을 수도 있고, 노아의 경우처럼 부부에 동물들까지 쌍쌍이 살아남을 수도 있을 것이다. 그러나 우리의 홍수신화는 오누이만을 살아남게 만들어 스스로 난감한 상황을 자초하고 있다. 마치 일부러 진퇴양난의 처지에 온몸을 던져 근친상간 금기라는 난제와 '맞짱'이라도 뜨려고 하는 것 같다.

우선 문제는 인류에게 닥친 대홍수다. 하지만 이 신화에서 왜 홍수가 일어났는가 하는 물음은 그다지 중요하지 않다. 원인이 무엇이건 간에 홍수는 인간이 쌓아놓은 모든 것을 파괴한다. 말하자면 인간 이전의 상태로 상황을 역전시킨다. 이 역전 앞에 버틸 수 있는 장사는 없다. 따라서 근친상간 금지라는 도덕 역시 소용이 없다. 중요한 것은 홍수로 인해 인간이 문화 이전의 상태, 곧 자연으로 되돌아간다는 사실이다. 대홍수가 설정한 문제적 상황이다.

그러나 대홍수 이후에 살아남은 오누이에게는 홍수 이전의 문화가 이들에게 새겨놓은 금기가 여전히 도사리고 있다. 그래서 이들은 가능하면 짝짓기를 피하려고 한다. 이들은 지금 자연과 문화의 경계 위에서 흔들리고 있는 것이다. 먀오 족[苗族] 남매혼 신화의 오누이는 대나무한테 물어보고 박한테 물어보고 맷돌도 굴려보고 이리저리 돌아다녀 보기도 한다. 온갖 짓을 다 한다. 금기를 지키려는 이들의 노력이 눈물겹지 않은가? 하지만 이들의 물음에 대해 하늘의 대답은 가혹하다. 피할 방법은 없다. 하늘의 뜻이니 결혼하라!

그런데 이 대목에서 참으로 궁금한 것이 근친혼을 허락한 하늘의 정체다. 도덕을 모르는 이 하느님은 대체 어떤 하느님인가? 남매혼 신화의 하느님은 노아의 하느님과는 다른 하느님이다. 죄를 심판하는 무서운 하느님, 절대자로서의 하느님이 아니다. 오누이는 하늘의 뜻을 알아보자면서 맷돌 굴리기 점을 치고 있는데 이

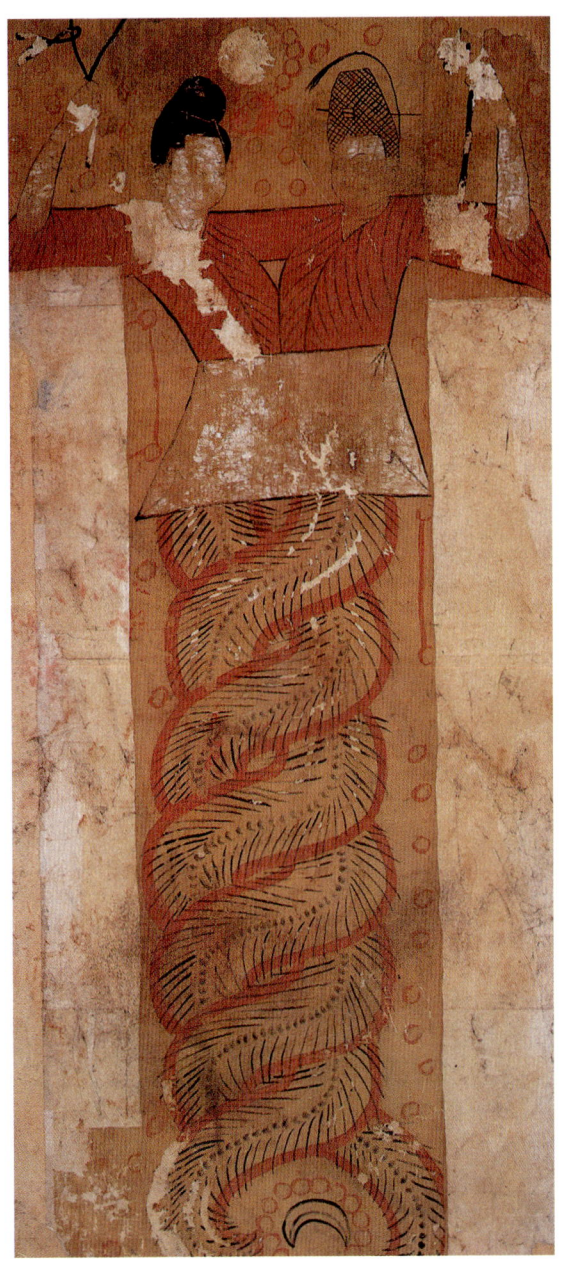

투르판의 복희와 여와 벽화. 뱀 모양의 두 몸이 겹쳐져 있다. 7세기 후반.

들의 점괘에 '아니다'는 없다. 맷돌이 겹쳐지지 않으면 겹쳐질 때까지 계속 굴리니까. 이렇게 시험을 당하는 하느님, 심지어는 협박(?)을 당하는 하느님이 절대적일 수는 없다. 이들이 시험하는 하느님은 자연 그 자체이다. 이들은 자연의 원리 앞에 자신들의 처신을 물은 것이다. 따라서 문화의 상대편에 있는 자연, 대홍수를 통해 이들을 이미 자연의 상태로 몰아넣은 하느님은 근친혼이라는 반문화적 결합을 허락할 수밖에 없었던 것이다.

신화의 논리가 좀 까다로운 듯하지만 사실 문제는 의외로 단순하다. 만약 대홍수 이후의 오누이가 저 달래고개의 남동생처럼 자신의 남근을 돌로 내리치는 식의 행위를 했다면 무슨 일이 일어났겠는가? 인류의 멸종이 불을 보듯 뻔한 상황이다. 인류의 멸종이란 곧 세계의 부재를 말하는 것이 아닌가. 홍수신화가 멸종의 서사라면 대홍수 이후에 인간이 살아남아야 할 필요가 있었겠는가? 그래서 오누이는 결혼할 수밖에 없었다.

바다 위 노아의 방주를 표현한 돌판.

창조신화의 지문이 찍혀 있는 '달래나 보지'

신화학자들은 홍수신화를 창조신화라고 한다. 창조신화는 아무것도 없던 혼돈의 상태에서 하늘과 땅이 열리고 그 사이에 만물이 생성되는 이야기이다. 무에서 유로, 무질서에서 질서로, 이것이 창조신화의 주제이다. 홍수신화 역시 인류의 새로운 시작을 이야기한다는 점에서 창조신화인 것이다.

그러나 홍수신화는 태초의 창조를 말하는 창조신화는 아니다. 오히려 홍수신화는 태초의 창조가 완전한 것이 아니며 불완전한 세계는 지속적으로 재창조되지 않으면

대홍수 때의 노아의 방주. 물에 잠기지 않은 땅을 찾느라 날려 보낸 비둘기가 물고온 나뭇가지를 노아에게 전하고 있다(왼쪽). 홍수신화를 표현한 구스타브 도레의 〈대홍수〉 판화(오른쪽).

지속될 수 없다는 것을 보여주는 창조신화다. 봄이 되면 죽은 것 같았던 대지에 새싹이 솟아오르고 꽃이 핀다. 혹은 홍수가 나 모든 것이 휩쓸려가고, 불이 나 모든 것이 잿더미가 된 후에도 그 자리에선 다시 생명이 솟아난다. 이것이 자연의 재창조다. 홍수신화는 이런 자연의 역동성이 이야기로 표현된 것이다. 자연으로의 역행을 통해 새로운 인류의 시작을 이야기하는 남매혼 홍수신화는 이런 재창조의 본질을 제대로 보여주는 신화가 아닐 수 없다.

이쯤에서 다시 달래산으로 돌아가 보자. 남동생의 주검을 끌어안고 누이는 묘한 말을 한다. "달래나 보지." 이 한마디는 이야기꾼이나 청중들의 욕망, 특히 남성들의 음란한 욕망을 자극한다. 이 유형의 이야기를 전국구로 만든 힘도 상당 부분 이 한 마디 에로티시즘에 있었을 것이다. 그러나 누이의 말은 남성들의 에너지를 충동질하는 하는 음담만은 아니다. 그 안에는 창조신화의 지문이 찍혀 있다. 남매혼 신화가 간직하고 있는 창조적 충동이 그 한마디 안에 은밀히 담겨 있다. 금기에 갇혀 있었던 남동생과는 달리 누이의 가슴 속에는 오이디푸스를 넘어가려는 모성적 대지의 충만함이 꿈틀대고 있었던 것이다.

충주 달래강 전설

충주에 단월강이라고 있었다. 누이하고 동생이 이 강을 건너게 되었는데 물이 많아 옷을 홀딱 벗고 건널 수밖에 없었다. 누이는 앞에 서고 동생은 뒤를 따르는데 누이의 벗은 몸을 본 동생의 신(腎)이 일어섰다. 동생은 깜짝 놀라 자신이 먼저 건널 테니 따라오라면서 급히 혼자 강을 건너갔다. 강을 건너간 남동생은 모래사장에서 누이한테 음심을 느껴 일어선 신을 돌로 찧다가 그만 죽고 말았다. 먼저 간 동생을 원망하면서 깊은 물을 겨우 헤엄쳐 건넌 누이는 모래사장에 누워 있는 동생을 본다. 아랫도리를 보고 왜 죽었는지도 알게 된다. 누이는 "이 천하에 몹쓸 놈아, 달래나 보지 왜 죽었나? 서로 싸움을 하더라도 달래나 보지 왜 죽었나?" 하면서 땅을 치며 탄식했다. 그래서 지금은 강 이름이 단월강이 아니고 달래강이 되었다. (《한국구비문학대계 7, 8》의 〈충주 달래강 전설〉)

오이디푸스 신화

테베의 왕 라이오스와 왕비 이오카스테 사이에는 자식이 없었다. 델포이 신전에 가서 기자치성을 드렸더니 '아들을 낳겠지만 장차 아비를 죽이고 어미와 결혼하리라'는 신탁이 내린다. 라이오스는 왕비와의 잠자리를 피하려고 했지만 어느 날 술에 취해 왕비와 몸을 섞게 되고, 마침내 그토록 두려워하던 아들이 태어난다. 라이오스는 아들을 죽이기로 결심하고 발목에 구멍을 뚫어 가죽끈으로 두 발목을 묶은 후 양치기 부하를 시켜 키타이론 산 나무에 걸어놓고 오라고 명한다. 그러나 양치기는 아이를 차마 죽일 수 없어서 산에서 만난 코린토스의 양치기에게 아이를 넘겨주는데 이 양치기는 자식이 없었던 코린토스의 왕에게 아이를 바친다. 왕은 아이를 양자로 삼으면서 발이 퉁퉁 부어 있었다고 해서 오이디푸스라는 이름을 붙였다.

성장 후 '주워온 아이'라는 소문을 들은 오이디푸스는 아버지에게 물었지만 폴리보스 왕은 친아들이라고 말한다. 그러나 늘 불안했던 오이디푸스는 결국 델포이 신전으로 가 라이오스가 들었던 신탁을 다시 듣게 되고 그 길로 방랑길에 오른다. 그러나 도중에 길을 비키라며 채찍을 휘두르는 노인을 죽이게 되는데 바로 테베의 왕 라이오스였다. 라이오스는 마침 테베에 역병이 돌자 신탁을 들으러 가는 길이었다.

오이디푸스는 몇 달 뒤 테베에 도착한다. 당시 테베에서는 스핑크스라는 괴물이 풀기 어려운 수수께끼를 내어 도시 청년들을 죽이고 있었다. 그때 라이오스를 대신해 테베를 다스리고 있던 이오카스테의 오빠 크레온은 오이디푸스를 보고 괴물을 처치해주면 왕비와 결혼시키겠다고 말한다. 오이디푸스가 스핑크스에게 가자 "지상과 수중, 그리고 공기 속에서 살아가는 것들 가운데 목소리, 말하는 법, 성격은 하나인데 유독 두 발, 세 발, 네 발을 가지고 사는 존재는 무엇이냐?"라고 수수께끼를 던졌다. 오이디푸스가 '인간'이라고

답하자 패한 스핑크스는 바위에서 몸을 던져 죽는다. 약속대로 오이디푸스는 이오카스테와 결혼하여 테베를 다스리면서 두 딸, 두 아들을 낳는다.

그런데 갑자기 테베에 역병이 번진다. 오이디푸스의 사신이 델포이 신전으로 달려갔는데 내려진 신탁은 '라이오스를 죽인 자를 처벌하라'는 것이었다. 오이디푸스는 예언자들이 입을 굳게 다물고 있음에도 불구하고 집요하게 비밀을 추궁하여 마침내 바로 자신이 아버지를 죽인 자라는 사실을 알게 된다. 이오카스테는 천장에 목을 매 죽고, 광기에 사로잡힌 오이디푸스는 이오카스테의 옷에 꽂힌 브로치로 자신의 두 눈을 찌른다. 그는 약속대로 스스로 테베의 추방자가 되어 유랑길에 오른다.

좀 지루하게 정리했지만 사실 오이디푸스 신화는 체계적인 이야기로 존재하지 않았다. 기아, 부은 발, 신탁, 친부 살해, 수수께끼 문답, 근친상간, 역병 등 다양한 신화소들이 뒤섞여 전승되다가 후대의 시인들이 일관성을 갖춘 이야기로 다시 쓴 것이다. 호메로스, 아이스킬로스, 소포클레스, 에우리피데스 등이 그런 시인들이다. 이들 가운데 기원전 420년경에 쓰여진 소포클레스 〈오이디푸스 왕〉이 대표성을 얻었다. 우리가 일반적으로 알고 있는 오이디푸스는 바로 소포클레스가 다시 형상화한 오이디푸스라고 할 수 있다.

그러나 소포클레스는 신탁에 절대적 가치를 부여하여 가혹한 운명의 비극을 보여줄 뿐 왜 그런 신탁이 내려졌는지에 대해서는 묻지 않았다. 다른 전승들을 참조하면 잘못도 없이 형벌을 당한 이유가 드러난다. 조상이 지은 죄 때문이다. 멀리는 증조부 카드모스, 가까이는 아버지 라이오스의 죄 때문이다. 이처럼 그리스 신화는 지은 죄값은 자식 대에서라도 치러야 한다는 인과응보의 논리에 기초해 있다. 이런 점에서 보면 오이디푸스 신화는 이미 윤리적 사고에 깊이 물들어 있다. 윤리 이전의 자연이 지닌 창조성을 보여주지 않는다. 남매혼 홍수신화와의 근본적인 차이가 여기서 발생한다.

6

노각성자부줄의
수수께끼

제주도 무속신화의 줄들은 하나같이 옥황상제에 닿아 있다. 여신에게 닿아 있어야 할 줄이 남성신에게 접속되어 있다. 여기에는 줄의 왜곡, 곧 줄 이미지의 역사적 변형이 도사리고 있다. 어머니를 향한 줄이 아버지를 향한 줄로 변형된 것이다.

너무나 진부한 옛날 이야기, 그래도 아이들은 좋아하는 동화가 〈해와 달이 된 오누이〉 이야기다. 오누이는 할머니를 삼킨 호랑이에게 쫓긴다. 이들이 살아난 방법은? 아이들에게 묻는다. 하늘에서 내려온 동아줄! 아이들은 신이 나서 정답을 외친다. 자신들의 생명의 줄이 된 동아줄을 타고 하늘에 올라간 오누이는 신기하게도 해와 달이 된다. 신라의 〈연오랑 세오녀〉나 평안도 무가 〈일월노리푸념〉처럼 해와 달의 기원신화 냄새를 풍기는 이 민담에서 우리의 구미를 당기는 것 중의 하나가 동아줄이다. '나도 그런 줄이 하나 있었으면.' 이런 염원은 이 이야기를 귀담아 듣고 있는 어린이들만의 것은 아니리라.

그래서일까? 우리 신화에는 여기 저기 줄이 내려져 있다. 〈나무꾼과 선녀〉의 두레박줄이나 여섯 가락국의 창업자들을 담은 금빛 그릇이 달려 내려온 자줏빛 줄 외에도 무속신화 〈제석본풀이〉를 보면 당금애기의 세 아들은 아버지가 남기고 간 박씨를 심어 그 줄을 타고 아버지를 찾아간다. 하루에 천 길 만 길을 뻗는 박 넝쿨을 타고 아버지 천지왕을 찾아 하늘로 올라가기는 제주도 무속신화 〈천지왕본풀이〉의 대별왕·소별왕 형제도 마찬가지다. 역시 제주도 신화인 〈세경본풀이〉의 문도령이나 주모할머니가 하늘을 오르 내릴 때 애용하는 탈것도 '줄'이다.

필요할 때 나타나는 줄 이야기는 만족을 모르는 우리의 욕망을 상징하는 것 같다. 그러나 우리 신화의 줄은 그것만을 말하고 있지는 않다. 하필 오누이의 생명줄은 왜 하늘에서 내려왔을까? 이 엉뚱한 물음에서 줄에 대한 새로운 수수께끼는 시작된다.

하늘 줄의 전설이 깃든 불돗당.
제주 북제주군 조천읍 와산리.

노각성자부줄을 타고 하늘을 오르내리는 삼신할망

노각성자부줄이라는 이상한 하늘 줄의 고향, 제주도로 가 보자. 제
주도의 삼신할미인 삼승[産神]할망의 기원 신화 〈삼승할망본풀이〉
를 보면 인간 세상의 잉태와 출생, 양육을 관장하는 삼승할망 일을
하러 온 동해용궁 따님애기가 제 노릇을 못하자 인간세상 멩진국
따님애기가 옥황상제에게 뽑혀간다. 멩진국 따님애기는 옥황의
시험을 간단히 통과하고 지상에 삼승할망으로 내려온다. 그러자
당연하게도 옛 삼승 동해용궁 따님애기와 새 삼승 멩진국 따님애기
사이에 자리를 두고 다툼이 일어난다. 둘은 문제를 해결하려고
옥황상제에게 올라가 누가 더 유능한 신인지 겨루기를 한다. 이기는

불돗당 안의 불도삼승또 바위.

쪽은 당연히 새 삼승이지만 우리의 관심사는 멩진국 따님애기가
하늘을 오르내릴 때, 그리고 두 따님애기가 우열을 가리러 옥황에
올라갈 때 노각성자부줄을 이용했다는 사실이다.

〈삼승할망본풀이〉와 다르지만 비슷한 이야기가 제주도 조천읍
와산리 불돗당[佛道堂]의 내력을 들려주는 〈불돗당본풀이〉다. 지상
의 인간인 삼승할망과 달리 이 본풀이(신화)의 당신 불도삼승또[佛
道産神]는 본래 옥황상제의 막내딸이었는데 부모 말씀을 거역하여
인간 세상에 귀양온 존재다. 그렇지만 불도삼승또 역시 자식 없는
자손들에게 자식을 점지해 주고 키워주는 신이기에 삼승할망과는
동업자다. 불도삼승또는 당신·조상신이면서 삼신할미의 역할을
겸하고 있는 셈이다. 그런데 흥미롭게도 이 딸애기 또한 노각성자

부줄을 타고 내려온다.

두 신화에서 우리는 노각성자부줄이 하늘을 오르내리는 줄이지만 동시에 산육신(産育神)인 삼승할망과 뭔가 관계가 있는 줄이라는 것을 알 수 있다. 〈불돗당본풀이〉를 들어보면 불도삼승또가 와산리 당오름(신당이 있는 산봉우리)에 내려올 때 산봉우리의 큰 바위에서 피가 흘러내렸다고 말한다. 아니 느닷없이 피라니? 줄을 타고 내려오시다가 착지를 잘못해 무릎이 깨지기라도 했던 말인가? 아니다. 이 피는 분명 산육신인 불도삼승또를 상징하는 피일 것이다. 불도삼승또가 담당하는 출산에 동반된 출혈을 상징하는 피가 분명하다. 노각성자부줄과 삼승할망의 관계에 대한 유력한 단서다.

그렇다면 피를 흘리는 바위에 연결된 줄은 무슨 줄일까? 아마도 이 줄은 출산이라는 원초적 체험과 연결된 탯줄일 것이다. 이 대목에서 태초의 인간이 돌에서 나왔다고 하는 신화가 세계적으로 분포되어 있다는 사실을 기억할 필요가 있다. 엘리아데가 〈대장장이와 연금술사〉에서 야금 작업에 쓰이는 돌이 태아를 상징한다고 했던 이야기도 떠오른다. 지금 불돗당에 모시고 있는 불도삼승또의 신체(神體)가 바로 큰 바위이기 때문이다. 아마도 불도삼승또가 내려온, 봉우리의 피를 흘리던 바위와 동일시되는 바위일 것이다. 따라서 삼승할망의 몸인 바위에 연결되어 있는 노각성자부줄, 또는 삼승할망이 애용하는 노각성자부줄은 탯줄이라는 원형적 이미지의 변형이 아닐 수 없다.

탯줄이란 무엇인가? 탯줄은 한편으론 편안하면서도 한편으론 두려운 자궁 속의 태아가 의지하고 있는 유일한 줄, 어머니와 신체적으로 연결된 생명의 줄이다. 탯줄은 출산과 함께 끊어지지만 끊어진 이후에도 끊어지지 않는다. 심층심리학자들의 말처럼 자궁의 체

불돗당 앞 팽나무. 〈해와 달이 된 오누이〉에서 오누이가 도끼를 찍어 올라가 동아줄을 받았다는 무가 속 나무를 닮았다.

험이 인간의 무의식 안에 깊이 새겨져 있다면 어머니와 연결되려는 욕망의 줄은 단절될 수 없다. 잉태와 출산과 양육을 관장하는 제주도의 삼승할망들이 노각성자부줄을 타고 하늘을 오르내리는 것은 이런 무의식과 무관하지 않을 것이다.

호랑이보다 센 아버지의 줄!

그런데 노각성자부줄에는 하나의 곡절이 더 숨어 있다. 이 줄의 한쪽 끝을 천신이 붙잡고 있다는 사실. 제주도 무속신화의 줄들은 하나같이 옥황상제에 닿아 있다. 〈삼승할망본풀이〉나 〈불돗당본풀이〉만이 아니라 〈천지왕본풀이〉나 〈세경본풀이〉 줄도 옥황상제의 옥좌에 연결되어 있다. 탯줄의 변형이라면 어머니에게, 아니 세계를 창조한 대지의 여신이나 하늘의 여신에게 닿아 있어야 할 줄이 수상하게도 옥황상제라는 남성신의 권좌에 접속되어 있는 것이다. 여기에는 분명 줄의 왜곡, 곧 줄 이미지의 역사적 변형이 도사리고 있다. 어머니를 향한 줄이 아버지를 향한 줄로 변형된 것이다.

천지왕이 지상의 총맹부인과 짝을 이뤄 낳은 소별왕과 대별왕은, 석가여래가 지상의 당금애기와 짝을 이뤄 낳은 삼형제는 왜 굳이 아버지와 연결된 줄을 따라 아버지를 찾아갔을까? 주몽을 찾아 부러진 칼을 맞춰보고 왕위를 계승한 고구려의 유리처럼 이들도 아버지를 통해 스스로의 정체를 확인하려고 했던 것이다. 아버지가 중심인 사회에서 어머니의 아들이 아니라 아버지의 아들로 인정받으려고 했던 것이다. 신화의 질서는 현실의 질서를 무시하는 듯하지만 이처럼 현실의 질서를 깊이 투영하기도 한다.

노각성자부줄이 삼승할망들의 줄이면서 동시에 옥황상제와의 관계를 상징하는 하늘 줄일 수밖에 없는 이유가 여기에 있다. 이미 현실의 질서를 받아들인 제주도 신화의 신성한 족보는 최고신 옥황상제(천지왕) 아래 삼승할망과 같은 여신들이 자리잡은 모습으로 짜여져 있었기 때문이다. 이런 모습은 제우스 아래 여러 신들이 배치되어 있는 그리스 신화의 신보(神譜)와 큰 차이가 없다. 이런 것이 노각성자부줄의 정체가 아닐까?

노가단풍자지맹왕아기씨, 강이영성이서불, 노일제대귀일, 느진덕정하님, 백주또마누라……. 제주도 무속신화에 나오는 인물들의 이름은 뭍에 사는 사람으로서는 낯설기 짝이 없다. 낯설기는 노각성자부줄이라는 줄 이름도 마찬가지다. 여러 사람에게 물어봤다. 제주도 신화 연구자에게도 묻고, 제주도 심방(무당)들에게도 물어보고, 제주신화를 집대성해 《제주도 무가 본풀이 사전》을 낸 제주민속박물관 진성기 선생께도 여쭈었지만 속시원한 이름 풀이가 안 나왔다. 줄 이름 자체는 여전히 베일에 싸여 있다. 그렇지만 줄에 담긴 신화적 수수께끼는 약간이나마 풀린 셈이다.

〈해와 달이 된 오누이〉의 호랑이는 떡 하나 주면 안 잡아먹는다고 해놓고는 약속을 위반한다. 구두 계약을 무시하고 야금야금 할머니를 먹어치우는 호랑이의 존재는 끔찍하면서도 괴이쩍다. 이 이상한 호랑이와 동아줄 이야기에 노각성자부줄의 정체는 어떤 암시를 준다. 그동안 안전하게 오누이를 키워주던 할머니, 그러나 호랑이에게 살해된 할머니는 더 이상 이들의 생명줄이 되지 못한다. 할머니, 곧 어머니를 향한 노각성자부줄이 끊어진 것이다. 이제 잡을 수 있는 줄은 하나밖에 없다. 호랑이보다 센 아버지의 줄! 오누이의 생명줄은 하느님 아버지에게서 내려올 수밖에 없었던 것이다.

〈해와 달이 된 오누이〉 유형의 이야기가 우리나라에만 있는 것은 아니다. 동아시아 신화 곳곳에서 발견된다. 아래 세 민족의 이야기를 읽어보라. 닮은 점이 너무나 많지 않은가? 그러나 세 민족과 견주어 보면 우리 이야기에서 하늘로 올라가는 '줄'의 이미지가 가장 뚜렷하게 나타난다.

● 세 명의 딸들이 집을 보고 있었다. 그때 표범이 젊은이로 둔갑하여 노래를 부르며 유혹했다. 딸들은 표범이라는 것을 알고 나무로 올라갔다. 그런데 막내가 그만 표범에게 나무에 오르는 방법을 가르쳐주고 말았다. 표범이 따라 올라오자 세 자매는 무서워 울었다. 그때 천신이 지나가다 소리를 듣고 천상으로 끌어올려 주었다. 세 자매는 해와 달, 그리고 별이 되었다. (징뽀 족)

● 해와 달은 원래 큰 부잣집의 미모가 빼어난 딸들이었다. 그러나 두 자매는 지상에서 함께 살만한 남자를 구하지 못했다. 그래서 해와 달이 되어 하늘로 올라가 사람들에게 빛을 밝혀주면서 살게 되었다. 처음에는 언니가 달이 되겠다고 하였으나 동생이 낮에 활동하면 많은 사람들이 자기를 보게 될 테니 부끄럽다고 하여 언니에게 미뤘다. 그래서 언니는 해가 되어 낮에 돌아다니고 동생은 달이 되어 밤에 활동하게 되었다. (몽골)

● 옛날 일신(日神)이 주야로 하늘을 돌며 세상을 비추고 있었다. 그런데 그것을 시기한 늑대가 일신의 아들을 납치해 지상에 가두어 놓고 풀기 어려운 과제를 내면서 풀지 못하면 죽이겠다고 위협했다. 그러나 문제를 낼 때마다 일신의 아들을 가엾게 여긴 늑대의 막내딸이 도와주어 무사히 문제를 푼다. 그들은 함께 아버지 늑대의

손아귀를 벗어나 하늘로 올라가 막내딸은 해가 되었고, 일신의

아들은 달이 되었다. (아이누)

7

하늘 줄, 끊어지다

오늘날 우리 삶을 점거하고 있는 자본주의는 낭비와 폭식을 동력으로 삼아 전쟁을 벌이고 있다. 욕망의 다이어트!
하늘 줄은 이 진짜 다이어트 안에 숨어 있다고 천지단절신화는 오늘 우리에게 낡은 지도 한 장을 건네고 있다.

하늘로 올라가는 줄이 있다. 제주도 신화의 노각성자 부줄 같은 줄도 있었고, 천 길 만 길 뻗은 박 넝쿨과 같은 〈제석본풀이〉의 줄도 있다. 환웅이 내려온 태백산 신단수도 하늘로 가는 통로라는 점에서 하나의 줄이다. 모두 신들이 오르내리는 길이다. 그런데 어찌된 영문인지 이 줄이, 호랑이가 타고 올라가던 썩은 동아줄처럼 끊어졌다고 말하는 신화들이 있다. 지금 우리에겐 없는 신화를 찾아 잠시 동아시아 구전신화 쪽으로 가보자.

옛날에는 하늘이 아주 낮아 조금 높은 곳에만 올라가면 누구나 하늘에 갈 수 있었다. 천신은 매일 와서 놀고 먹는 인간들이 보기 싫어서 농사를 지으라고 곡물의 씨앗을 주었다. 한데 사흘에 한 번 먹으라는 천신의 명령을 잘못 알아들은 인간들이 하루에 세 번 먹는 바람에 지상에 똥이 넘쳐났다. 냄새 때문에 하늘이 높이 도망쳐 하늘 길이 끊어졌다. 중국 윈난에 거주하는 이라오 족의 천지단절 신화다.

비슷한 이야기가 쓰촨의 창 족에게도 있다. 옛날에는 하늘로 올

몽골인의 성황당. 하늘을 향해 솟은 솟대에 줄을 동여맸다.

우리의 서낭당. 서낭의 당나무도 하늘로 솟아 있다. 20세기 초.

라가는 길이 있어 수령의 아들과 천제의 딸이 만나 사랑을 하게 되었다. 아들의 결혼을 성사시키기 위해 수령은 열세 번이나 하늘에 올라가 청혼을 한다. 덕분에 둘은 결혼을 했지만 지상에 시집 온 공주는 식량을 낭비한다. 그래서 화가 치민 천제가 하늘 길을 끊어버려 인간과 신들은 따로 살게 되었다는 이야기다.

　두 편의 신화는 모두 인간 세계와 신의 세계가 닫혀 있는 것이 아니라 오고가는 다정한 이웃이었다는 원초적 상황을 제시한 후 그런 상황의 종말에 대해 이야기하고 있다. 이라오 족은 과식이 문제라고 하고 창 족은 낭비가 문제라고 말한다. 요컨대 지나친 욕심이 하늘 줄을 끊게 했다는 것이다. 한쪽에선 과식이 문제고 다른 한쪽에선 결식이 문제인 지구인들이 곰곰이 새겨들어야 할 만한 이야기가 아닌가.

그런데 우리에게는 이런 구전신화와는 좀 다른 천지단절신화가 전해지고 있어 우리의 지적 호기심을 자극한다. 《삼국유사》에 기록되어 있는 이 신화는 신라 경덕왕(景德王) 시대의 한 사건과 연루되어 있다.

비극적인 권력극의 서막

경덕왕은 어느 날 표훈(表訓) 스님에게 "내가 복이 없어 자식을 얻지 못하니 스님은 상제께 청하여 아들을 얻을 수 있도록 해주시오." 라고 주문한다. 표훈은 어떻게 상제에게 갔을까? 기록에는 없지만 하늘 줄을 타고 올라가지 않았을까? 어쨌든 천제를 만나고 돌아온 표훈은 "딸은 구할 수 있으나 아들은 안 된다고 하십니다."라고 아린다. 그러자 경덕왕은 생떼를 쓴다. "딸을 아들로 바꾸어 주시오." 어쩔 수 없이 표훈은 다시 하늘로 올라간다. "그렇게 할 수는 있으나 그렇게 하면 나라가 위태로워질 것이다." 그리고 천제는 표훈이 지상으로 내려가려고 할 때 다시 불러 "하늘과 인간 사이를 어지럽게 해서는 안 된다. 지금 네가 이웃 마을 다니듯 하늘을 왕래하여 하늘의 비밀을 누설시키니 이제부터 다시는 오가지 마라"고 명한다. 하늘 길이 끊어진 것이다.

그렇다면 경덕왕의 아들 얻기는 어떻게 되었을까? 그는 표훈 스님의 깨우치는 말에 귀를 닫는다. "나라가 위태로워

신라 35대 경덕왕릉.

지더라도 아들을 얻어 뒤를 이었으면 그만이겠다." 아들에 대한 집착이 왕이 해서는 안 될 막말을 하게 만든 것이다. 그런데 생떼와 막말의 힘일까? 그는 과연 만월왕후를 통해 태자를 얻는다. 그래서 "왕은 매우 기뻐했다." 이야기가 이런 행복한 결말로 끝났으면 얼마나 좋을까. 그러나 비극은 이제 시작이다.

이야기 뒤에 숨어 있는 비극의 진상을 알려면 경덕왕 재위 시기(742~765)를 전후한 신라의 역사를 일별해야 한다. 사실 경덕왕은 선왕인 효성왕의 친동생이었다. 동생이었지만 효성왕이 아들이 없었기 때문에 왕위를 계승했다. 형의 덕을 톡톡히 본 셈이지만 정작 문제는 자신도 늙도록 아들이 생기지 않는다는 것이었다. 경덕왕의 근원적인 불안은 여기에 있었다. 그는 아마도 아들을 낳기 위해 온갖 짓을 마다하지 않았을 것이다. 그 극점에 놓인 것이 왕비를 폐하고 각간 의충의 딸을 새 왕비로 맞이한 사건이다. 이 과정에서 왕과 귀족들 사이에 적지 않은 정치적 알력이 있었으리라는 것은 불을 보듯 뻔한 일이다. 말하자면 이 알력이 《삼국유사》에는 천지단절 이야기로 표현되어 있는 것이다.

경덕왕은 하늘의 뜻을 억지로 돌려 아들을 낳았지만 아들이 여덟 살 때 죽는다. 아들 혜공왕이 왕위에 오르지만 코흘리개가 뭘 하겠는가. 정치는 어머니 만월왕후의 섭정에 맡겨진다. 《삼국유사》는 그래서 정치가 엉망이 되어 도적이 도처에서 봉기했다고 적고 있다. 이 무렵에 대해 《삼국사기》는 해가 두 개 떠오르고 다리 다섯 개가 달린 송아지가 태어나고 별이 왕궁에 떨어지고 지진이 나고 흙비가 내렸다는 식의 천재지변을 기록하고 있다. 결국 혜공왕은 즉위한 지 16년이 되던 봄, 정월에는 노란 안개가 끼고 3월에는 흙비가 내리더니 반란군에게 살해된다. 이 혜공왕의 살해는 신라 하대

150여 년에 걸친 왕위쟁탈전의 서막이었다고 해도 좋을 것이다. 20여 명의 왕이 교체되고 대부분 살해되는 비극적인 권력극의 서막. 아들을 낳으면 나라가 위태로워지리라던 천제의 신탁이 실현된 것이다.

그런데 《삼국유사》는 이런 비극적인 정치사의 원인을 하늘의 뜻을 억지로 바꾸려고 한 왕의 지나친 욕심에서 찾고 있다. 권력욕에서 비롯된 왕의 잘못된 청탁이 결국은 신라 하대의 비극, 나아가 신라의 종말을 초래했다고 보는 것이다. 그것만이 아니다. 경덕왕의 욕심은 표훈까지 망하게 했다. 천기를 누설한 죄를 짓게 했으니 말이다. 표훈은 결국 하늘 출입증을 회수당하지 않았는가. 예나 지금이나 사제가 왕에게 휘둘리면 둘 다 망하는 법이다.

하늘 길을 끊어버린 인간의 욕망

다른 나라 이야기지만 옛 티베트의 왕 지굼쩬뽀도 경덕왕을 닮았다. 티베트의 역사서인 《서장왕통기(西藏王統記)》를 보면 지굼은 갑자기 신하 로암다제에게 싸움을 건다. 적수가 될 만하다는 것이 이유였다. 어쩔 수 없이 싸우게 된 로암다제는 지굼이 스파이로 보낸 변화무쌍한 개에게 정보를 흘린다. "나를 죽이려면 이마에 거울을 달고 머리에는 칼을 둘둘 감고 재를 담은 주머니를 소의 등에 싣고 오면 된다." 이 말은 왕의 귀에 들어가고 왕은 그런 이상한 차림으로 전투에 임한다. 그러나 갑자기 들려온 고함 소리에 소가 놀라 뛰자 주머니가 터져 재가 연막탄 노릇을 한다. 그 사이 머리에 감아놓은 칼이 풀려 춤을 추다가 지굼의 머리에 연결된 신성한 하늘 줄, 곧 '무탁'을 잘라버린다. 바로 그때 로암다제의 화살이 이마의 거울을

티베트 왕 지굼짼뽀의 일대기
를 담은 탕카.

꿰뚫는다. 끊어진 무탁, 죽은 지굼은 지
상에 묻힐 수밖에 없었다.

　짤막하게 정리한 이 이야기에도 하늘
줄이 등장한다. 신라에서는 표훈과 같은
사제가 하늘 줄을 탔지만 티베트의 왕들
은 모두 하늘에서 내려왔기 때문에 이
줄을 타고 하늘로 돌아간다. 지굼짼뽀
이전의 왕들이 모두 그랬다. 그 줄이 지굼에
와서 끊어졌다고《서장왕통기》의 신화는 말하고 있다. 이유는 지굼의
편집증적인 권력욕에 있었다. 그는 왕권을 강화하는 과정에서
반대파인 귀족과 장군들을 무수히 숙청한다. 그들과 연계되어
있던 티베트 전통종교 뵌뽀까지도 금지시킨다. 티베트의 천지
단절신화는, 이런 과도한 권력 추구가 결국 왕을 죽음으로 몰고 갔
고, 아들이 열세 살이 되면 왕위를 물려준 후 무탁을 타고 하늘로
올라가는 티베트 왕들의 신성한 전통을 단절시켜버렸다고 이야기
하고 있다.

　여기서 우리는 다른 지역, 다른 민족에 전해지고 있는 다른 이야
기들에서 묘한 일치를 발견할 수 있다. 이라오 족이나 창 족의 천지
단절신화에서 하늘 줄이 끊어진 까닭은 인간들의 과식과 낭비였다.
정착을 하고 농사를 지어 살아가는 사람들에게 긴요한 일은 다음
해를 위해 곡식을 보관하는 것이다. 다 먹어버리면 미래가 사라진
다. 그러니 인간들의 과식과 낭비는 하늘 줄을 끊어지게 만들만큼
심각한 사태인 것이다. 이런 욕심의 과잉은 역사 시대의 왕에게도
위태로움을 초래한다. 순리를 따라도 과식할 수밖에 없는 것이 왕의
자리인데 폭식을 하겠다고 나서면 어찌 되겠는가? 경덕왕의 아들

엉기와 지굼쨴뽀의 싸움 걸기는 저 폭식의 종말을 여실히 보여
준다.

 오늘날 우리 삶을 점거하고 있는 자본주의는 낭비와 폭식을
동력으로 삼아 전쟁을 벌이고 있다. 끊임없이 대중을 유혹하는
광고판을 보라. 마치 자본을 섬기는 사제처럼 최선을 다해 소비하지
않으면 낙오자가 된다는 말씀을 쉴 사이 없이 전파하고 있다.
한편으로는 과식을 부추기면서 한편으로는 다이어트를 하라고
속삭인다. 저 옛 신화의 끊어진 하늘 줄처럼 자본주의 신화 속에도
하늘을 향한 줄은 없다.

 그렇다면 끊어진 하늘 줄을 어떻게 다시 이을 것인가? 자본주의
를 넘어 세계의 지속을 위해 하늘 줄이 필요하다면, 우리 안에
잃어버린 영성을 되찾는 일이 긴요하다면? 천지단절신화의 말씀은
너무도 간명하다. 욕망의 다이어트! 하늘 줄은 이 진짜 다이어트
안에 숨어 있다고 천지단절신화는 오늘 우리에게 낡은 지도 한 장을
건네고 있다.

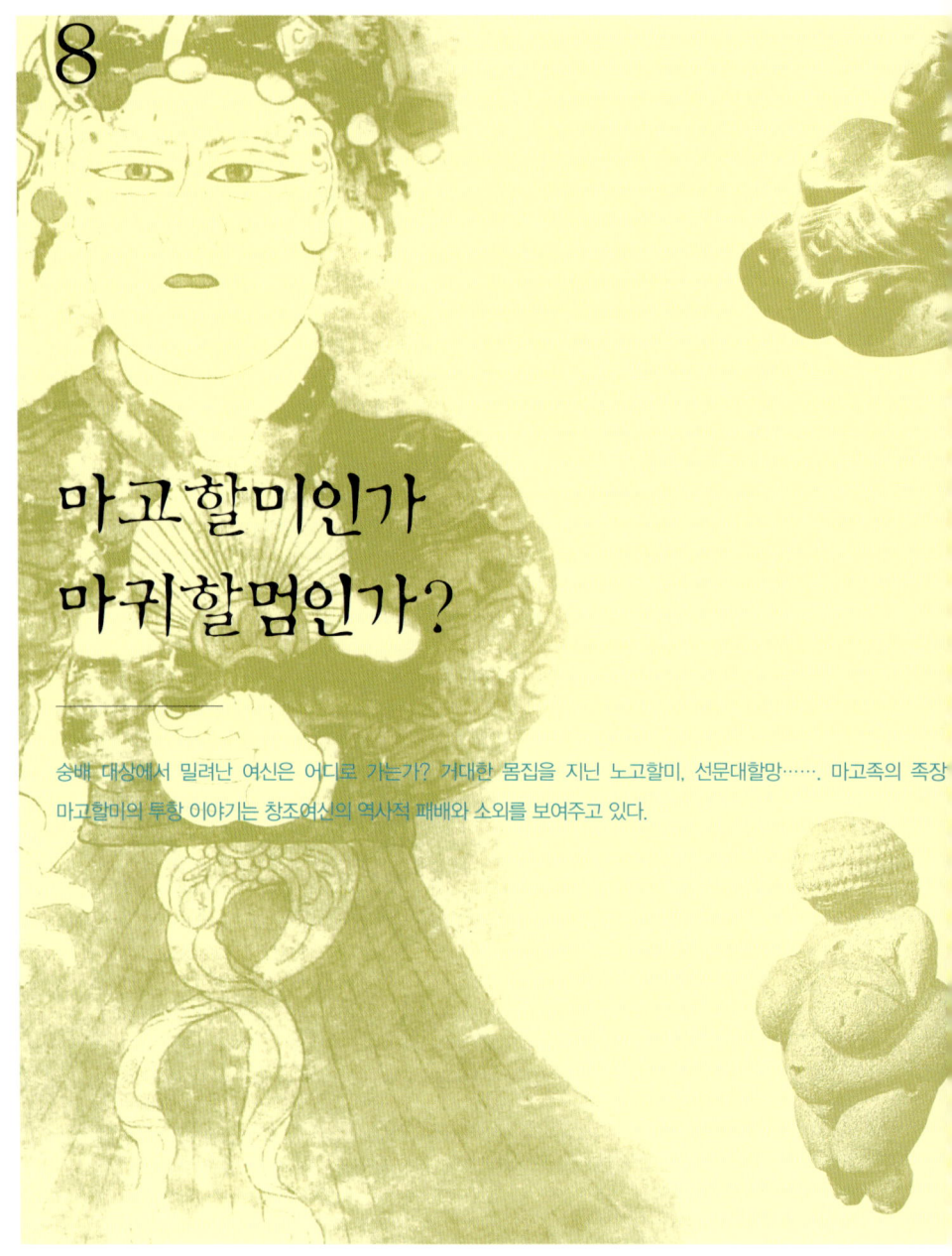

8

마고할미인가
마귀할멈인가?

숭배 대상에서 밀려난 여신은 어디로 가는가? 거대한 몸집을 지닌 노고할미, 선문대할망……. 마고족의 족장
마고할미의 투항 이야기는 창조여신의 역사적 패배와 소외를 보여주고 있다.

 경기도 양주에 설화조사를 갔다가 가납리 노인회관에 서 재미난 이야기를 들었다. "노고산에 있는 노고할미 는 얼마나 몸집이 큰지 노고산과 불국산에 다리를 걸치고 오줌을 누었는데 문학재 고개에 있는 큰 바위가 오줌발에 깨져나갔어." 옆 에 있던 노인들이 웃으며 한마디씩 거든다. "노고할미는 순한 할머 니여서 사람들한테 해를 끼치지 않는대." "노고산성도 노고할미가 쌓았다지."

강원도 〈삼척군지〉를 보니 이런 이야기도 있다. 취병산 서쪽 백 월산 중턱 바위굴에 서구할미가 살았는데 어린애들을 홍역 같은 병에 걸려 죽게 했다. 요염한 여인의 모습으로 변신해 남자들을 홀리고, 지나가는 사람들이 재물을 바치지 않으면 해도 입혔다. 생김새도 산발에 낚시코에, 손톱은 기다랗고 앙상했다. 나라에서도 어찌지 못했는데 효자인 최 아무개가 머리에 쑥뜸을 뜨자 효자가 벌을 주니 달게 받겠다고 하면서 며칠 만에 죽었다고 한다. 서구할 미가 죽어서 바위로 변한 것이 서구암이다.

양주의 노고할미와 삼척의 서구할미. 둘 다 할미인데 형상은 판 이하다. 노고할미가 사람들을 해치지 않는 인자한 할머니라면 서구 할미는 구미호처럼 둔갑술을 부려 사람들을 해친다. 노고할미가 엄청난 거인이라면 서구할미는 거인은 아니지만 생김새가 괴이하고 마음씨가 고약하다. 마치 손톱 길이가 네 치나 되는 〈열이전(列異 傳)〉의 마고(麻姑)나 〈헨젤과 그레텔〉의 마녀에 가깝다. 두 할머니 의 정체는 무엇인가?

구석기 여인상(왼쪽). 풍만한 몸매에는 풍요에 대한 기원이 담겨 있다. 오스트리아 빌렌도르프
이집트의 대모신 네이트(오른쪽). 이 여신은 베틀로 세계를 짠다.

제주도 선문대할망의 숨은 곡절

노고할미의 모습에서 우리의 감각을 자극하는 것은 '거대한 몸집'과 '세찬 오줌발'이다. 노고할미를 상징하는 두 형상이 우리 앞에 신화를 불러내기 때문이다. 먼저 남자들의 공중화장실 음담에서 정력과 동일시되는 오줌발 이야기를 해보자. 바위를 깰 정도의 오줌발이 뜻하는 것은 뻔하지 않은가? 할미의 강한 생식력, 그것이다. 할미의 생식력이란 표현이 낯설다면 이렇게 생각해 보자. 할미란 말은 지금 쓰이는 할머니의 뜻이 아니라 본래 '한+어미', 다시 말해 '큰 어머니'(大母)였다. 이 대목에서 구석기에서 신석기에 걸쳐 숭배되던 가슴과 엉덩이가 유난히 강조된 여신상을 떠올려 보면 이해

가 쉬울 것이다. 노고할미의 오줌발에는 원시의 비너스, 곧 대모신
(Great Mother)의 모습이 잔상처럼 남아 있다.

　오줌발이 이렇게 풀리면 거대한 몸집은 더 쉽게 풀린다. 거대한
몸집이란 바로 대모신의 몸집이기 때문이다. 거대한 몸을 지닌
대모신은 여러 민족들의 신화에서 창조여신으로 나타난다. 윈난에
사는 이 족의 창조여신 아헤이시니마는 금빛 바닷물을 마시고
하늘과 땅, 해와 달을 낳고, 신과 동식물을 낳고, 인간을 낳는다.
그런데 이 여신은 키가 구만 발, 꼬리가 구십 발, 눈과 귀가 열네
개, 젖이 스물네 개나 되는 기이한 형상을 지닌 거인이다. 《산해경》
에나 나올 법한 괴상한 동물의 모습을 연상시키지만 창조여신이
자연 자체를 인격화한 경우가 많다는 것을 염두에 둔다면 이 역시

자연이 구상화된 모습이라고 해도 좋을 않을까?

이런 거인 여신에 의한 구체적인 창조의 모습은 보이지는 않지만 그 편린은 우리 신화에도 여기저기 남아 있다. 제주도의 선문대할망이 그렇다. 이 여신이 얼마나 컸냐면 한라산을 베개 삼아 누우면 다리는 제주도 앞 바다에 있는 관탈섬에 걸쳐질 정도였다. 그래서 빨래를 하려면 관탈섬에 빨래를 놓고, 팔로 한라산 꼭대기를 짚고 서서 발로 문질러 빨았다고 한다. 또 제주도 여기저기에 흩어져 있는 오름들은 이 할머니가 치마폭에 흙을 담아 나를 때 치마의 터진 구멍으로 흙이 조금씩 흘러서 만들어진 것이고, 마지막으로 날라다 부은 것이 한라산이 되었다고 한다.

거대한 선문대할망의 몸집, 흙을 담아 나르는 선문대할망의 노동에서 우리는 어렵지 않게 거인 여신의 창조 행위를 엿볼 수 있다. 흙을 물 위에 던져 대지를 만드는 방식은 창조신화에 아주 흔한 형식이 아닌가. 그렇다면 엄청 크고 오줌발이 센 양주의 노고할미는 본래 천지를 마련하고 인간을 낳은 창조여신이었음에 틀림없다. 지금은 양주 사람들의 희미한 기억 속에 노고산의 산신으로 명맥을 잇고 있을 뿐이지만.

그런데 제주도의 설문대할망은 뭔가 이상하다. 이 여신은 속곳 한 벌만 만들어주면 육지까지 다리를 놓아주겠다고 제주도 사람들에게 약속하지만 실패한다. 속곳 한 벌을 만드는 데에는 명주 백 필이 필요했는데 아무리 모아도 한 필이 부족했기 때문이다. 그래서 할망은 다리를 놓다가 그만두었는데 지금도 그 자취가 조천면 앞 바다에 남아 있다는 것이다. 게다가 물마다 들어가 키 자랑을 하다가 밑이 빠진 한라산 물장오리에 빠져 죽는다. 세상을 만들고 제주도를 마련한 창조여신이 한라산의 산정호수 정도에 익사하다니! 말이

조천읍 앞바다. 선문대할망이 다리를 놓다 그만두었다는 전설이 서려 있다.

되는가? 여기에는 뭔가 숨은 곡절이 있다.

이 남도의 곡절을 가장 극적으로 해명해주는 북쪽의 이야기가
있다.

마고할미가 단군에게 항복한 이유

단군이 거느리는 박달족이 마고할미가 족장인 인근 마고성의 마고족
을 공격했다. 싸움에서 진 마고할미는 도망친 후 박달족과 단군의
동태를 살폈는데 단군이 자신의 부족에게 너무도 잘해주는 것을
보게 된다. 마고는 단군에게 마음으로 복종하지 않을 수 없게 되었다.
단군은 투항한 마고할미와 그 아래 아홉 장수를 귀한 손님으로 맞아
극진히 대접했다. 아홉 손님을 맞아 대접한 곳이 구빈(九賓) 마을이고,
마고가 항복하기 위해 마고성으로 돌아오면서 넘은 고개를 왕림(枉臨)
고개라고 한다.

평양시 강동군 남쪽 구빈마을에 전승되고 있는 전설이다. 그간
남쪽에는 알려져 있지 않았는데 남북 교류가 빈번해지면서 북한을
다녀온 풍수학자 최창조 교수가 전해준 전설이다. 이 전설에서
마고할미는 마고족의 족장으로 등장하지만 기실 이 마고할미는
노고할미·선문대할망과 같은 계열의 할머니다. 왜냐하면 18세기
장한철(張漢喆)이 지은 《표해록(漂海錄)》에 사람들이 한라산을 보고
살려달라고 비는 모습이 묘사되어 있는데 그때 그들의 입에서 나오는
말이 선마고(詵麻姑)이기 때문이다. 선문대할망이 한자 선마고로
표기된 것. 더구나 우리나라 곳곳에 마고할미가 치마로 돌을 날라

제군위(왼쪽)와 상사위(오른쪽).
제주도 내왓당을 철거하다 나
온 무신도 중 일부이다.

쌓았다는 성이 있는 것을 보면 같은 계열의 여신임이 분명하다. ✉

　그런데 마고성의 마고할미는 단군에게 항복한다. 단순한 항복이
아니라 마음에서 우러나오는 복종이었다고 전설은 말한다. 이 복종
의 의미가 뭘까? 겉으로 드러난 대로 한 부족이 다른 부족에게 패
배한 이야기일까? 그것만은 아니다. 외피와는 달리 실은 여신을
모시는 집단이 남신을 모시는 집단에게 복속된 이야기다. 세계를
창조한 여신이 창조신의 지위를 남신에게 넘겨주고 산신으로
밀려나거나 한 집단의 시조신이 되는 경우가 적지 않다. 노고할미나
마고할미가 그런 경우이다. 그러니 마고족의 족장 마고할미의 투항
이야기는 창조여신의 역사적 패배와 소외를 기억하고 있는 '말의

비석'(口碑)이 아니겠는가.

이제야 선문대할망이 한라산 물장오리에 빠져죽은 곡절이 얼굴을 내민다. 설문대할망은 창조여신이었지만 더 이상 그런 역할을 수행하지 못한다. 〈천지왕본풀이〉를 보라. 제주도의 창조신은 남신 천지왕(옥황상제)이 차지했다. 남성 중심의 신성가족의 계보에서 창조여신은 선마고와 같은 산신으로 숭배되거나 자신이 창조한 세계에 익사하는 전설의 주인공이 된다. 선문대할망 위로 곰나루의 웅녀가 겹쳐지는 것도 그 때문이다.

삼척의 서구할미가 마귀할멈의 형상을 쓰게 된 것도 여기에 까닭이 있다. 서구할미에게는 창조여신의 모습이 거의 없다. 오히려 요괴나 구미호의 이미지가 씌어져 있다. 산신 서구할미가 이런 꼴이 된 것은 십중팔구 민간신앙을 억압한 조선시대 유교 이념 탓일 것이다. 사악한 서구할미가 '효자'에게 굴복했다는 결말의 논리가 그것을 증언한다. 그러나 거기에는 더 오래된 내력이 있다. 덕이 높은 단군에게 복종했다는 마고할미 전설에서 알 수 있는 대모신의 역사적 소외라는 내력이 그것이다. 창조의 힘을 잃고 숭배의 대상에서마저 배제된 여신에게 부과된 누명이 서구할미의 얼굴에 깊은 주름으로 드리워져 있다.

신선 마고(麻姑)가 동양(東陽) 채경(蔡經)의 집에 내려왔는데 손톱 길이가 네 치나 되었다. 채경이 사심을 품고 말하길 "이 여자는 참으로 아름다운 손을 가졌다. 저 손을 얻어 등을 긁었으면 좋겠다"라고 했다. 마고가 크게 화를 내어 힐끗 보자 채경이 땅에 넘어져 두 눈에 피를 흘렸다. (위(魏)나라 조비(曹丕)의 〈열이전(列異傳)〉)

마고 목판화. 청나라.

바다에서 풍랑을 만나 외국을 표류한 기록인 표해록은 여러 작품이 전해진다. 가장 이른 것은 1488년 최부(崔溥)가 지은 《표해기행록(漂海紀行錄)》으로 제주 길에 난파되어 중국을 거쳐 돌아온 체험의 기록이다. 1771년에 지어진 장한철의 《표해록》은 류큐(오키나와) 쪽을 표류한 경험을 기록한 책인데 표류에서 돌아오는 길에 멀리 한라산이 보이자 일행들이 "백록선자(白鹿仙子)님, 우리를 살려주소서, 우리를 살려주소서. 선마선파(詵麻仙婆)님, 우리를 살려주소서, 우리를 살려주소서." 하고 간절히 '비념'을 하는 것을 본다. 장한철은 그것을 보고 아무 소용이 없는 짓이라는 유가 지식인다운 발언을 덧붙인다. 그러면서 동시에 선옹(仙翁)이 흰 사슴을 타고 한라산 위에서 놀았다 하고, 또한 아득한 옛날에 선마고(詵麻姑)가 걸어서 서해를 건너와서 한라산에서 놀았다는 전설이 있다고 소개한다. 걸어서 바다를 건넌 거인 여신 선마고가 바로 설문대할망이다.

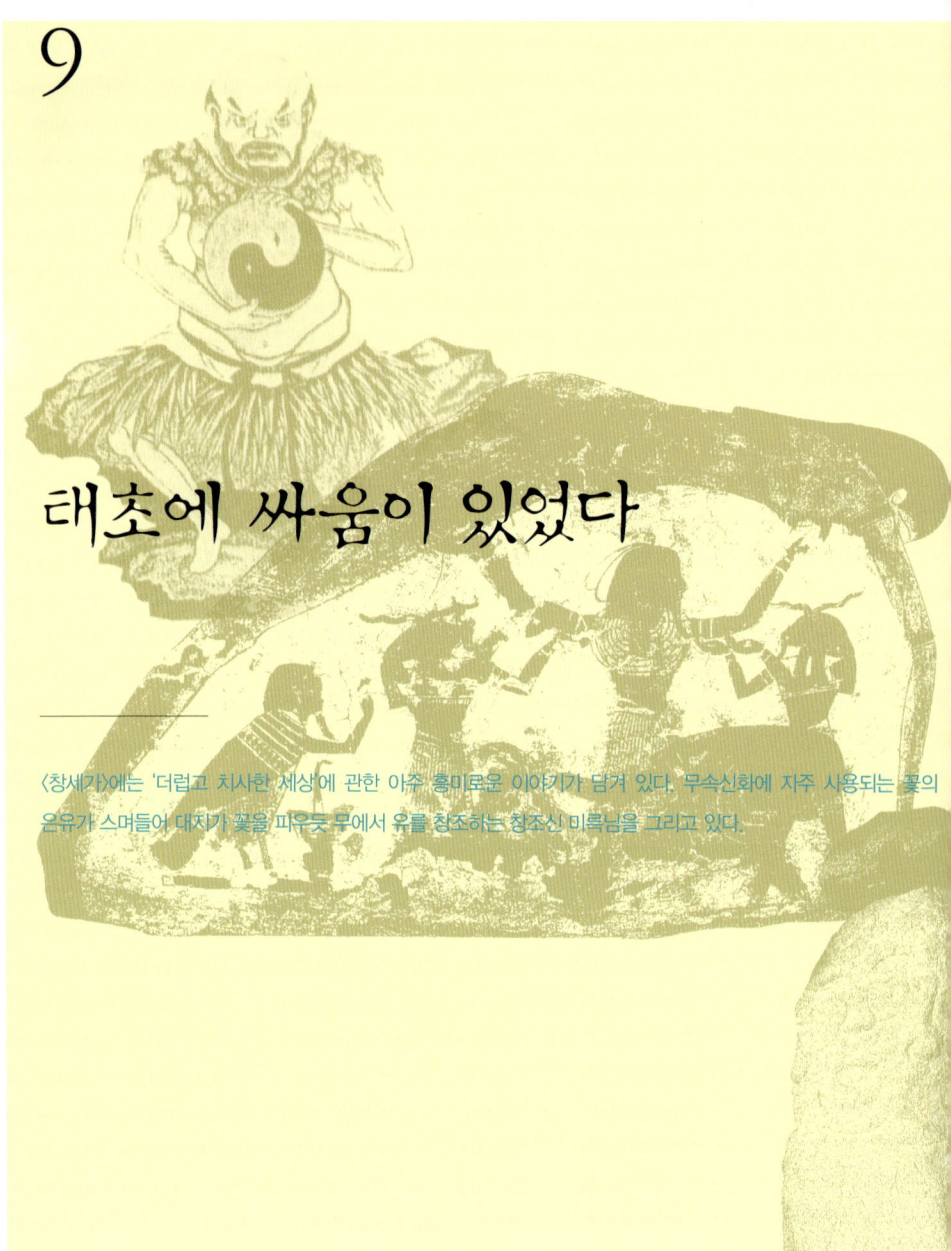

9

태초에 싸움이 있었다

〈창세기〉에는 '더럽고 치사한 세상에 관한 아주 흥미로운 이야기가 담겨 있다. 무속신화에 자주 사용되는 꽃의 은유가 스며들어 대지가 꽃을 피우듯 무에서 유를 창조하는 창조신 미륵님을 그리고 있다.

세상이 왜 이리 더럽고 치사한 곳이 되었을까? 살다보면 이런 생각이 들 때가 한두 번이 아니다. 고대인 역시 다르지 않았을 것이다. 아마도 그런 의문을 지녔던 고대인들이 생로병사의 고통은 어디서 오는가, 세상은 어째서 죄악이 넘실대는 소돔이 되었을까, 묻지 않았을까? 모든 것이 마음의 문제, 혹은 모든 것이 원죄의 결과라는 것이 종교의 대답임을 우리는 잘 알고 있다. 그렇다면 불교나 기독교가 아닌 우리 신화는 뭐라고 했을까?

민속학자 손진태 선생이 1923년에 조사해 보고한 〈창세가〉라는 이름이 붙은 창조신화가 있다. '김쌍돌이'라는 함경도 무녀가 부른 노래를 채록해 놓은 것인데 그 안에 '더럽고 치사한 세상'에 관한 아주 흥미로운 이야기가 담겨 있다.

창조여신의 내력을 간직하고 있는 마을 미륵상. 전남 영광군 도서면 남죽리.

〈창세가〉에는 '미륵님'이라는 창조신이 등장한다. 희미한 흔적만 남아 있는 창조여신 마고할미와는 달리 선명한 형상과 이야기를 지닌 신이다. 마고할미만큼이나 몸집이 거대한 미륵님은 서로 붙어 있는 하늘과 땅 사이에 구리기둥을 세워 천지를 개벽한다. 일월성신을 만들고, 하늘에서 금벌레 은벌레를 금쟁반 은쟁반에 받아 남자와 여자를 마련한다. 이런 식으로 거인 창조신이 세계를 창조하는 신화는 적지 않다. 중국 문헌에 보이는 창조신 반고, 인도의 창조신 푸루샤의 경우도 유사하다.

문제는 그 다음이다. 〈창세가〉에는 미륵이 창조한 태평 세상에 느닷없이 '석가님'이 나타나서 미륵의 세상을 빼앗으려고 한다. "아직은 내 세월이지 네 세월이 아니다." 미륵의 말에 석가가 응수한

일월성신도(日月星辰圖)
일부분. 태양신이 꽃을
피운 모습을 표현하고
있다.

다. "네 세월은 다 갔다. 이제는 내 세월을 만들겠다." 석가의 도전에
미륵은 어쩔 수 없이 내기를 제안한다. 내기 종목은 셋이다. 병을
매단 줄을 동해 바다에 드리워 누구 줄이 안 끊어지는가, 누가 여름에
강물을 얼어붙게 할 수 있는가, 누구 무릎에서 꽃이 피는가? 셋 다
미륵님의 장기였던 모양이다.

석가의 '꼼수'로 더러워진 세상

그렇다면 이 내기에서 누가 이겼을까? 당연히 석가다. 미륵이 이길 내기라면 애초에 석가가 나타나 시비를 걸 필요가 없었을 테니까. 그럼 왜 미륵님은 자신의 주 종목으로 내기에 나섰는데도 석가에게 졌을까? 여기가 정곡이다. 첫째 내기에서 석가의 줄이 끊어지고, 둘째 내기에서도 석가는 강물 얼리기에 실패한다. 계속 가면 셋째 내기에서도 질 판이다. 세상을 지배하고 싶은 욕심을 놓을 수 없었던 석가는 마침내 반칙을 범한다. 한 방에 누워 잠을 자면서 꽃 피우기를 하는 동안 미륵의 무릎에 핀 꽃을 꺾어 제 무릎에 꽂았던 것이다.

결판이 났다. 미륵님이 석가의 소행을 모를 리 없겠지만 내기는 내기. 신들이 다투는 창조의 공간에 호루라기를 부는 심판이 있을 리도 만무. 미륵님은 석가에게 세월을 넘겨주기로 하고 세상을 떠난다. 그때 미륵님이 남긴 마지막 말이 압권이다. "더럽고 축축한 석가야. 네 세월이 되면 집집마다 기생 나고 과부 나고 역적 나고 백정 날 것이다. 말세가 된단 말이다." 우리가 사는 세상이 더럽고 치사한 말세가 된 까닭이 여기서 비로소 드러난다.

이런 식으로 우리 〈창세가〉는 유대교의 〈창세기〉와 달리 두 신의 싸움에서 술수를 부린 석가가 이기면서 태평한 에덴이 아수라장이 되었다고 이야기하고 있다. 태초에 말씀이 있었던 것이 아니라 태초에 신들의 싸움이 있었던 것이다. 악의 근원에 대한 우리 신화의 이해는 참으로 어린아이 같은 듯하지만 그 안에는 신화가 세계를 보는 내밀한 시선이 스며 있다. 더구나 대부분의 원시 신화들이 신들의 싸움 때문에 세상이 이 모양이 되었다고 이야기하고 있으니 이는 우리 신화만의 수수께끼는 아닌 셈이다.

　미륵과 석가의 싸움을 해독하려면 먼저 미륵과 석가라는 이름에서 자유로워져야 한다. 두 이름은 자꾸 우리를 불교로 유인하지만 이름은 다음 문제다. 이름을 괄호 치고 보면 떠오르는 것이 경쟁의 내용이다. 우리의 〈창세가〉는 삼세판을 통해 이야기의 긴장을 고조시키지만 그 가운데 제일 중요한 싸움은 '꽃 피우기'다. 왜냐하면 이 신화는 몽골이나 중국 소수민족에게도 남아 있고, 일본 미야코 섬에도 전승되고 있는데 모두 '꽃 피우기'를 주 종목으로 내세우고 있기 때문이다.

　한데 왜 하필 꽃 피우기인가? 신화적 겨루기라면, 좀더 역동적인, 수로와 석탈해 식의 변신 대결도 있고, 주몽과 송양의 활쏘기 시합도 있지 않은가. 다분히 정태적인 꽃 피우기는 아마도 미륵님의 창조신적 면모를 상징하는 행위일 것이다. 우리 무속신화의 주요한 공간 가운데 하나가, 인간의 생명과 운명을 관장하는 꽃들이 만발한 저승의 '서천꽃밭'이다. 이처럼 무속신화에 자주 사용되는 꽃의 은유가 〈창세가〉에도 스며들어 대지가 꽃을 피우듯 무에서 유를 창조하는 창조신 미륵님을 그려낸 것이다. 물에 빠져 죽은 이를 위한 수망굿의 넋 건지기 의례에서 사용하는 그 넋병을 달아맨 줄이 끊어지지 않게 하는 능력이나 여름에 강물을 얼리는 능력 역시 생명과 자연을 조절하는 창조신의 능력을 드러내는 보조 장치다.

아, 미륵님은 자연 자체였구나!

그런데 평양 출신 정운학이 구연한 〈삼태자풀이〉를 보면 이런 창조적 능력을 지닌 미륵님이 대결에서 패한 후 승천하여 얼굴은 해와

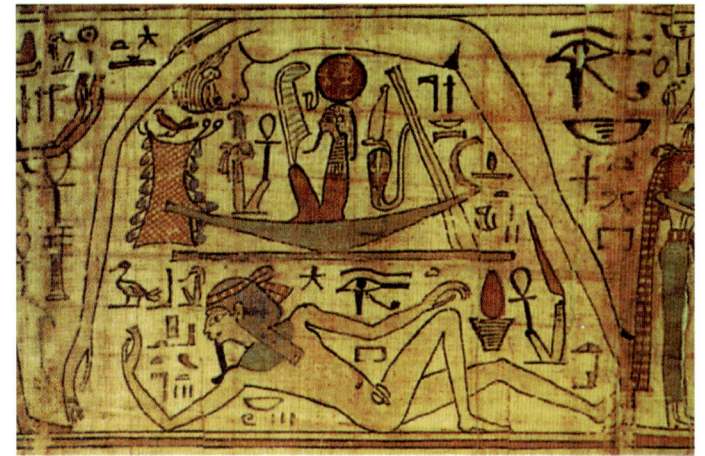

달이 되고, 눈은 샛별이 되고, 코는 삼태성이 되고, 귀는 북두칠성이 되고, 배는 푸른 하늘이 되고, 몸은 대지가 되었다고 이야기한다. 창조신의 몸이 우주와 대지의 구성물로 변형되는 것이다. 〈창세가〉의 미륵과는 좀 다르지만 여기서 우리는 거대한 미륵님의 정체에 대한 실마리를 얻을 수 있다. '아, 미륵님은 자연 자체였구나! 꽃 피우기란 자연 안에 이미 있는 능력이었구나!'

그렇다면 이런 미륵님을 쫓아내고 세상을 지배하겠다고 하는 석가님은 어떻게 이해해야 하는가? 자연에 적대적인 존재? 꽃을 피우듯 자연을 조절하는 능력은 없지만 자연을 지배하는 능력은 있는 존재? 이런 존재는 인간이 이룩한 '문명' 말고는 달리 없다. 석가님은 바로 문명을 상징하는 인격신의 형상인 것이다. 아주 단순한 논리인 듯하지만 우리 신화는 문명화된 세계야말로 '더럽고 축축한 세상'이라고 말하고 있다. 이렇게 본다면 우리의 〈창세가〉는 적어도 고대 문명 이후에 마련된 신화일 수밖에 없다. 여신이 세상을 창조하는 신화와는 상당히 거리가 있는 셈이다.

이런 맥락에서 이제 괄호 속에 넣어둔 미륵과 석가라는 이름의 내력을 풀어볼 때가 되었다. 우리의 〈창세가〉가 굳이 불교의 보살과 부처를 받아들여 천지만물의 기원을 풀어놓은 까닭이 무엇이냐는 것이다. 짧은 문장 안에 간단히 담을 수 있는 것은 아니지만 불교의 미륵(maitreya)이나 그 어원으로 알려진 힌두교 미트라(mitra)가 우정이나 자애를 뜻한다는 점에서 실마리를 얻을 수 있을 것 같다. 힌두교의 미트라는 엄격한 바루나와 짝을 이루면서 자애로운 모성성을 상징하는 신이다. 이런 미트라에서 비롯된 미륵이 동아시아에 수용되면서 여성화되고 여신과 동일시되는 것은 어쩌면 당연한 일이다. 미륵이 자씨(慈氏)보살로 번역된 것이나 몽골의 창조여신 마이다르(미륵)가 좋은 사례다. ▨ 우리의 〈창세가〉가 미륵을 창조신으로 받아들인 데는 그만한 이유가 있었던 것이다. 분명 미륵은 창조여신의 전통 위에서 수용되었던 것이다.

그러나 정작 힌두교나 불교의 신화 속에는 미륵과 석가의 원초적 투쟁담이 없다. 불경의 전생담에서 둘은 형제이거나 서로를 도와주는 공생관계로 나타날 뿐이다. 그렇다면 불경의 공생관계가 무속신화에서는 적대관계로 변형된 이유가 뭘까? 여기에는 분명 어쩔 수 없이 불교를 포용했던 샤머니즘의 불교에 대한 적대감이 게재되어 있다. '말세'라는 미륵님의 예언 속에 담긴 뜻이 이런 것이 아닐까? 동시에 여기에는 남성들의 투쟁으로 점철된 고대 문명 세계에 대한 당대 무속의 진단도 들어 있다. 미륵이 다시 와야 태평세월이 될 세계라는 인식이 그것이다. 이때 미륵은 불교적 이름을 지니기는 했지만 불교 이전의 신, 미트라에 더 가까운 존재일 것이다.

세상은 왜 더럽고 축축한가? 태초에 싸움이 있었기 때문이다. 싸움을 건 석가로 표상되는 문명화된 세계야말로 모든 것의 원인이라고 우리 신화는 말한다. 이는 자연을 속이면서 이룩한 문명을 자랑하는 우리의 통념에서 보면 대단한 역설이다. 그러나 이 역설 안에 그간 우리가 잊고 있던 신화적 진실의 한 자락이 펄럭이고 있는 것이 아니겠는가?

천지가 달걀처럼 혼돈스러웠는데 반고(盤古)는 그 안에서 생겨났다. 일만 팔천 살이 되자 천지가 개벽하여 밝고 맑은 것은 하늘이 되고 어둡고 탁한 것은 땅이 되었다. 반고는 그 안에서 하루에 아홉 번 변하여 하늘에서는 신이 되고 땅에서는 성인이 되었다. 하늘은 하루에 한 길씩 높아지고, 땅은 하루에 한 길씩 두터워졌고, 반고도 하루에 한 길씩 커졌다. 이같이 일만 팔천 년이 지나자 하늘은 지극히 높아지고 땅은 지극히 깊어졌고, 반고도 지극히 커졌다.

반고에 관한 가장 오래된 기록인 서정(徐整)의 《삼오력기(三五曆紀)》에 나오는 것인데 창조신 반고의 형상이 다분히 추상화되어 있다. 음양론에 따른 논리화의 옷을 입고 있다. 좀더 생생한 모습이 《오운역년기(五運歷年記)》에 보인다. 거인 창조신이 죽어 신체가 세계를 구성하는 '사체화생신화'의 모습이다. 태초에 반고가 생겨났는데 죽음에 임해 몸이 변했다. 기운은 바람과 구름이 되고, 목소리는 천둥이 되고, 왼쪽 눈은 해가, 오른 쪽 눈은 달이 되고, 사지와

반고의 상. 19세기 석판화.

인도 신화에서 창조자로 등장하는 푸루샤.

오체는 사방의 끝과 오악(五嶽)이 되고, 피는 강과 하천이 되고, 근육과 맥박은 길과 물줄기가 되고, 피부와 살은 전토(田土)가 되고, 머리털은 별이 되고, 피부의 털은 초목이 되고, 이와 뼈는 금석이 되고, 정액과 골수는 구슬이 되고, 땀은 흘러 비와 못이 되고, 몸의 온갖 벌레들은 바람이 불자 사람으로 변했다. 인도의 창조신화를 보면 천 개의 손과 다리, 천 개의 눈을 가진 푸루샤가 등장한다. 푸루샤의 세계 창조는 중국의 반고와 비슷한 점이 많다. 그래서 반고의 원형이 푸루샤라고 보는 학자들도 있다.

모든 생명체는 푸루샤의 4분의 1로 만들어졌으며 4분의 3은 천상에 있다. 때문에 푸루샤는 모든 존재에 두루 퍼져 있다. 푸루샤의 입은 브라흐만(사제), 팔은 크샤트리아(무사), 넓적다리는 바이샤(상인), 발은 수드라(노예)가 되었다. 또 해는 그의 눈이었고, 달은 그의 마음이었다. 그의 입에서는 인드라와 아그니가, 그의 숨결로부터는 바람이 탄생했다. 두 다리에서는 대지가, 귀에서는 하늘이 나왔다.

옛날 홍수가 천지를 뒤덮어 우주간의 일체 생명을 휩쓸었다. 헤일 수 없는 시간이 흐른 후 신녀 마이다르는 하얀 신마를 타고 세상을 돌아보았는데 수미산 꼭대기만 조금 나와 있었다. 마이다르는 수미산 꼭대기 동굴에서 키가 반 자도 안 되는 사람들을 발견했다. 말도 토끼만했다. 아침에 태어난 아이가 저녁이면 말을 타고 불을 받고 불을 보내며 동굴 속을 분주히 오가고 있었다.

여신 마이다르가 탄 신마가 수면을 밟자 불꽃이 퍼져 나왔다. 연소

된 먼지들이 재로 변해 수면 위에 떨어져 쌓이자 점점 두터워져 한 덩어리의 가없는 대지를 형성했다. 대지는 수면을 내리누르면서 아래로 가라앉았고 하늘과 땅이 천천히 나뉘어졌다. 그러나 대지는 수면 위에 떠 있어서 항상 흔들렸다. 그래서 마이다르는 거북이 한 마리를 물 속으로 보내 등으로 대지를 떠받쳐 움직일 수 없게 했다.(하략)

마이다르는 수미산의 작은 사람들을 불쌍히 여겨 남성인 태양신과 여성인 달신을 보내 밤낮으로 비추었다. 그들은 매일 마이다르가 정한 길을 따라 수미산을 한 바퀴씩 돌았다. 남신이 산 뒤로 넘어가 밤이 되면 여신이 대신해 빛을 발하고, 여신이 산 뒤로 넘어가면 남신이 대신 빛을 보내니 곧 낮이다. 그들 둘은 이제껏 서로 얼굴을 보지 못했다.(중국 신장 자치구에 거주하는 몽골 오이라트 족들의 구전신화)

10

태양신이 된 거지

명월(明月)각시는 이름이 말하듯 달의 여신이다. 재생의 신 명월각시가 짠 구슬옷은, 세오녀가 짠 비단이 일월의
빛을 되찾아왔듯이, 죽음에 사로잡힌 존재를 재생시킬 수 있는 능력을 상징한다.

해마다 첫 일출을 맞으려는 사람들로 동해안은 사람의 바다를 이룬다. 동해까지 못간 이들은 동네 뒷산이라도 올라가 보려고 한다. 어제 해와 오늘 해가 별다를 리 없겠지만 사람들은 기어코 첫 일출에 큰 뜻을 담으려고 한다. 우리는 어쩔 수 없는 상징인(Homo Symbolicus)이라는 생각이 든다. 그리고 저 현대 상징인의 '비념' 속에 빛나고 있는 것은 신성에 대한 막연한 동경이라는 생각도 든다. 떠오르는 태양을 향해 굿을 하던 원시적 심성이 여전히 거기서 해맞이를 하고 있는 것이다.

그런데 새해를 맞으면서 우리 태양신의 이름을 불러본 이들은 몇이나 될까? 종교를 가진 이들은 자신이 모시는 신의 이름을 불렀을지 모른다. 하지만 태양신의 이름이라니? 서양 신화에

해의 신, 달의 신. 중국 집안의 고구려 고분벽화. 오른쪽 남성 신의 손에 들린 해 속에는 세 발 까마귀가 있고 왼쪽 여신의 손에 들린 달 속에는 두꺼비가 그려져 있다.

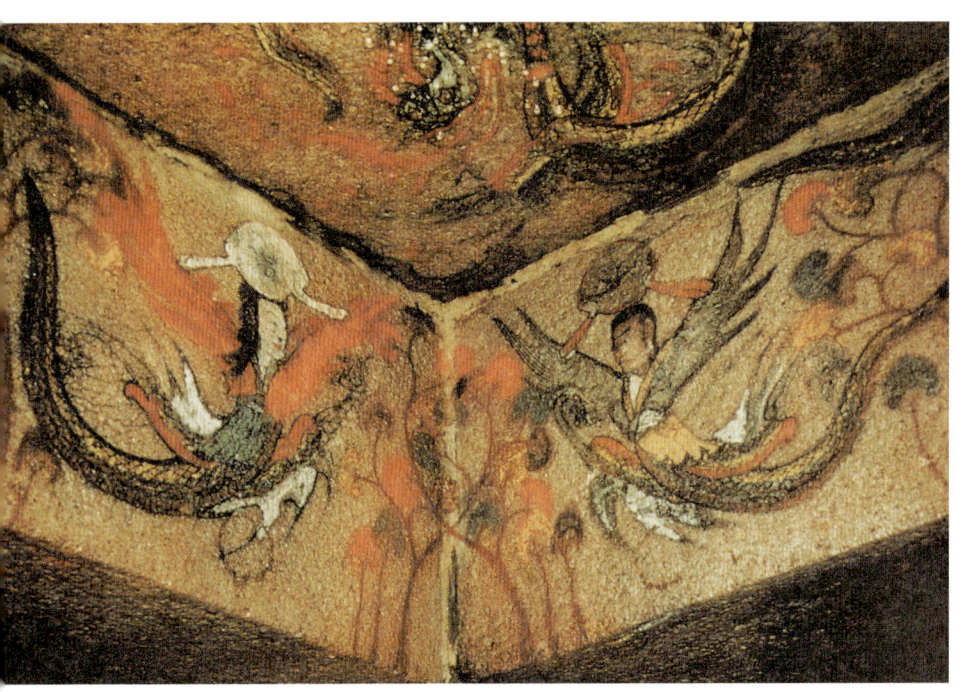

아마테라스. 일본 신화 속의 해의 신이다. 고구려 고분 벽화 속 해의 신과 달리 몸도 사람의 모습이다.

친숙한 이들에게는 그리스의 아폴론이나 이집트의 라(Ra)와 같은 이름이 먼저 떠오를 수도 있겠다. 중국이나 일본 신화에 익숙한 사람이라면 희화(羲和)나 아마테라스 오호미카미[天照大御神]를 기억할지도 모르겠다. 그러나 정작 우리의 태양신은? 만약 이 질문이 당황스럽다면 우리가 그동안 우리 신화에 대해 너무 무심하지 않았는지 되돌아봐야 한다.

태양신이 된 거지 궁산이

궁산이는 명월각시한테 반해 첫 해에 말 붙이고, 둘째 해에 편지 받고, 3년 만에 장가를 간다. 각시를 너무 예뻐한 궁산이는 한시도 곁을 떠나려고 하지 않는다. 굶을 지경이 되었는데도 궁산이가 일하러 나갈 기미를 보이지 않자 명월각시는 자신의 화상을 그려주며 나무를 해오라고 한다. 일이 되느라고 그런지 나뭇가지에 걸어놓은 각시의 초상이 바람에 날려 아랫마을 배 선비네 집에 떨어진다. 초상에 반한 배 선비는 금을 한 배 싣고 궁산이와 내기 장기를 두러 온다. 먹거리도 없는 집이니 내기에 걸 것이 있을 리 없다. 배 선비의 계략에 말려든 궁산이는 마누라를 걸고 내기를 한다. 마누라 걸고 도박하는 노름꾼의 원형이 여기 있는지도 모르겠다.

그렇다면 내기의 결과는? 당연하게도 궁산이가 진다. 소식을 들은 명월각시는 탄식 중에도 꾀를 낸다. '종년을 나처럼 꾸미고 나는 종년 차림에 다리까지 절면 종년을 데려가겠지.' 이 대목에서 잠시 '종년'의 인권이 걱정스럽겠지만 그럴 필요는 없다. 배 선비가 데려가는 것은 명월각시니까. "남의 마누라를 데려가면 평생 원한을 쌓을 테니 마당에 물 긷는 종년을 나를 주소." 다 알고 돌려치는 배 선비의 말이다. 명월각시는 제 꾀에 발목이 잡힌 꼴이 되었다. 명월각시는 어쩔 수 없이 배 선비를 따라가면서도 말미를 얻어 궁산이의 옷을 지어주고 먹을 것을 마련해 준다. 그럼 혼자 남은 궁산이는 어떻게 되었을까? 먹을 것이 떨어지자 이 한심한 사내는 이름처럼 궁해져 거지 신세가 되어 떠돈다.

배 선비를 따라 아랫마을로 간 명월각시는 웃음을 거두고 입을 다문다. 답답해 가슴을 치는 배 선비에게 소원을 들어주면 말을 하겠다고 한다. 언제 궁산이 소문을 들었는지 사흘짜리 거지잔치를 여는 것이 소원이란다. 〈심청전〉의 거지잔치나 제주도 〈삼공본풀이〉의 거지잔치가 겹쳐지는 장면이다. 궁산이는 첫날은 맨 아래쪽에, 둘째 날은 맨 위쪽에 앉았다가 못 얻어먹는다. 마지막 날 겨우 얻어먹고 나가는데 명월각시가 '구슬옷'을 던지면서 누구든 이 옷을 들어 입을 수 있으면 내 남편이라는 폭탄선언을 한다.

거지들이 서로 달려들어 다투어 옷을 입어본다. 그러나 들 수도

일월성군(日月星君) 그림. 16세기.

입을 수도 없다. 그때 궁산이가 들어와 옷
깃을 가볍게 들어 걸치자 갑자기 하늘로
붕 솟아올랐다가 내려온다. 보고 있던 배
선비가 가만있을 리 없다. 배 선비도 옷을
입자 하늘로 떠오른다. 문제는 그 다음이다.
입긴 입었는데 벗는 재주가 없는 배 선비는
다시는 내려오지 못하고 죽어 솔개가 된다.
여기까지만 보면 이게 무슨 태양신화인가
의문이 든다.

그러나 이 이야기가 명월각시와 궁산이가
다시 만나 살다 죽어 일월신이 되는 데서
마무리되는 것을 보면 일월신의 내력을
풀이한 신화가 아니라고 할 수는 없다.
일월신을 즐겁게 하는 기원이라는 뜻을 지닌
〈일월놀이푸념〉(1933년 평안북도 강계의 무
당 전명수 구송)이라는 제목까지 붙어 있는
것만 봐도 그렇다. 큰굿의 뒤풀이에서 음식과
춤으로 신을 위로할 때 부르는 노래라는
사실도 뒷받침이 된다. 하지만 이 신화는,
태양마차를 모는 아폴론이나 열 개의 태양
을 여섯 용이 끄는 수레에 차례로 싣고 달
리는 희화와 같은 태양신의 이미지를 상상
하는 우리의 뒤통수를 후려친다. 무슨 태양
신화가 이래?

그러나 곰곰이 따져보면 '태양신이 된

거지 궁산이' 이야기 안에는 신화의 논리가 숨어 있다. 그 비밀의 문으로 들어가기 위해 풀어야 할 수수께끼는 둘이다. 첫 번째 수수께끼가 명월각시가 거지들에게 던진 구슬옷이라면 두 번째 수수께끼는 명민한 명월각시와 어리석은 궁산이라는 신화 특유의 남녀관계다.

| 명월각시가 던진 구슬옷의 비밀 |

먼저 구슬옷을 풀어보자. 대체 무슨 옷이길래 보통 사람은 들지도 못하는데 임자는 입으면 하늘로 올라가고 벗으면 내려오는가? 선녀의 날개옷 혹은 성룡의 영화 '턱시도'를 연상시키는 이 옷의 비밀을 풀려면 살짝 우회로로 접어들 필요가 있다. 우회로란 흔히 우리 일월신화의 자취를 간직한 이야기로 알려진 〈연오랑세오녀〉를 경유하는 길이다.

〈연오랑세오녀〉를 보면 연오랑·세오녀 부부가 차례로 바위에 실려 일본으로 건너가면서 신라의 해와 달이 빛을 잃는다. 《삼국유사》에 따르면 이들이 각각 해와 달의 정령이었기 때문이다. 그런데 이 이야기에는 흥미로운 부분이 있다. 부부를 모셔오려고 찾아간 사신에게 이미 일본의 왕과 왕비가 되어 있는 두 사람이 준 것이 '세오녀가 짠 옷감'이라는 사실이다. 사신은 연오랑·

호미곶에 세워진 연오랑 세오
녀 상.

세오녀 대신 비단을 모셔온다. 그리고 연오랑의 말
대로 비단을 제물 삼아 하늘에 제사를 지내자 신라
의 일월은 빛을 되찾는다. 여기서 우리는 '세오녀-
옷감-빛' 사이에 뭔가 내밀한 관계가 있다는 것을
눈치챌 수 있다.

세오녀는 길쌈 능력이 탁월한 여자였다. 동시에
평범한 인간이 아니라 달의 정령, 달의 여신이었다.
직조공이란 직업을 발명한 이집트의 여신 네이트나 직조 기술로
유명한 그리스 여신 아테나를 생각해 보면 달의 여신 세오녀의 길쌈
능력을 이해하는 것은 어렵지 않다. 시간과 운명을 관장하는 달의
성스러운 이미지가 베 짜기라는 여성 특유의 노동과 결합하면서
탄생한 것이 달 여신의 옷감 짜기 능력이다. 동시에 달은 풍요와
재생의 상징이기도 하다. 그렇다면 달 여신이 짠 비단이 신라의
사라진 빛을 재생시킬 수 있었던 이유가 짐작이 간다.

명월각시가 던진 구슬옷의 비밀이 여기서 풀린다. 명월(明月)
각시는 이름이 말하듯 달의 여신이다. 재생의 신 명월각시가 짠
구슬 옷은, 세오녀가 짠 비단이 일월의 빛을 되찾아왔듯이, 죽음에
사로잡힌 존재를 재생시킬 수 있는 능력을 상징한다. 무능력하게만
보이던 궁산이가 구슬옷을 입자 잃어버리고 있었던 태양신의
능력을 회복했다는 사실이 그것을 증명한다. 궁산이는 이름처럼
무궁해진 것이다.

그런데 궁산이의 잃어버린(혹은 잠재된) 능력을 되살려내는
명월 각시의 이미지에는 재생의 신 이상의 뜻도 숨어 있다. 그녀는
자신이 아니라 남편을 위해 구슬옷을 짰기 때문이다. 제주도 성산
일출봉의 등경돌[燈檠石]이 선문대할망이 길쌈할 때 켰던 등잔이라는

전설이 있듯이 길쌈은 창조여신의 문화 창조 과정의 일부이다. 그러나 오늘날 전승되는 구전신화에서 창조여신의 제 옷 만들기는 대개 실패로 돌아간다. 선문대할망의 속옷 만들기나 충청도 해안 지역에서 전승되는 갱구할머니의 옷 만들기가 그렇다. 오히려 여신들이 옷 만들기에 성공하는 것은 남편의 옷을 만드는 경우다. 붉은 빛 조복(朝服)을 만들어 남편에게 주었다는 선도성모나 〈일월 놀이푸념〉의 명월각시가 그런 경우다.

왜 그럴까? 여신의 주변화가 답일 것이다. 청동기 혹은 고대국가

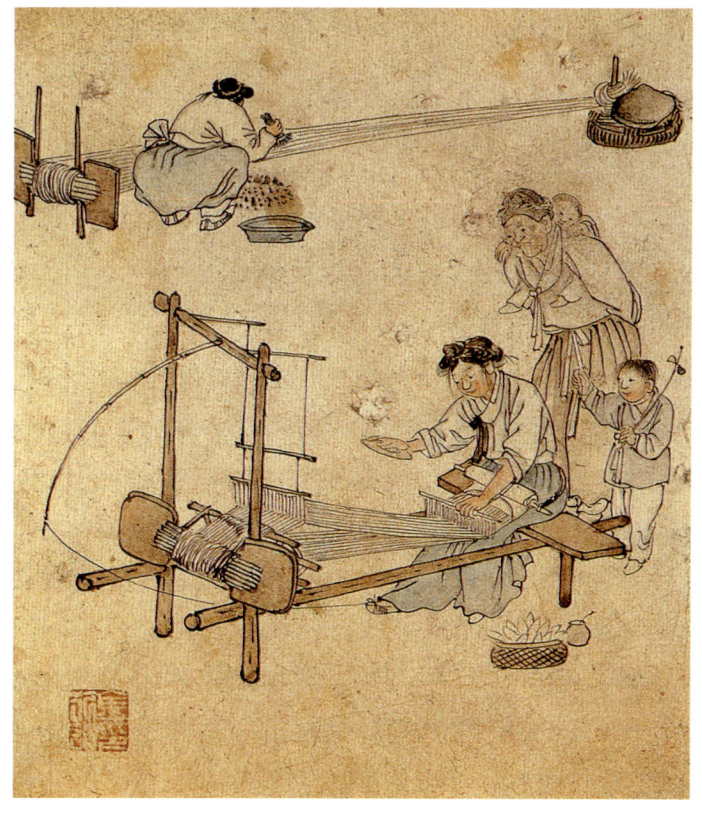

김홍도의 '길쌈하는 여성'. 세 오녀, 선문대할망의 길쌈은 달 의 여신의 '창조와 재생' 능력을 상징한다.

일출 장면. 옛 조상들처럼 현대인도 떠오르는 태양을 보며 원시적 심성으로 돌아가 비원을 빌곤 한다.

이후 여신들은 대부분 남신의 배필이나 딸로 위계가 조정된다. 현실의 남성 지배가 신화에 투영되었기 때문이다. 창조여신의 옷 만들기가 실패하고, 남신의 배필이 된 선도성모나 명월각시의 옷 만들기가 성공한 까닭이 여기에 있다. 〈일월놀이푸넘〉의 명월각시가 어리석은 남편의 내기 때문에 겪는 고난 속에도 현실의 남녀관계가 깊이 스며 있다.

그러나 여기서 놓칠 수 없는 진실이 하나 있다. 역사 속에서 소외되었지만 여전히 풍요와 재생의 힘을 자궁 안에 간직하고 있는 달의 여신 명월각시의 지혜와 길쌈이 어리석은 거렁뱅이 궁산이를

태양신으로 만들었다는 신화적 진실 말이다. "궁산이!" 하고, 새로
솟아오른 우리 태양신의 이름을 부를 때 마음속으로 명월각시도
조용히 불러볼 일이다.

 거인할머니는 키가 커서 나뭇잎으로 겨우 음부를 가릴 정
도였다. 그래서 옷을 해입는 것이 소원이었다. 거인할머니는
왕에게 이 소원을 간청하였고, 왕은 삼남(三南)의 공포(貢布) 일년
치를 전부 주었다. 그것으로 옷을 해입은 할머니가 좋아서 춤을 추자
삼남지방이 그 옷에 가려 햇빛을 보지 못해 농사를 지을 수 없게
되었다. 그래서 추방당한 거인할머니는 주리고 목이 말라 흙을 먹고
바닷물을 마시다가 설사를 하였다. 갱구할머니의 배설물이 우리의
강산이 되었다고 한다.

손진태의 《조선민담집》에 실려 있는 충남 해안 지방의 신화다. 배
설물로 강산을 만든 갱구할머니도 제주도의 선문대할망과 마찬가
지로 창조여신의 모습을 간직하고 있다. 그러나 갱구할머니의 옷
만들기 역시 실패한 사례에 속한다. 선문대할망과 달리 갱구할머
니는 옷을 다 만들어 입기는 하지만 그 옷 때문에 자신이 창조한
세상으로부터 추방당한다. 속옷 만들기에 실패한 선문대할망과
조금도 다를 바가 없다.

11

해가 이상하다

지축이 이동하고 섬이 떠내려가는 자연의 괴변. 문명이란 사상누각을 순식간에 휩쓸어버리는 자연의 횡포는 여러 개의 해가 한꺼번에 출현하는 신화적 상황과 다르지 않다.

해가 열 개나 하늘에 떠오른다. 이 해들은 부상(扶桑)이란 뽕나무에 등불처럼 걸려 있다가 하나씩 차례로 떠올라야 하는 놈들인데 무슨 심보인지 한꺼번에 솟아 인간의 대지를 고통으로 몰아넣는다. 아들들의 장난에 놀란 것은 천제. 천제는 어쩔 수 없이 명사수 '예(羿)'를 보내 우주의 리듬을 헝클어놓은 해들을 쏘도록 명한다. 아홉이 떨어지고 하나만 남게 되자 자연의 질서는 회복된다.

〈산해경(山海經)〉이나 〈회남자(淮南子)〉 등에 보이는 영웅 예의 신화, 동이(東夷)라고 해서 우리가 더 호감을 갖는 명사수 예, 신화에 관심 있는 사람은 이미 다 아는 이야기다. 그런데 미국의 중국 고대학자 사라 알란은 이 신화에 대한 흥미로운 해석을 보여준다. 그녀의 말에 따르면 열 개의 해와 한 개의 해는 각각 상(商) 나라와 주(周) 나라의 의례를 반영한다. 상 나라에 열 개의 해를 모시는 신앙이 있었다면 주 나라에는 오직 하나의 태양을 모시는 신앙이 있었다는 것이다. 그래서 예의 태양 쏘기는 상 나라에서 주 나라로의 역사적

힌두교의 태양신 수리아가 마차를 끄는 모습. 석회암으로 만든 상 중 일부임. 11세기.

교체와 깊은 관계가 있다는 주장이다.

하지만 달을 포함하여 일월의 수를 조정하는 신화는 고대 중국 문헌에만 있는 것이 아니다. 제주도의 대별왕·소별왕, 경기도의 선문이·후문이 형제, 몽골의 에르히 메르겐, 만주의 산인베즈, 허쩌 (나나이) 족의 메르겐, 먀오 족의 창짜, 일본의 아만자쿠, 아이누의 아이누락쿠르 등등. 이들은 모두 너무 많이 떠올라 인간을 괴롭히는 해, 혹은 해와 달을 하나씩만 남기고 없애는 동아시아의 신화적 영웅들이다. 그렇다면 사라 알란의 예 신화 해석은 이 유형의 신화가 지닌 더 보편적인 의미에 대해서는 입을 닫고 있는 셈이다. 그럼 이 신화의 보편적인 함의는 무엇인가? 이 의문을 예 신화의 원형이라고 해도 좋을 허쩌 족의 메르겐 이야기로부터 풀어보자.

해를 쏘아 떨어뜨린 명사수 메르겐

옛날에 하늘에 해가 셋이 있었다. 해들은 마치 불 항아리처럼 하늘 한가운데 걸려 백성들을 괴로움에 빠뜨렸다. 사람이든 짐승이든 물가로 모이고 동굴로 숨어들었고, 낮에는 밖으로 나오질 못했다.

그때 흑룡강 하류에 노부부가 살고 있었는데 아들 하나가 있었다. 나이 열여섯, 힘이 장사였다. 한 번 힘을 쓰면 산을 밀 수 있고 한 번 물을 마시면 큰 강물을 마르게 했으며 한 번 발을 디디면 깊은 연못이 생길 정도였다. 마을 사람들은 모두 그를 메르겐이라고 불렀다.

때가 이르자 아버지는 아들에게 해를 쏘아 백성들을 고난에서 구하라고 했다. 아버지의 뜻에 따라 매일 활쏘기 연습을 한 지 일년, 99개의 활을 부러뜨리고, 9만 9000대의 화살을 쏘았다. 화살에 맞아 부서지지

해를 쏘는 예. 열 개의 해가 한꺼번에 떠올라 사람들이 고통을
당하자 명사수 예가 아홉 개의 해를 쏘아 떨어뜨린다.

않는 것이 없을 정도였다. "이제 해를 쏘러 가게 해주십시오." 아버지의 허락을 얻은 메르갱은 마을 사람들의 배웅을 받으며 장도에 오른다.

메르갱은 99개의 높은 산을 넘고 99개의 강을 건너고 99개의 협곡을 거쳐 마침내 동해에 이른다. 높은 산에 오른 메르갱은 마침 떠오르는 해 셋을 향해 화살을 날렸다. 일시에 해 둘이 떨어졌다. 그러자 세 번째 해가 놀라 구름 뒤에 숨어버렸다. "무서워할 필요 없어. 널 쏘지는 않을 테니. 그러나 약속해라. 백성들을 위해 좋은 일을 하겠다고. 낮에만 나오고 밤에는 쉰다고." 메르갱의 명령에 해는 고개를 끄덕였다. 이로부터 사람들은 안락한 삶을 누리게 되었다.

동화 같은 이야기지만 이 구전신화에는 예 신화가 지니지 못한 풍부한 이야기가 있다. 아마도 예 신화 역시 문헌에 오르기 전에는 이런 식으로 구술되었을 것이다. 그런데 이 신화에서 해가 셋이라는 상황은 분명 자연재해의 하나로 인식되고 있다. 지나치게 뜨거운 햇살로 인해 동굴이나 물가가 아니라면 살아갈 수 없는 상황이 그렇다는 것이다. 그렇다면 여러 개의 해는 지독한 가뭄이나 폭염과 같은 자연의 이상 징후를 상징하는 것이 아니겠는가. 해의 숫자가 둘이든 셋이든, 아홉이든 열이든.

사실 자연의 무질서를 다수의 일월로 표상하는 전통은 이미 창조신화에 보인다. 〈창세가〉(김쌍돌이 구연)를 보면 창조신 미륵이 둘 씩 생겨난 해와 달을 하나씩 떼어 달로는 북두칠성·남두칠성을 만들고 해로는 큰 별과 작은 별들을 만든다. 이 창조신화에서 다수의 일월은 창조가 마무리되기 전의 우주적 혼돈을 상징하고 있다. 〈시루말〉(이종만 구연)이라는 무가를 보면 더 선명하다. 창조신 당칠성의 아들인 선문이·후문이가 해와 달을 화살로 쏘아 해 하나는 천상에 달 하나는 저승에 걸어둔다. 일월의 수를 조정하는 일이 창조의 한 과정인 셈이다.

명사수 메르겡의 영웅담은 일월성신을 만들고 숫자를 조절하는 창조신화의 변형이다. 창조신의 아들로 창조과정에 동참하는 선문이·후문이와 같은 신이 메르겡이나 예의 모델이라는 말이다. 그리고 이런 변형의 숨은 뜻은 재해라는 자연의 특이현상이 신화의 논리에서는 일종의 재창조의 과정으로 인식된다는 것이다. 빈번해지는 자연재해에 두려워 떠는 21세기의 지구인에게 이는 참으로 의미심장하지 않은가.

왜 활쏘기일까?

그런데 물음표 하나가 고개를 든다. 왜 활쏘기일까? 우선 가능한 해석은 활쏘기가 원시 수렵민의 세계상과 깊은 관계가 있기 때문이라는 것이다. 수렵민들에게 명사수는 최고의 능력자, 곧 영웅이 된다. 허쩌 족이나 몽골 족의 메르겡이라는 말 자체가 명사수를 뜻한다는 것, 고구려의 명사수를 이르는 보통명사가 '주몽'이었는데 바로 주몽이라는 이름으로 불린 인물이 고구려의 건국영웅이 된 것만 봐도 짐작할 수 있는 일이다. 한 사회에 문제가 발생했을 때 이런 영웅이 문제 해결자로 부상하는 것은 당연지사이다. 그러나 그렇다고 해도 어떻게 활로 해를 쏘아 떨어뜨린다는 상상이 가능했을까?

《예기(禮記)》를 보면 쑥대로 만든 화살을 사방으로 쏘고 나서 아이를 안고 조상들에게 아들의 탄생을 고했다는 기록이 있다. 고대 중국의 민속을 알려주고 있는데, 이 의례에는 아들이 장차 다스릴 땅과 의사소통을 하게 함으로써 힘을 북돋워 주려는 뜻이 숨어 있다고

이집트의 태양신 라. 라의 왼쪽
에는 또 다른 태양신 아텐이
그려져 있다. 기원전 13세기
벽화의 일부.

한다. 하지만 우리에게 더 흥미로운 사실은 부정한 힘을 화살로 쏘아 제거할 수 있다고 여기는 주술적 믿음이 거기에 동반되어 있다는 점이다. 아마도 모종의 부정적인 힘을 더 강한 힘으로 다스린다는 샤머니즘 특유의 논리가 작용한 결과일 것이다. 이런 논리에서 보면 활을 쏘아 일월의 숫자를 조절한다는 신화적 상상력에 절로 고개가 끄덕여진다.

이쯤에서 거론하지 않을 수 없는 것이 《삼국유사》에 기록된 한 사건이다. 바로 경덕왕 19년(760) 4월 초하루에 해 둘이 나란히 떠올라 열흘이 되도록 사라지지 않아 큰 소동이 벌어진 사건. 물론 이때의 두 해는 단순한 자연의 괴변이 아니라 경덕왕 시기의 불안한 정치적 현실을 상징한다. 귀족들에게 위협받고 있는 왕권이 두 개의 해로 표현된 것이다. 다수의 태양이 자연의 괴변이 아니라 왕권의 이상을 상징하는 쪽으로 변형된 셈이다. 예의 활쏘기에서 국가권력의 교체를 읽어냈던 사라 알란의 시각은 이런 변형에 특별한 의미를 부여했던 것으로 이해해도 좋을 것이다.

그런데 우리가 좀더 관심을 기울여야 할 대목은 괴변의 해결자와 해결방식이다. 여기서는 명사수가 아니라 일관(日官)의 진언에 따라 승려가 호명된다. 처음에는 화랑이, 곧 무당이었다가 나중에 불교도로 전향한 것으로 보이는 월명사(月明師)가 바로 그 사람이다. 그가 저 유명한 향가 〈도솔가〉를 부르자 해의 괴변이 소멸된다. 영웅에서 승려로, 활쏘기에서 노래하기로 변모된 것이다. 이런 변모에는 물론 다른 종류의 영웅에 대한 기대가 반영되어 있다. 활을 쏘는 호전적인 영웅이 아니라 음악을 통해 진무하는 종교적 영웅에 대한 기대가 그것이다. 통일신라시대는 활을 쏘는 정복과 건국의 시대가 아니라 국가적 안돈을 추구하는 정치의 시대였기 때문이다.

해의 괴변을 자연의 무질서와 조절 과정으로 읽다보니 2004년 말 인류를 충격으로 몰아넣은 남아시아의 쓰나미, 2005년 여름 허리케인 카트리나에 전복된 미국 뉴올리언스의 참상을 떠올리지 않을 수 없다. 지축이 이동하고 섬이 떠내려가는 자연의 괴변, 문명이란 사상누각을 순식간에 휩쓸어버리는 자연의 횡포가 여러 개의 해가 한꺼번에 출현하는 신화적 상황과 다르지 않기 때문이다. 이런 대재난이 불러낸 '신의 존재'에 대한 회의에 세계 종교계가 곤혹스러워하고 있다는 소식도 들린다. 그러나 신의 존재를 묻기 전에 이런 자연재해가 반쯤은 문명화된 인류 스스로가 불러온 재앙이라는 사실에, 나아가 이런 재해가 재창조의 한 과정이라고 말하는 신화의 목소리에 한번쯤 귀를 기울일 필요도 있지 않을까? 대재난에 맞설 또 다른 메르겡을 상상하면서.

12

혁거세의 이상한 죽음

건국 영웅이야 으레 죽어서 국조신으로 배향되는 것이지만 백성들에게는 살아서 자신들과 접촉했던 왕의 모습이
더 깊이 각인되지 않았을까? 혁거세의 죽음에 얽힌 신화는 바로 혁거세를 농경신으로 모시길 원했던 신라
백성들의 염원이 빚은 것이 아닐까?

우리는 건국신화 주인공들의 성스러운 탄생에 대해서는 잘 알고 있다. 단군·주몽·혁거세·수로, 모두 위대한 최고신의 혈통을 타고나지 않았는가. 그러나 정작 이들의 마지막에 대해서는, 좀더 정확히 말하면 지상을 떠나는 모습에 대해서는 잘 모르거나 관심이 덜한 것 같다. 사실 그것은 꼭 우리 탓만도 아니다. 건국신화 자체가 건국 영웅의 마지막 모습보다는 탄생이나 건국 과정에 관심을 집중하고 있기 때문이다.

고대 국가를 세운 왕들이 지상을 떠나는 모습에는 세 가지가 있다. 이들은 대개 최고신인 천신의 자손들이라 지상의 과업을 마치면 하늘로 돌아간다. 그게 신화의 논리다. 옥편(玉鞭)을 남기고 승천한 주몽이 그런 경우다. 그러나 건국신화는 고대사의 일부이기도 하기 때문에 건국주의 죽음도 역사화되어 지상에 무덤을 남기는 경우가 많다. 158세에 사망한 가락국의 김수로왕이 그렇다. 지상과 천상의 중간을 선택하는 경우도 있는데 백악산 아사달에 들어가 산신이 된 단군이 그런 경우다. 이는 아마도 고조선 멸망 후 단군을 산신으로 모시던 무속 문화가 후대의 전승과 기록에 반영되었기 때문이리라.

그런데 이상한 것이 신라의 첫 왕 박혁거세의 죽음이다. "나라를 다스린 지 61년 만에 왕이 하늘로 올라갔다. 이레 뒤 유해가 흩어져 땅에 떨어졌으며 왕후도 또한 죽었다. 나라 사람들이 합장을 하려고 했더니 큰 뱀이 나와 못하도록 막았다. 다섯 덩이의 몸을 다섯 능에 각각 장사했다. 이름을 사릉(蛇陵)이라고 했다."《삼국유사》기이(紀異) 편의 기록인데 그야말로 기이(奇異)하다. 주몽왕처럼 승천했다가 수로왕처럼 지상에 묻히긴 했는데 다섯 동강이로 묻혔다? 몸을 소중히 여기는 우리 매장문화의 눈으로 보면 불행도 이런 불행이

12 | 혁거세의 이상한 죽음

● 117 ●

뱀 위에 앉아 있는 비슈누. '세
계의 뱀'인 아난타의 또아리
튼 몸 위에 앉아 있다. 인도신
화에서 뱀은 신을 돕는 중요한
역할을 한다.

없다. 대체 무슨 영문인가?

신의 사체에서 우주가 생성되다

혁거세의 죽음과 능묘 만들기를 둘러싼 이 사건에서 우리가 포착해야 할 단서는 둘이다. 하나가 다섯 덩이로 해체된 신체라면 다른 하나는 신체의 합체를 막은 큰 뱀이다.

먼저 승천 후 이레 만에 다섯 토막으로 떨어져 내린 몸. 좀 끔찍한 느낌은 들지만 죽음과 생명의 영원한 순환이라는 신화적 사유가 여기에 깔려 있다는 것을 알면 그런 느낌이 조금은 덜할 것이다. 천지를 개벽한 창조신 미륵의 사체에서 우주만물이 생성되는 우리의 창조신화가 그것을 잘 보여준다. 에벤키 족의 시조모인 곰은 아이를 반으로 찢어 에벤키 족을 만들지 않았는가. 그렇다면 혁거세의 죽음에도 뭔가 새로운 생명의 창조라는 상징적 의미가 숨어 있지 않겠는가?

여기서 신의 주검에서 곡물이 생겨났다고 하는 하이누벨레 유형의 신화를 불러낼 필요가 있다. 1940년대에 옌젠이라는 독일 학자가 인도네시아 벨마레 족의 신화를 조사해 보고하면서 붙인 이름인데 아메타란 남자의 피가 야자나무 꽃에 떨어진 후 거기서 태어난 처녀가 하이누벨레이다. 이어지는 이야기를 간추려보면 이렇다. 이 처녀가 축제 때 남자들에 의해 구덩이에 생매장된다. 아버지는 딸의 시체를 파내 잘게 잘라 씨를 뿌리듯이 축제 마당 여기저기에 묻는다. 그랬더니 사체가 묻힌 곳마다 서로 다른 모양과 종류의 감자가 열렸다는 것이다.

야자나무 꽃에서 태어난 처녀가 평범한 사람일 리는 없다. 틀림없이 야자나무 신의 딸일 것이다. 그런데 신의 딸을 죽이다니? 신화학에서는 이를 제의적 살해라고 한다. 신 혹은 신을 대신하는 제물의 죽음을 통해 새로운 생명을 마련하는 의례적 행위를 말한다. 한데 감자라니? 여기에는 벨마레 족이 사는 세람 섬에 감자가 유입되어 이들의 주식으로 자리잡게 된 내력이 스며 있다. 이제 이들에게는 야자의 기원만이 아니라 새 먹거리인 감자의 기원을 설명해주는 신화가 필요했던 것이다. 우리는 하이누벨레 신화에서 신의 사체에서 우주가 생성되었다고 하는 창조신화와 동일한 신화적 사유를 읽어낼 수 있다.

그런데 우리에게는 이런 유형의 신화가 제대로 남아 있지 않다. 그러나 너무 실망할 필요는 없다. 다른 유형의 신화나 전설 속에 퍼즐처럼 한 조각 한 조각 자취를 남겨놓고 있기 때문이다. 그 가운데 특히 우리의 구미를 당기는 것이 경기도 양평 지역에서 채집된 밀 기원 전설이다. 근래에는 구경하기도 어려워진 밀이 어떻게 우리 땅에 생겨났는가 잠시 들어보자.

경기도 양평 땅에 늙고 병든 아버지와 아들이 살고 있었다. 아들은 아버지의 병을 고치려고 좋다는 약을 다 써보았지만 효험을 보지 못했다. 어느 날 중국 북경에 명의가 있다는 말을 듣고 찾아가 병 증세를 이야기했지만 대답이 없었다. 할 수 없이 소실을 통해 청을 넣어 사람의 생간 셋을 고아 먹어야 나을 수 있다는 말을 듣는다.

아들은 처음에는 의기소침했지만 아버지를 위해 약을 만들기로 결심한다. 아들은 사람들의 눈을 피해 집에서 멀리 떨어진 의주 근처 고갯마루로 가서 기다렸다. 처음에는 선비가 글을 중얼거리며, 다음에는 중이 염불을 하며, 세 번째는 미친놈이 낄낄거리고 춤을 추며

올라왔다. 세 사람의 배를 갈라 간을 꺼낸 뒤 시체는 합장하고 돌아왔다. 약의 효력으로 아버지의 병은 씻은 듯이 나았다. 그후 아들은 죽은 사람들에게 사죄하는 제사를 올리려고 기일이 되어 찾아갔다. 그런데 무덤 위에 전에 못 보던 풀이 많이 자라 있었고 어떤 것은 누렇게 익어가고 있었다. 아들은 그 씨앗을 받아와 두어 해 되풀이 심었더니 한 섬이나 되었다. 일부는 빻아 가루를 만들어 먹고 잘 빻아지지 않는 것은 쌓아두었는데 장마가 지난 후 썩어 술이 되었다.

밀에 칼자국이 있는 것은 배가 갈라져 죽은 사람들의 원혼 때문이다. 또 이렇게 술이 처음 만들어졌기 때문에 술을 마시면 세 사람의 혼이 차례로 나온다. 그래서 처음에는 선비처럼 예의바르다가, 다음에는 불공드리는 중처럼 술을 억지로 권하고, 마지막에는 미친놈처럼 애 어른도 못 알아보게 되는 것이다.

천상에서 찢어진 몸, 오곡을 전하다

밀의 기원에 술의 기원까지, 거기다가 취중 행태의 기원까지 덧보태져 심각한 이야기인데도 씁쓸한 웃음을 자아낸다. 하지만 여기에는 분명 신화의 지문이 선명하게 남아 있다. 그것은 바로 세 사람의 사체에서 밀이라는 새로운 곡물이 탄생했다는 신화소(神話素)이다. 하이누벨레의 주검에서 감자가 생성되었다는 벨마레 족의 신화와 다를 바 없지 않은가. 양평 밀 기원전설을 보면 우리에게도 신의 주검에서 곡물이 비롯되었다는 신화가 없었던 것이 아님을 알 수 있다.

그런데 문제는 토막 난 혁거세의 사체에서 하이누벨레처럼 곡물이 생성되었다는 말이 어디에도 없다는 데 있다. 물론 혁거세 신화는 기록된 건국신화이기 때문에 곡물기원담까지 거기 덧붙이기는 어렵다. 건국신화가 보여줘야 할 것은 왕의 신성한 탄생과 죽음의 드라마이기 때문이다. 그렇기는 하지만 승천 후 벌어진 주검의 해체와 지상 하강은 건국신화의 논리를 벗어난다. 혁거세의 토막 난 사체를 사체화생(死體化生) 유형의 곡물기원 신화와 연관 짓지 않을 수 없는 이유가 여기에 있다.

이제 이쯤에서 결정적인 두 번째 단서를 꺼낼 때가 되었다. 큰 뱀 [大蛇]이 토막 난 사체의 합체를 막았다! 이브를 유혹한 뱀 때문에 뱀에 대한 부정적 이미지가 만연해 있지만 뱀이 풍요와 다산을 상징하는 신화적 동물이라는 것은 신화학의 상식이다. 대지를 기어 다니면서 허물을 벗어놓는 뱀, 여러 모로 남근을 닮은 뱀의 모습이 그런 상상을 낳고 상징을 마련했을 것이다. 이런 상징을 지닌 큰 뱀이 합체를 막았다면 혁거세의 분해된 사체에서 뭔가 풍요로운 생명이 출현할 수밖에 없을 것이다.

흩어져 여러 곳에 뿌려질수록 풍요로운 수확을 얻을 수 있는 것. 그게 바로 농업재배민들의 곡물이다. 그렇다면 하필 다섯 덩이인 까닭은? 이는 물론 사방과 중앙이라는 동아시아의 오방(五方) 관념과 무관하지 않을 테지만 더 직접적으로는 모든 곡물을 상징하는 오곡(五穀) 관념의 소산일 것이다. 곡모신(穀母神)의 성격을 지닌 어머니 유화가 날려 보낸 비둘기를 쏘아 주몽이 얻은 것이 오곡의 종자가 아니었던가. 단군이 죽은 뒤 국조신(國祖神)이면서 산신으로 모셔졌듯이 혁거세는 죽은 뒤 국조신이면서 농경신으로 모셔졌던 것으로 보인다. 박혁거세왕이 왕비를 거느리고 신라 6부를 돌아다니면서 농사와 양잠, 적절한 토지의 이용을 장려했다는 《삼국사기》의 기록도 참조할 만하다. 건국 영웅이야 으레 죽어서

게르만 신화에 나오는 우주수 이그드 라실(Yggdrasil) 목각 부분. 신화 속에 서 죽음은 새로운 생명의 창조를 상징하듯 숫사슴이 우주수의 푸른 잎을 먹고 큰 뱀이 숫사슴의 머리를 물고 있는 모습을 담고 있다. 결국 삶과 죽음의 순환을 통해 우주가 존재함을 드러낸다.

아스텍의 생명의 신 케찰코아틀. 아스텍인들 은 바람의 신이기도 한 뱀 케찰코아틀을 지혜 로운 존재로 숭배했다.

박혁거세 왕릉. 오릉이라고 불린다. 뱀 전설과 얽혀 사릉(巳陵)이라고도 한다. 경북 경주시 탑동.

국조신으로 배향되지만 백성들에게는 살아서 자신들과 접촉했던 이런 왕의 모습이 더 깊이 각인되지 않았을까? 혁거세의 죽음에 얽힌 신화는 바로 혁거세를 농경신으로 모시길 원했던 신라 백성들의 염원이 빚은 것이 아닐까?

경주 탑동에 가보면 오릉(五陵)이 작은 구릉들처럼 솟아 있어 역사에 대한 상념과 의문을 자아낸다. 그런데《삼국유사》와는 달리《삼국사기》는 이 무덤들이 혁거세와 알영, 남해왕, 유리왕, 파사왕의 왕릉임을 시사하고 있다. 알영을 제외하고는 네 왕 모두 사릉원(蛇陵園) 안에 장사지냈다고 분명히 기록하고 있기 때문이다. 《삼국사기》

를 부정할 수 없다면 오릉은 신라 초기 네 박씨 왕들과 알영의 능일 가능성이 높다. 역사학계도 대체로 이에 동의하는 것 같다. 그렇다면 《삼국사기》에도 나오는 이름인 사릉, 혹은 《삼국유사》의 뱀 이야기는 어떤 사연을 품고 있을까?

《삼국사기》의 기록대로 사릉은 오릉일 테지만 오릉으로만 존재할 수는 없었다. 혁거세를 농경신으로 섬기고 싶어 하는 신라인들의 간절한 마음은 사체화생신화소나 풍요·재생을 상징하는 뱀을 끌어들여 사릉이라는 새로운 이야기를 만들어냈을 테니 말이다. 이 새로운 신화적 전승은 기이(紀異)의 역사를 글쓰기의 목표로 삼은 일연의 귀를 솔깃하게 했을 것이다. 오곡을 마련해주고 풍농을 가져다주는 농경신 혁거세. 이것이 바로 일연이 우리에게 전해준 혁거세의 기이한 죽음에 얽힌 비밀일 것이다.

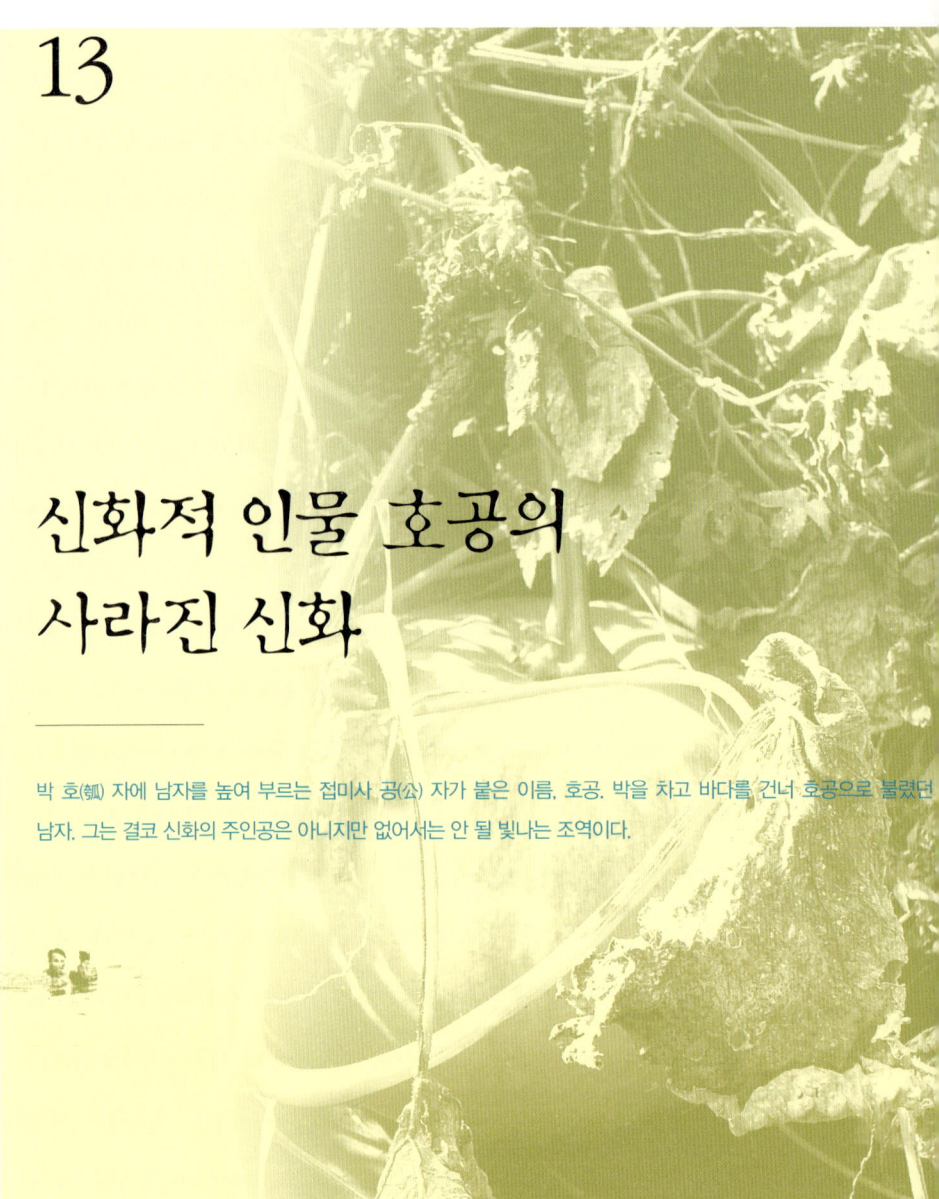

13

신화적 인물 호공의
사라진 신화

박 호(瓠) 자에 남자를 높여 부르는 접미사 공(公) 자가 붙은 이름. 호공. 박을 차고 바다를 건너 호공으로 불렸던 남자. 그는 결코 신화의 주인공은 아니지만 없어서는 안 될 빛나는 조역이다.

 호공을 아시는가? 박 호(瓠) 자에 남자를 높여 부르는 접미사 공(公) 자가 붙은 이름. 박을 허리에 차고 바다를 건너와 호공으로 불렸다는 남자. 신라 초기 역사의 몇 장면에 산발적으로 등장하지만 도무지 정체를 알 수 없는 사람. 뭔가 신화적 인물 같은 냄새를 풍기지만 신화를 잃은 호공. 2000여 년 전 경주 지역에 살았던 한 사내를 아시는가?

호공이 신화적 냄새를 풍긴다는 것은 그가 신라 건국신화의 주인공들과 깊이 연루되어 있기 때문이다. 그는 결코 신화의 주인공은 아니지만 없어서는 안 될 배역처럼 나타난다. 빛나는 조역이라고나 할까? 그가 등장하는 네 개의 장면을 따라가 보자.

빛나는 조연, 호공

기록에 남아 있는 첫 장면은 사신 호공이다. 《삼국사기》에 따르면 그는 박혁거세의 사신으로 마한에 파견된다. 박혁거세 재위 38년의 일이다. 무슨 일로 갔는지는 정확하지 않다. 그러나 마한왕이 속국인 진한이 대국을 섬기지 않는다고 꾸짖자 호공이 혁거세가 새 나라를 연 후 진한의 유민으로부터 변한·낙랑·왜인까지 심복하고 있는데도 오히려 자신을 사신으로 보낸 것은 지나친 예절의 표현이라고 반박하는 것을 보면 외교적 마찰을 해결하러 갔던 모양이다. 이런 일에 믿고 사신으로 보낼 정도라면 호공은 박씨 정권의 깊은 신임을 받고 있던 인물임에 틀림없다. 별로 신화적 인물 같아 보이지 않는다고? 그렇다면 다음 장면은 어떤가?

신라 건국신화의 두 번째 주인공이 네 번째 왕 석탈해라는 것은 삼척동자도 아는 일. 호공은 그의 이야기에도 감초처럼 등장한다.

난생(卵生) 신화가 깃든 경주의 계림.

용성국 왕자의 신분이었지만 알로 태어나는 바람에 궤짝에 넣어 버려진 석탈해가 흘러온 곳은 신라 계림 동쪽의 바닷가였다. 물론 〈가락국기〉에 따르면 김수로와 한 판 변신 대결에서 패해 신라 쪽으로 흘러든 것이기는 하지만. 그런데 궤짝에서 나온 이 아이의 행동이 괴이쩍다. 토함산에 올라가 돌무덤을 만들어 일주일 동안 머물다 나와 처음으로 한 일이 남의 집 빼앗기였다. 바로 이 장면에서 호공은 난데없이 나타난 석탈해에게 속아 집을 빼앗긴 비운의 사나이 역할을 한다.

석탈해가 몰래 호공의 집 옆에 숯과 숫돌을 묻어두고 본래 대장장이였던 조상의 집이라고 우긴 이야기, 그리고 이 이야기가 선진적인 철기문화를 가진 세력에 의해 토착 세력이 밀려나는 것을 상징화하고 있다는 해석은 너무 잘 알려져 있어 재론할 필요는 없겠다. 다만 일종의 기만술(trick)이 신화적 영웅의 능력으로 신화에 자주 보인다는 점을 고려한다면 석탈해만이 아니라 호공 역시 신화적 인물이었다고 해도 좋지 않을까? 비록 승리자를 돋보이게 하는 조역의 신세지만, 그래서 자신의 기원에 대한 이야기를 잃었지만 말이다.

세 번째 장면에서 호공은 신라 건국신화의 세 번째 주인공 김알지의 발견자로 등장한다. 《삼국사기》를 보면 탈해왕 9년 3월 밤중,

금성(월성) 서쪽 시림(계림)에서 닭울음소리가 나는 것을 듣고 동틀 무렵 왕이 사람을 보내는데 그 심부름꾼이 또 호공이다. 호공은 나무에 걸린 금빛 궤짝에서 나온 아이

토함산에서 내려다본 월성 지역.

알지를 발견한다. 《삼국유사》에는 호공이 스스로 월성 서쪽 마을을 지나다가 황금궤를 발견했다고 기술되어 있지만 《삼국사기》에 따르면 호공은 이상하게도 제 집을 뺏은 탈해왕의 신하가 되어 있다. 뭔가 수수께끼 같은 조역이 아닌가?

기록 속의 호공을 일찍부터 수상쩍게 여긴 이가 월북한 국어학자 홍기문이다. 그는 역사나 신화에도 관심이 많아 1960년대에 《조선신화연구》라는 책을 내놓은 바 있는데 그의 호공에 대한 추리는 이렇다. 혁거세 38년에서 죽은 61년까지가 23년, 2대 남해 차차웅의 재위 20년, 3대 유리 이사금 재위 33년, 4대 탈해 이사금 9년, 도합 85년. 따라서 알지를 발견하던 해에 호공의 나이는 적어도 백살은 되었다! 하지만 홍기문의 추리는 더 나가지 못한다. 기록이 없으니 더 이상 알기 어렵다는 것이다.

그러나 생각해 보라. 신라 건국신화의 세 주인공과 다 관계를 맺은 인물이, 85년 이상 신라 왕가의 신하로 활동한 인물이 한 사람일 수 있겠는가? 호공은 특정 개인을 지칭하는 고유명사가 아니다. 호공은 분명 어떤 집단의 우두머리를 지칭하는 보통명사일 것이다.

그것은 마치 단군이 고조선의 건국주일 뿐만 아니라 고조선의 왕을 지칭하는 보통명사인 것과 같다. 활 잘 쏘는 사람을 주몽이나 메르겐이라고 한 것도 같은 이치다. 그렇다면 호공의 정체를 밝힐 유일한 단서는 '이름'인 셈이다.

박을 차고 바다를 건너다

이름을 단서로 삼으려면 우리는 호공이 등장하는 서막으로 돌아가야 한다. 박·석·김, 세 시조와 어울려 있는 장면을 해명해 주는 프롤로그에 해당하는 장면을 보자. "호공이란 사람은 그 족속과 성도 자세히 모른다. 본래 왜인으로 박을 허리에 차고 바다를 건너온 까닭에 호공이라고 일컫는다." 이것이 《삼국사기》에 기록되어 있는 최초의 장면이자 호공의 정체에 대한 설명의 전부이다. 호공을 알려면 이 기록에서 시작해야 한다. 이 기록을 의심하기 시작하면 우리는 호공의 정체에 관해 오리무중에 빠질 수밖에 없다.

그런데 허리에 박을 차고 바다를 건너오다니? 박은 휴대용 물통일까? 아니 그보다는 물놀이할 때 사용하는 튜브가 떠오른다. 큰 박은 속을 파내면 튜브처럼 물에 뜨는 기구가 될 수 있다. 작은 구멍을 뚫으면 안에 옷가지를 넣을 수도 있으니 고무 튜브보다 낫다.

태왁을 타고 물질을 하고 있는 해녀들.

호공 족속들은 아마도 허리에 구명조끼처럼 박 튜브를 하나씩 차고 배로 바다를 건너오지 않았을까?

실제로 박은 여전히 물을 건너거나 물일을 할 때 유용한 기구로 사용되고 있다. 제주도 해녀들이 사용하는 태왁은 '떠 있는 박'이란

한 민가에 걸려 있는 태왁. 호공도 박으로 만든 태왁을 타고 바다를 건너오지 않았을까. 남제주군 성읍마을.

중국의 리 족이 박을 타고 강을
건너고 있다.

뜻이다. 해녀들은 물질을 하면서 채취한 해산물 망태를 태왁에 매달아놓기도 하고, 태왁을 끌어안고 쉬기도 한다. 중국 하이난[海南] 섬에 살고 있는 리 족이나 먀오 족은 지금도 물을 건너갈 때나 조개 등을 채취할 때 박을 사용한다. 제주도의 태왁과 재료나 기능이 동일하다.

　그뿐이 아니다. 박은 호공 이전부터 같은 용도로 사용되고 있었다. 춘추시대 문헌인 《국어(國語)》에는 "박은 맛이 써서 먹을 수는 없지만 물을 건너게 할 수는 있다."는 기록이 있다. 유명한 《장자(莊子)》에도 비슷한 이야기가 있다. 장자는 혜자(惠子)에게 이런 말을 한다. "이제 그대에게 박 다섯 덩이가 있으니 능히 강이나 호수에 뜰 수 있을 걸세." 중국 문헌 기록에 따른다면 박은 이미 춘추시대부터 물을 건너는 기구로 쓰이고 있었다는 것을 알 수 있다. 호공이 허리에 찬 박도 틀림없이 이런 박 문화의 산물일 것이다.

　여기서 놓칠 수 없는 것이 있다. 박을 유용한 생활용구로 사용하는 민족들에게는 박을 조상으로 숭배하는 신앙이 있고, 그와 관련된 신화가 있다는 사실 말이다.

　옛날 지상에 박이 자라났는데 어떤 것은 산보다 컸다. 홍수가 밀려오자 신은 박을 열고 가축과 동식물, 그리고 오누이를 넣는다. 홍수 후 오누이가 결혼해 자손이 번창했는데 리 족과 한 족이 여기서 나왔다. 하이난 섬에 거주하는 리 족의 홍수신화이자 시조신화다. 같은 유형의 이 족 신화를 보면 오누이가 결혼해 낳은 것이 박이었는데 박 속에서 이 족 등 여덟개 민족의 조상이 나왔다고 한다. 작은 박, 큰 박 속에 빼곡히 들어 있는 씨앗의 경험, 박을 타고 물을 건너거나 피하는 생활문화가 '홍수-박-조상'을 잇는 신화를 주조했을 것이다. 그렇다면 박을 허리에 차고 바다를 건너온 호공 집단이

지니고 왔으나 잃어버린 신화는 이 족이나 리 족과 유사한 박 기원 신화가 아니었을까?

그런데 흥미로운 대목은 호공을 사신으로 보낸 박혁거세왕도 박과 무관치 않다는 사실이다. 혁거세는 알에서 나왔는데 알이 박처럼 생겼기 때문에 박(朴)으로 성을 삼았다는 것이다. 《삼국사기》·《삼국유사》가 이구동성으로 하는 주장이다. 나아가 더 궁금증을 자아내는 대목은 박혁거세의 발견자인 진한 여섯 마을 가운데 하나인 양산촌의 우두머리 알평이 표암봉(瓢岩峰)에서 내려왔다는 이야기다. 양산촌은 호공이 살던 바로 그 동네가 아닌가. 게다가 알평이란 이름과 표암봉 사이에는 알과 박의 관계가 숨어 있지 않은가. 알평과 혁거세와 호공 사이에는 박으로 이어진 모종의 미스터리가 깔려 있다.

이런 미약한 신화소를 근거로 알평·혁거세·호공이 같은 집단이었다고 주장할 생각은 없다. 그러나 분명히 말할 수 있는 것은 있다. 그것은 복합적인 신라 문화의 바탕에 박의 문화와 신화가 있었다는 것. 그리고 그 문화의 운반자는 호공으로 상징되는 왜인(倭人), 곧 몸집이 왜소한 남방의 도래자였으며 이들은 박·석·김 세 성씨보다 선주민(先住民)이었으리라는 것이다. 그렇지 않았다면 어떻게 한 호공이 세 왕권과 100여 년 이상의 깊은 유대관계를 가질 수 있었겠는가.

호공의 잃어버린 신화를 통해 얻은 이런 실마리가 역사학계의 호공 해석과는 어긋날지도 모르겠다. 그러나 호공을 다시 봐야 고대사의 가려진 세부가 드러나고, 우리 신화의 수수께끼가 좀더 풀리지 않을까? 이것이 아직 다 풀리지 않은 호공의 수수께끼가 지금 우리에게 타전하는 메시지다.

14

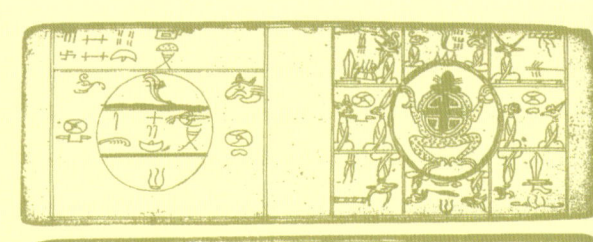

하늘인가 알인가?

추몽신화가 모델로 삼은 동명신화에는 난생화소가 없다. 이 수수께끼를 푸는 열쇠는 서언왕 신화이고, 유화의
아버지 하백이다. 아들을 통해 알의 신화는 하늘의 신화와 만난다. 이런 하늘과 알의 결합이라는 신화 만들기
형식은 신라, 가야의 건국신화에서도 반복되고 있다.

고구려의 건국자 주몽의 신비로운 탄생 이야기에는 이상한 대목이 있다. 동부여 왕 금와가 우발수에서 한 여자를 얻었는데 그 여자는 자신을 하백의 딸 유화라고 소개한다. 웅심산 아래 압록강가에 여동생들과 놀러 나왔다가 자칭 천제의 아들이라는 해모수의 꾐에 빠져 정을 통한 까닭에 아버지에게 쫓겨났다는 것이다. 여기까지야 딱히 이상할 것은 없다. 해모수가 무슨 신흥종교 교주처럼 스스로를 하느님의 아들이라고 '뻥'을 친 것을 빼고는.

그런데 《삼국사기》는 유화를 데려다 방안에 가두어놓았더니 햇빛이 몸을 움직이는 대로 따라다녀 임신이 되었다고 전한다. 뭔가 이상하다. 이미 해모수와 정을 통했는데 햇빛은 또 뭐란 말인가?

고구려 고분 벽화 속의 하늘 세계. 중국 지린성 집안현 소재 무용총.

고구려 고분 벽화 속의 해, 달,
별자리. 중국 지린 성 집안현
소재 무용총.

이중 임신, 혹은 아버지가 둘이란 이야기인가? 그것만이 아니다.
어머니 유화는 그때 이미 금와왕의 여자가 되어 있었고, 주몽은
어린 시절을 금와왕 밑에서 보냈다. 그렇다면 키워준 아버지까지,
주몽은 아버지가 셋이란 말인가?

　이 의문을 푸는 실마리는 고구려 건국신화가 모델로 삼은 부여
건국신화에 숨어 있다. 1세기 후반의 《논형(論衡)》에 실려 있는 부여
신화를 보면 탁리국 임금의 시비가 임신을 하여 왕이 죽이려고
하자 '달걀 같은 기운' 운운하며 변명을 한다.

　북쪽 이족(夷族)인 탁리국(橐離國) 왕의 시비(侍婢)가 임신을 하여 왕이

죽이려고 하자 "무슨 달걀만한 기운이 하늘에서 제게 내려와 임신을 했나이다."라고 했다. 후에 아들을 낳자 왕이 돼지우리에 버리라고 했는데 돼지가 입김으로 불어 죽지 않았다. 다시 마구간으로 옮겨 말이 밟아 죽이게 하려고 했는데 말이 또 입김을 불어 죽지 않았다. 왕은 천제의 아들인가 의심하여 어머니에게 돌려주고 종으로 길렀다.

이름을 동명(東明)이라고 하고 마소를 사육하게 하였다. 동명이 활을 잘 쏘자 왕은 나라를 빼앗길까 두려워 죽이려고 하였다. 동명이 달아나다가 엄표수(掩淲水)에 이르러 활로 물을 치자 물고기와 자라들이 떠올라 다리를 만들어 건널 수 있었다. 물고기와 자라들이 곧 흩어지자 추격하던 군사들은 건너지 못했다. 이로 인해 부여에 도읍을 정하고 임금 노릇을 한 까닭에 북쪽 이족 가운데 부여국이 있게 된 것이다.

하늘에서 내려온 달걀만한 기운이라니? 변명 속에 그려진 시비의 모습은 금와의 방에 유폐된 유화가 빛을 피해 다니는 모습과 흡사하다. 달걀만한 기운이 유목민들의 텐트 가운데 뚫린 연기구멍으로 들어온 햇빛을 형용한 것인지는 모를 일이지만 그 기운이 햇살인 것만큼은 틀림없다. 주몽의 진짜 아버지는 태양(신)인 셈이다. 그렇다면 유화를 유혹했던 해모수는 누구길래 주몽신화의 서두를 장식하고 있는가?

고구려 건국신화의 진짜 수수께끼

《삼국유사》의 북부여 기사에 따르면 해모수는 북부여를 세운 왕이다. 하늘에서 용 다섯 마리가 끄는 수레를 타고 흘승골성에 내려와 도읍을 세우고 스스로 왕이 되었다는 것이다. 마치 환웅이 하늘에서 무리 3천을 거느리고 태백산에 내려와 신시(神市)를 열고 왕이 된 것과 흡사하다. 해모수는 아들을 낳아 이름을 부루라고 하고 해(解)로 성을 삼았다고 한다. 이 기록에 따르면 해모수의 아들은 해부루지 주몽이 아니다. 그런데도 해모수가 주몽신화의 첫머리에 등장하여 주몽의 아버지가 되는 것은 《논형》에 보이는 '동명신화'를 모델로 삼아 고구려 건국신화를 만드는 과정에서 북부여 신화를 함께 끌어들인 결과이다.

이규보가 지은 서사시 〈동명왕편〉을 보면 해모수는 별명이 천왕랑(天王郞)이다. 아침이면 내려와 인간 세상에서 나랏일을 하고 저녁이면 하늘로 올라가기 때문이다. 해모수는 이름의 '해'에도 실마리가 있듯이 인격화된 태양신이다. 이런 태양신 관념은 부여계 종족에게는 보편적인 것이었고 그래서 동명신화에서도 '달걀 같은 기운', 곧 햇살이 정충(情蟲) 노릇을 한 것이다. 해모수나 유화를 따라다닌 햇빛이나 같은 존재지만 북부여 신화의 해모수와 주몽신화의 햇빛은 같은 신이 아니었다. 그러나 고구려 건국신화가 부여족 신화를 통합하여 위대한 주몽의 탄생을 그려내는 과정에서 천제의 아들 해모수가 주몽의 아버지로 등록되면서 정도 통하고, 나중에는 햇빛도 통하는 이중 임신 형식의 이야기로 정리된 것이다.

한데 고구려 건국신화의 진짜 수수께끼는 이중 임신이 아니다. 햇빛을 받은 유화가 새처럼 알을 낳는다는 것, 이른바 난생(卵生)이 진짜 수수께끼다. 알도 보통 알이 아니라 닷 되쯤이나 되는 알이다. 그렇게 큰 알을 어떻게 낳았을까 궁금하기는 하지만 그런 부질없는 상상은 접어두고 이게 왜 수수께끼인지부터 따져보자.

주몽신화가 모델로 삼았다는 부여 동명신화에서 동명은 알로 태어나지 않는다. 버렸는데 죽지 않아 거두어 기른다는 이야기는

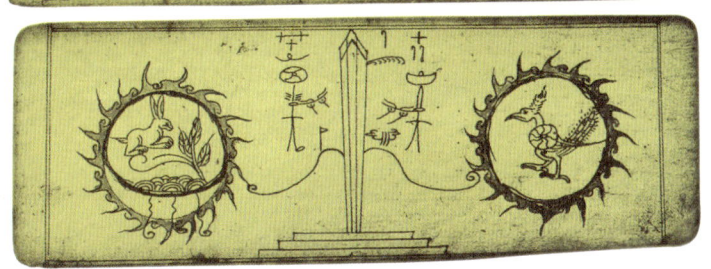

일월신화를 그린 나시 족의 그림. 태초의 알과 일월은 둘이 아니다.

주몽신화와 다를 바 없지만 동명은 분명 태생(胎生)이다. 하늘에서 내려온 달걀만한 기운과 뱃속에서 나온 큰 알은 같을 수 없다. 그래서 어떤 학자들은 동명도 난생이었을 터인데 중국 문헌에 기록되는 과정에서 생략되었다고도 한다. 하지만 설득력 있는 주장은 아니다.

주몽의 난생에 대해 꽤나 오래된, 그리고 여전히 상당한 지지를 얻고 있는 설명은 그것이 후에 첨가된 남방적인 요소라는 것이다. 일찍이 미시나 아키히데(三品彰英)는 이 신화소의 세계적 분포를 근거로 난생신화는 남방계라고 규정했다. 후에 오바야시 다로우(大林太良)는 이를 약간 수정하여 남방계지만 북유럽과의 연관성을 고려해야 한다고 했지만 아시아 지역의 경우 남쪽에 주로 전승되고 있다는 점은 부인할 수 없다. 미얀마·타이·베트남·인도네시아· 필리핀·타이완·중국 서남부·일본·한반도 남부 등지가 그런 곳이다. 시야를 조금 확대하면 뉴기니아·뉴질랜드·하와이에 이르는 태평양의 여러 섬에도 이 신화소가 있다.

남방계를 강조하는 이런 주장은 식민지 시대의 유산인 일선동조론(日鮮同祖論)의 혐의 때문에 그간 시빗거리가 되기도 했지만 지금까지 보고된 자료의 실상을 일부러 외면할 필요는 없을 것 같다. 하지만 그럼에도 불구하고 '난생은 남방계'라는 쪽에 선뜻 손을 들기는 머뭇거려진다. 문화적으로 남방 계통과 무관하다고 하는 고구려 건국신화에 난생 신화소가 삐죽 튀어나와 있기 때문이다. 주몽의 난생을 수수께끼라고 말하는 까닭이 여기 있다.

이 난제를 해결하려면 하나의 우회로를 통과해야 하고, 비밀의 문 하나를 열어야 한다. 인류(시조) 기원신화의 난생 화소와 건국(왕권)신화의 난생 화소의 관계가 우회로라면 서언왕의 탄생신화는 비밀의 문에 해당한다. 둘 가운데 우회로를 먼저 통과하기 위해 난생 신화소의 아시아 분포 지역 가운데 중국 서남부로 잠시 떠나보자.

나시 족 원시종교인 똠바교의 경전에는 인류는 하늘과 땅이 품은 알 속에서 나왔다고 적혀 있다. 먀오 족의 구전 신화에서는 단풍나무 속에서 나온 나비가 거품과 짝을 맺어 알 열두 개를 낳았는데 이 알 속에서 인간과 짐승, 심지어는 신까지 태어난다. 동족 서사시는 거북이 품은 알 속에서 남자와 여자가 나와 짝을 지어 용과 뱀, 호랑이, 원숭이, 고양이 등의 동물과 열두 명의 아이를 낳았는데 이들이 인류의 시조라고 노래한다. 하이난 섬에 사는 리 족의 구전신화 가운데는 천신이 하이난 섬을 인류를 번식시킬 좋은 곳으로 여겨 뱀 알을 산 속에 두었는데 후에 천신이 알을 깨자 여자 아이가 나왔다는 이야기가 있다. 물론 이 아이는 리 족의 시조가 된다.

나시 족의 경우는 경전화되면서 알이 천지가 품은

힌두 신화에 나오는 '황금알' 그림. 17세기. 인도 바라나시 바라트 칼라 박물관 소장.

그림문자로 기록되어 있는
나시 족 바교 경전들.

알의 형식으로 다분히 추상화되어 있지만 난생신화의 알은 본래
동물들의 알처럼 구체적인 알이었을 것이다. 인류와 시조를 부화시킨,
먀오 족 등의 신화에 나오는 알이 그것을 잘 보여준다. 건국신화나
왕권신화의 난생은 바로 이런 인류 기원신화나 시조신화의 난생을
바탕으로 삼아 나라가 세워진 후에 재구성된 것이다. 제래의 딸
구희가 용군(龍君)과 결혼하여 알 100개를 낳았는데 알 속에서 나온
사내 아이 가운데 가장 뛰어난 인물을 추대해 왕으로 세웠다는
베트남의 고대 국가인 문랑국(文郎國)의 건국신화가 더없이 적절한
사례라고 할 수 있다.

　이런 맥락에서 본다면 고구려 건국신화의 난생 신화소도 부여족
이나 북방 유목민 계통의 인류 기원신화나 시조신화에서 비롯 되었
으리라는 추론이 가능하다. 그러나 이미 앞서 살폈듯이 동명신화에는
난생 신화소가 없다. 알만한 기운이 내려와서(부여), 하늘에서 보낸
붉은 과일을 삼키고(만주족), 혹은 현조(玄鳥)가 떨어뜨린 알을 먹고

(은나라) 임신을 했다는 시조신화는 있지만 알을 낳았다는 시조신화는 고구려를 빼고는 어디에도 없다. 물론 알 속에서 인류가 나왔다는 인류 기원신화도 없다. 주몽신화의 난생 신화소는 이들 집단의 신화 체계 밖에서 들어온 것이라는 추정이 그래서 가능하다.

여기서 드디어 우리를 기다리는 비밀의 문이 나타난다. 바로 서국(徐國) 건국신화의 난생 신화소이다.

주몽신화의 '난생' 수수께끼를 푸는 열쇠, 서언왕 신화

서국 궁녀가 임신하여 알을 낳자 상서롭지 못하게 여겨 물가에 버렸다. 홀로 외롭게 사는 여자가 기르던 곡창(鵠蒼)이라는 개가 있었는데 물가에 사냥을 갔다가 알을 물고 돌아왔다. 여자가 이상히 여겨 따뜻하게 덮어주었더니 알이 깨지면서 아이가 나왔다. 태어나면서 반듯이 누운 까닭에 언(偃)으로 이름을 삼았다. 서국 궁중에서 그 소식을 듣고 다시 아이를 데려가 길렀다. 아이는 자라면서 어질고 지혜로워 서국의 왕위를 이었다.

《서주지리지(徐州地理志)》에 실려 있는 것을 진(晉)나라 장화(張華)가 《박물지(博物志)》에 옮겨놓은 것인데 여기에 난생 신화소가 있다. 물론 일반적인 난생신화와는 달리 곡창이라는 개가 등장하기는 하지만 난생 부분은 동명신화와 다르지 않다.

이 서언왕 탄생신화의 난생 화소가 흥미로운 것은 서국의 위치와 서언왕의 핏줄 때문이다. 서국은 일반적인 난생신화 분포권에서는 상당히 떨어진 중국 산둥 지역에 있었고, 서언왕은 동이족이지만 난생 화소를 지니고 있다. 그래서 서언왕 신화의 난생에도 학계의

의문부호가 찍혀 있다. 그런데 고구려도 동이에 속하고 난생 분포권에서 멀리 떨어져 있다. 그렇다면 두 신화에는 뭔가 통하는 바가 있지 않겠는가 하는 것이다. 서언왕 신화가 주몽신화의 난생을 푸는 긴요한 고리가 될 수도 있다는 뜻이다.

서언왕 신화를 따져보면 두 가지 이질적인 요소가 결합되어 있다는 것을 알 수 있다. 태생이든 난생이든 비정상적 임신으로 태어나 버려지는 경우 사람이든 동물이든 양육자가 등장하지만 개가 물고 오는 경우는 거의 보이지 않는다. 이런 사실은 난생 화소와 알을 물고 온 개 화소가 얽혀 서언왕 신화가 만들어졌다는 증거가 된다. 서국이 주나라 목왕에 의해 망한 후 흩어져 남하한 후에 가운데 현재 주로 푸젠성과 저장성에 거주하는 사족은 자신들을 반호(盤瓠)라는 개의 후손이라고 하는데 이를 보면 서국을 세웠던 동이족은 개 시조신화를 본래부터 지닌 종족이었음이 드러난다. 그렇다면 서언왕 신화의 난생 신화소는 이들 민족이 본래 지녔던 것이 아니라 다른 종족과의 접촉 과정에서 수용된 것일 수밖에 없다. 다른 종족이란 아마도 장강 일대에 거주하던 삼묘(三苗)가 아니었을까? 이들은 지금도 난생 신화를 전승하고 있는 먀오 족 등의 선조였으므로.

그렇다면 서언왕 신화의 이런 내력과 주몽 신화는 무슨 관계가 있는가? 여기서 기억해야할 존재가 주몽의 외할아버지 하백(河伯)이다. 하백은 압록강의 신으로 등장하지만 단지 신격이기만 한 것이 아니라 해모수처럼 한 집단의 수장이라는 것은 다 아는 이야기다. 그런데 하백 종족은 본래 산둥 하택(菏澤) 일대에 거주하던 동이족의 일파였다. 이들은 후에 예(羿)가 하백을 쏘아죽이고 그의 처 낙빈(洛嬪)을 빼앗았다는 《초사(楚辭)》의 기록이 암시하듯이 다른 종족과의 전쟁을 피해 황하를 거슬러 북쪽으로 이동한다. 주몽의 외할아버지, 유화의 아버지 하백은 이 무렵 산둥을 떠나왔던 종족과 깊은 관계가 있으리라는 생각이다.

에둘러 여기까지 오니 좀체 풀릴 것 같지 않던 난생의 매듭이 조금은 풀리는 것도 같다. 주몽신화의 난생 화소는 하백 집단이 가지고 온 것이고, 그들 역시 서국을 세웠던 종족처럼 난생신화를 지녔던 장강 일대의 남방계 문화를 수용했으리라는 것이다. 그래도 여전히 확 풀린 것 같지는 않지만 현재로서는 이것이 최상의 풀이일 것이다.

주몽은 동부여의 추격병에 쫓기는 상황에서 저 유명한 '엄표수 발언'을 한다. "나는 천제의 자손이고, 하백의 외손이다!" 어별교(魚鼈橋)를 통해 추인되는 이 발언은 자신의 정체성에 대한 선언이기만 한 것은 아니었다. 동시에 그것은 고구려의 정치적·문화적 성격에 대한 천명이기도 했다. 하늘인가 알인가의 선택이 아닌 둘의 신화적 결연, 곧 고구려가 서로 다른 문화를 지닌 종족들의 연합으로 구성된 국가라는 천명 말이다.

그런데 우리가 잘 알듯이 하늘과 알의 결합이라는 신화 만들기

형식은 한반도 남쪽의 신라, 가야의 건국신화에서도 반복되고 있다. 박혁거세는 천마가 운반해온 알에서 태어났고, 김수로는 하늘 줄에 매달려 내려온 알에서 탄생했다. 신라의 석탈해는 알에서 태어나 바다를 건너왔고, 김알지는 보랏빛 구름이 하늘에서 드리워진 가운데 황금궤 안에서 출현하기는 했지만 알지라는 이름이 알과 무관치 않다. 이래저래 하늘과 알은 한국 신화와 문화를 해석하는 키워드의 하나가 아닐 수 없다.

15

거대한 거시기의 비밀

크기에 대한 편집증, 거대한 거시기를 향한 반성 없는 돌진은 세계의 불임을 초래할 수 있다고 신화는 은밀하게 고언(苦言)한다.

매일 전자우편함을 열면 스팸 메일을 지우는 것이 일이 다. 인터넷 강국 대한민국 일상인들의 최근 풍경이다. 그런데 근래 자주 눈에 들어오는 불법 메일이 있다. '확실하게 크게 해 드립니다.' 크게 해준다고, 뭘? 대충 짐작은 갔지만 호기심에 몰래 열어보니 작은 '거시기'를 크게 만들어준다는 광고였다.

이런 억지 광고가 인터넷을 통해 빈번하게 흘러든다는 것은 남성들의 크기에 대한 욕망을 반증한다. 공중목욕탕에서 남의 것을 힐끔거리는 일도 그런 까닭이다. 사춘기 무렵 대개 한번씩 해보는 일이 자로 길이 재기, 친구하고 대보기가 아니었던가. 크기는 성적 만족이나 생식능력과 무관하다는 의사들의 심심찮은 교화에도 불구하고 남성들의 크기에 대한 집착과 콤플렉스는 줄어들지 않는 것 같다. 여성들의 성형 열풍 곁에 남성들의 또 다른 성형 열정이 기립해 있는 셈이다. 왜 그럴까? 이 '더 크게'의 비밀에 신화는 어떤 실마리를

그리스 신화의 프리아포스. 프리아포스는 항상 발기한 상태의 거대한 남근을 들고 다녔다. 폼페이 벽화의 일부.

춤추는 남성의 성기가 크게
표현되어 있다. 울산 반구대의
바위 그림.

줄 수 있을까?

신화가 만능열쇠는 아니지만 큰 것에 대해서는 신화도 할 말이
적지 않다. 잠시 눈을 감고 한번쯤은 본 적이 있을 울산 반구대의
바위 그림을 떠올려 보라. 춤을 추고 있는 남성상에 돌출된 거대한
성기를. 그게 안 떠오른다면 신라 토우의 두 다리만한 가운뎃다리를
생각해 보라. 이런 그림을 새기고 조각상을 만들어낸 사람들이 무슨
이야기를 했겠는가?

거대한 성기로 낙동강에 다리를 놓았다는 김수로왕

제주도의 '설문대할망과 설문대하르방' 이야기를 보면 두 남녀신은
성기로 고기를 잡는다. 몹시도 배가 고팠던 두 신, 설문대하르방이
남근으로 설문대할망의 여근 쪽으로 고기를 몰아넣어 잡아먹었
다는 것이다. 웃음을 자아내는 음담패설처럼 들리지만 자신들의

성기로 먹을 것을 얻는 두 신의 모습에는 거대한 성기를 통해
풍요로운 생산력에 대한 소망을 표현하려고 했던 원시사유가 새겨져
있다. 반구대의 암각화와 신라의 토우에 담겨 있는 바로 그런
소망이다.

　　그런데 신이든 사람이든 거근(巨根)을 소지하려
면 거근에 걸맞는 몸집을 지녀야 한다. 성기로 고
기를 잡아먹은 설문대할망과 설문대하르방처럼
거대한 몸집을 소유하지 않으면 안 된다는 말이
다. 임석재 선생이 모아놓은 《한국구전설화》 '경
상북도 편'(12권)을 보면 남근이 여근을 보기만
하면 '썽'을 내는 까닭이 나온다.  조물주가 처음에
남근과 여근을 아주 크게 만들어주었는데 남녀가
불편하다고 불평을 해서 지금처럼 작게 만들었다
는 것이다. 모름지기 알맞아야 한다는 것. 거대한
성기를 달고 다니려면 그만한 몸집이 필요하다
는 말이다. 그래서 거근 이야기는 거인 이야기
로, 거대한 몸집을 지녔던 창조신의 창조 이야
기로 자연스레 이어질 수밖에 없다.

　　창조신의 거인 형상은 세계 창조신화의 일반
적인 모습이다. 우리 신화의 미륵이나 중국
신화의 반고나 천지를 밀어 올려 세계를
창조할 정도로 몸집이 크다. 창조신의
몸집의 크기는 바로 그가 창조한 세계
의 크기이다. 천지를 개벽한 창조신의
몸이 해체되어 해와 달, 별과 산천 등

대리석 아틀라스 상. 두 어깨로
우주를 짊어져야 했으니 덩치가
얼마나 컸을까. 또 남근은 얼마
나 컸을까.

산세가 여근을 닮았다는 여근
곡. 경주시 건천읍 신평리.

만물로 변형되는 것은 창조신이 세계 자체라는 것, 다시 말해
'창조신=자연'이란 뜻이다.

이는 마고할미나 설문대할망과 같은 창조여신의 경우에도
마찬가지다. 거대한 몸집을 가진 설문대할망이 수수범벅을 먹고
똥을 싼 것이 오름이 되었고, 오줌을 싼 것이 내(川)가 되었다는
제주도 신화나 마고할미가 똥을 눈 것이 오리섬이 되었다는 경기도
화성 지역의 구전신화가 그런 사례이다. 한번 싼 것이 산이 되고
시내가 되려면 그 배설기관이 얼마나 컸겠는가.

그러나 '거대한 거시기'에서 자연의 풍요로운 생산력의 상징만을
보고 말 일은 아니다. 우리가 알고 있는 〈단군신화〉와는 전혀 다른
단군의 탄생 이야기가 그런 의문을 갖게 한다. 옛날 밥나무에서
밥을 따 먹고 옷나무에서 옷을 따 입던 시절, 하늘에서 사람이
하나 떨어졌다는 것이다. 한데 그의 신(腎)이 예순 다섯 발은 될
정도로 길었다. 그래서 동물들이 모두 마다했는데 곰이 굴속에
있다가 그 신을 맞이하여 단군을 낳았고, 그후 여우가 받아서 기자

(箕子)를 낳았다는 것이다. 역시 《한국구전설화》(3권)에 실려 있는 이야기인데 수상한 점이 한 두 가지가 아니다.

하늘에서 떨어진 사람은 〈단군신화〉에 근거한다면 환웅일 터이다. 그러나 환웅이든 아니든 문제는 모든 동물들이 마다할 정도로 엄청나게 큰 남근이다. 물론 이 남근에는 창조신의 모습이 박혀 있지만 중요한 것은 이 창조신의 남근을 곰이 맞이하여 단군을 낳았다는 점이다. 단군이 누군가? 바로 고조선의 건국주가 아닌가. 그럼 기자는 누군가? 소위 기자조선의 창업자가 아닌가. 이 구전신화는 그저 웃고 넘길 이야기가 아니라 창조신의 상징인 거대한 남근이 국가권력의 상징으로 변형되고 있는 모습을 보여주는 이야기다.

김수로왕이 자신의 거대한 성기로 낙동강에 다리를 놓았다는 이야기, 부인 허 황후가 나라 잔치에서 앉을 자리가 없자 자신의 성기로 방석을 깔았다는 음담패설에 숨어 있는 뜻도 이런 것이리라.

권력의 담론으로 변형된 거대한 거시기

이처럼 권력의 담론으로 변형된 거대한 거시기의 모습을 보여주는 이야기는 옛 문헌에도 심심찮게 등장한다. 잘 알려진 것이 지철로왕의 경우이다. 《삼국유사》를 보면 지철로왕은 남근이 한 자 다섯 치나 되어 배필을 구하기 어려웠다. 그래서 사신을 곳곳에 보내 짝을 구하게 했는데 사신이 모량부의 나무 아래서 개 두 마리가 북 만한 똥덩이를 물고 다투고 있는 것을 보고 동네 사람들에게 물었다. 어떤 계집아이가 재상 댁 따님이 여기서 빨래를 하다가 숲 속에 들어가 눈 똥이라고 했다. 찾아가 보니 여자의 키가 일곱 자 다섯 치나 되었다. 그래서 궁중으로 맞아 왕후로 삼았다는 이야기이다.

마을의 남근석. 시골 마을 어귀에 흔하게 있던 거대한 남근석은 풍요로움을 소망했던 원시적 사유가 담겨 있다.

실제로 지철로왕이 거구여서 이런 이야기가 생겨났는지도 모르겠지만 거대한 남근에는 크기 이상의 뜻이 숨어 있다. 신라 22대 지철로왕(500~514)은 평범한 왕이 아니라 60대에 왕위에 올라 국호를 신라로 정했을(503년) 뿐만 아니라 순장법을 폐지하고 우경법(牛耕法)을 시행하고 왕이란 칭호를 처음으로 사용하는 등 신라의 국가체제를 정비한 인물이다. 우산국(울릉도)을 공격하여 영토에 편입시켰고, 죽은 후 지증(智證)이란 시호를 최초로 받은 왕이기도 하다. 이런 자취를 지닌 왕의 남근이 거대했다는 것은 그가 강력한 왕권을 지녔거나 강력한 왕권을 추구했음을 상징하는 것이 아닐까?

거대한 성기에서 흘러나오는 힘찬 오줌도 거대한 남근이 지닌 파워의 변형이다. 《고려사》를 보면 왕건의 선조인 보육이 지리산에서 수도를 하던 중에 송악(松嶽)에 올라가 오줌을 누었는데 홍수가 나서 삼한 땅이 잠기는 꿈을 꾼다. 꿈 이야기를 들은 형 이제건이 장차 천하를 얻을 자식을 낳을 꿈이라면서 자신의 딸 덕주를 주어 혼인을 시켰다는 이야기다. 작은 아버지와 조카 사이의 근친혼인 셈인데 천하를 얻을 복을 남 주기 아까웠을 지도 모르겠다.

그런데 이번에는 보육의 두 딸 가운데 언니가 오관산 꼭대기에서 눈 오줌이 천하에 넘치는 꿈을 꾼다. 그리고 잇달아 벌어진 사건이, 우리가 잘 아는 대로 동생 진의에게 꿈 팔기다. 어쨌든 이 보육이나 딸의 오줌 꿈에서 확인할 수 있는 것도 홍수를 일으킬 정도의 오줌발이 단순히 생산력만이 아니라 천하를 삼킬 정도의 권력을 상징한다는 사실이다.

오줌 꿈으로 더 유명한 것을 치자면 《삼국유사》에 나오는 김유신의 누이 보희의 꿈이다. 기실 진의와 언니의 꿈 이야기도 이 꿈 이야기의 재판이다. 보희는 어느 날 서라벌의 서악(西岳)에 올라가 오줌을 누었는데 오줌이 장안에 넘치는 꿈을 꾼다. 꿈 이야기를 들은 동생 문희가 비단을 주고 꿈을 샀고, 꿈을 산 문희가 후에 왕이 되는 김춘추와 결혼을 했다는 것이다. 장안을 잠기게

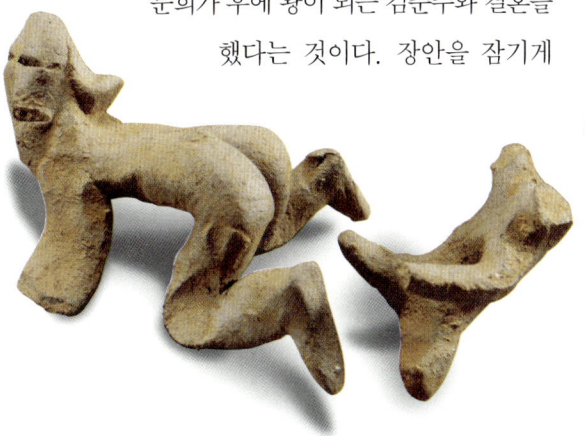

토우장식 항아리의 부분.

하는 오줌 꿈 역시 이른바 대권의 획득을 의미한다. 그러나 이 권력은 스스로 얻는 것이 아니다. 김춘추를 통한 권력의 획득이다. 이런 맥락에서 보면 문희가 산 꿈을 통해 간접화된 거대한 여근은 거대한 남근의 변형이라고 해도 좋을 것이다. 이는 문희의 짝인 김춘추, 곧 태종무열왕의 거인적 면모를 통해서도 잘 드러난다. 김춘추는 백제를 멸망시킨 후부터는 점심을 없애고 저녁만 먹는데도 하루에 쌀 여섯 말, 술 여섯 말, 꿩 열 마리를 먹어치운 엄청난 대식가가 아니었던가!

이쯤에서 크기에 집착하는 남성들이, 침팬지 연구자 제인 구달의 표현을 빌리면 밤낮 '알파수컷(Alpha Male)되기'를 추구하는 남근들이 기억해 두어야 할 인물이 있다. 신라의 경덕왕이다. 그는 지철로왕보다는 못하지만 여덟 치나 되는 옥경(玉莖)을 지녔음에도 불구하고 아들을 낳지 못해 괴로워한 왕이다. 물론 그는, 앞에서 살펴본 대로 하늘 줄을 끊으면서까지 억지로 아들을 얻지만 그것이 결국 신라를 멸망의 길로 이끌고 말았다. 크기에 대한 편집증, 거대한 거시기를 향한 반성 없는 돌진은 세계의 불임을 초래할 수 있다는 신화의 은밀한 고언(苦言)이다.

옛날 조물주가 만물을 만들 때 만물의 영장이라고 사람을 우대했다. 그래서 남자한테는 제일 크고 늠름한 것으로 성기를 만들어 준다. 그리고 여자한테는 애 낳을 때 고생하지 말라고 여자의 성기는 항아리처럼 크게 만들어 준다. 그러나 큰 것이 너무 불편했던 남자는 조물주에게 작게 만들어 달라고 했다. 조물주는 깎고 깎아서 지금 크기로 만들어 주었다. 여자 역시 겨울에는 찬바람이 들고 여름에는 벌레들이 들어와 견디기 힘드니 작게 만들어 달라고 한다. 조물주는 남근 깎아낸 부스러기로 여근 안쪽을 땜질해 작게 만들어 주었다. 그런데 작고 가벼워 좋기는 한데 재미가 없었던 남자는 조물주에게 다시 크게 만들어 달라고 했다. 조물주는 깎아낸 것을 여자한테 다 썼으니 가서 얻어 오라고 한다. 여자는 자기 것이 되었으니 못 돌려주겠다고 한다. 그래서 남근은 여근을 보고 돌려 달라고 성을 내고 있는 것이다.

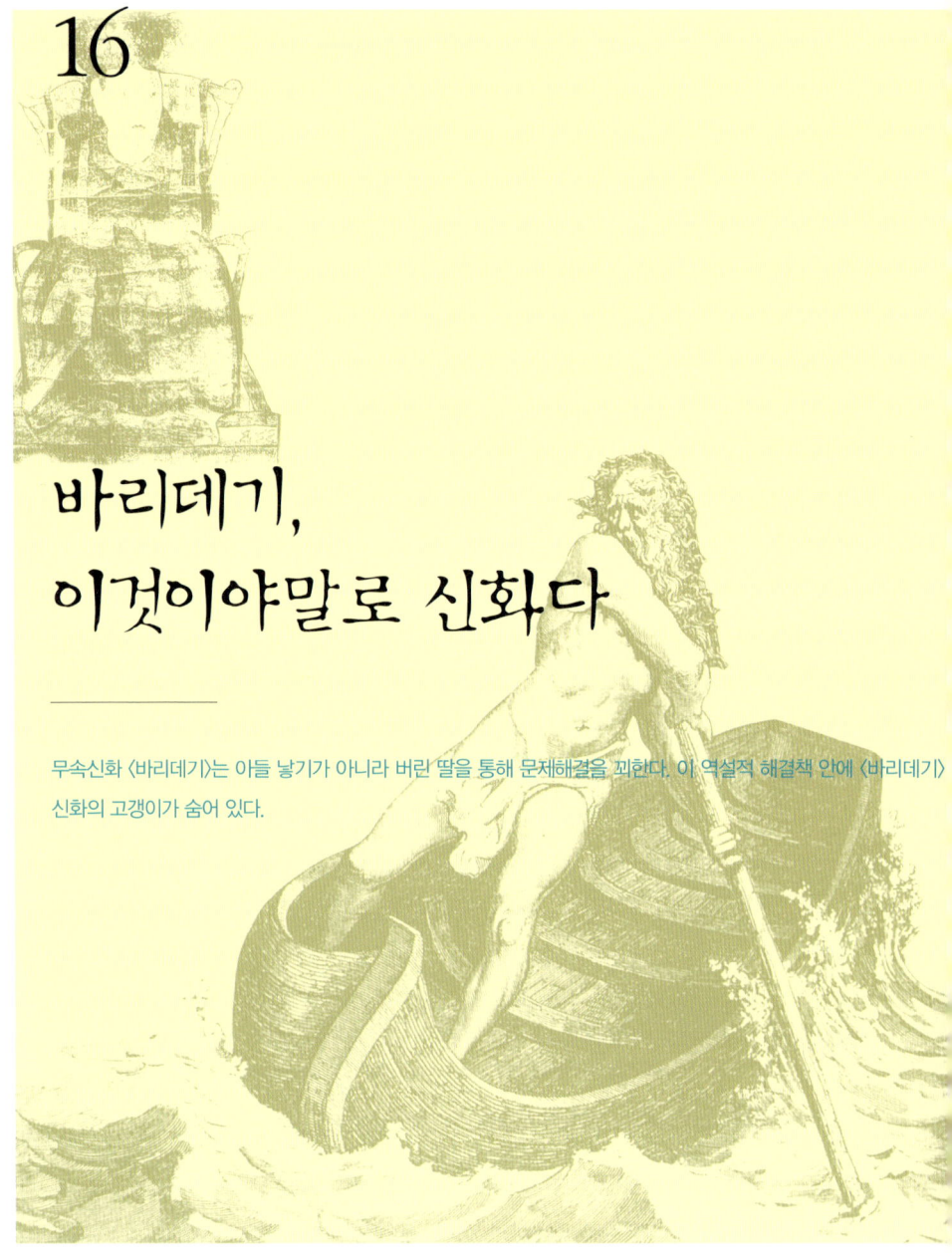

16

바리데기,
이것이야말로 신화다

무속신화 〈바리데기〉는 아들 낳기가 아니라 버린 딸을 통해 문제해결을 꾀한다. 이 역설적 해결책 안에 〈바리데기〉 신화의 고갱이가 숨어 있다.

우리 신화에서 가장 유명한 여신은 누굴까? 바리공주! 삼척동자도 아는 이름이라고 하면 지나칠지도 모르지만 웬만한 동자(童子)들은 다 아는 이름이다. 과거와는 달리 근래에는 무속신화도 옛이야기로 새 단장을 하고 아이들을 만나고 있기 때문이다. 전통사회의 노소 여성들이 굿판에서 만나던 여신이 이제는 동화의 얼굴로 우리 아이들과 만나고 있는 것이다. 물론 바리데기는 굿판에도 여전히 살아 있지만.

그런데 우리는 저 친숙한 바리의 얼굴에서 무엇을 읽고 있는 것일까? 제 몸을 던져 죽을병에 걸린 아비를 살려낸 바리공주. 인당수에 몸을 던져 아비의 눈을 뜨게 한 심청과 닮았으니 효행을 읽어야 할까? 긴 저승길을 통해 밥하고 빨래하고 애 낳는 여성들의 삶을 여실히 재현하는 바리공주. 굿판의 참례자인 여성들이 바리를 통해 바리데기·소박데기인 자신들의 이야기를 후련히 풀어내니 한풀이[解寃]의 미학을 읽어내야 할까? 자 아를 포기한 저승여행을 통해 생명의 묘약을 얻어 부모를 살리고 그 공덕으로 신이 된 바리공주. 그러니 희생을 통한 성화(聖化)라는 종교적 주제를 그 안에서 포착해야 할까?

친손봉사는 못할망정 외손봉사는 못하겠나

바리공주를 만나고 느끼고 이해하는 길은 하나가

바리공주 캐릭터. 만화 영화 '바리공주'의 주인공 캐릭터. 미농미디어 제공.

아니다. 수십 종에 이르는 판본만큼이나 다양한 얼굴로 바리는 굿판에서 혹은 독서판에서 우리를 만나고 있는지도 모른다. 그러나 이제부터 만날 바리공주는 우리가 그간 만나본 적이 없는 여신이다. 아니 늘 우리 곁에 있었지만 우리가 느끼고 이해하지 못한 바리일 것이다.

무엇보다도 먼저 〈바리데기〉가 가족 이야기, 가족의 확대판인 국가의 이야기라는 점을 놓쳐서는 안 된다. 〈바리데기〉는 불라국이라는 가상의 국가를 배경으로 이야기가 펼쳐지고 있지 않은가. 불라국은 그저 저승인 서천서역국에 대립되는 이승의 상징적 공간만은 아니다. 나아가 이 가상의 국가가 모종의 질병을 앓고 있다는 점도 놓칠 수 없다. 줄줄이 딸만 태어나는 병이 그것이다. 일곱 번째 딸 바리공주는 그 질병의 극점이다. 반드시 아들을 얻어야 한다고 기자치성(祈子致誠)까지 드렸건만 낳고 보니 말순이 바리데기였으니 말이다.

불라국왕 오귀는 왜 그다지도 아들에 집착했을까? 답은 간단하다. 불라국이 답이다. 국가는 권력의 지속을 위해 아들-후계자를 필요로 한다. 신라 경덕왕의 아들에 대한 편집증을 생각해 보라. 오귀대왕과 경덕왕은 쌍둥이다. 국왕에게 아들이란 국가의 지속을 보장하는 둘도 없는 장치인데 그 지속장치에 빨간불이 들어온 셈이다. 바로 이 지점에서 오귀대왕의 불치병이 시작된다. 고대하던 아들 대신 바리데기가 첫울음을 울자 화를 삭이지 못한 왕은 '말순이'를 버리라고 명령한다. 그러나 바리데기를 버리자 아버지도 불치병 속에 버려진다. 이런 식으로 〈바리데기〉는 국가의 질병이라는 문제적 상황을 우리 앞에 던지고 있다.

그런데 이렇게 문제를 제기한 후 〈바리데기〉는 다소 이상한 방식으로 해결을 시도한다. 만약 이 신화가 국가권력의 기원이나 지속, 혹은 변동을 보여주는 왕권신화였다면 경덕왕 식의 해결책을 시도했을지도 모르겠다. 그러나 무속신화 〈바리데기〉는 아들 낳기가 아니라 버린 딸을 통해 문제해결을 꾀한다. 이 역설적 해결책 안에 〈바리데기〉 신화의 고갱이가 숨어 있다. 그 해결의 경로를 잠시 따라가 보자.

온 나라 의사가 다 와도 소용이 없자 왕후 길대부인은 옥녀무당을 찾아간다. 한데 무당의 점괘가 얄궂다. 이승의 약은 아무리 써도 소용없다. 반드시 서천서역국 약물을 써야 한다! 서천서역국이라니? 〈바리데기〉를 비롯한 우리 무속신화에서 서천서역국은 황천수(黃泉水) 건너편에 있는 저승의 한 공간이 아닌가. 다시 말해 서천서역국은 불라국의 바깥, 현실의 바깥에 존재하는 공간인 것이다. 약물은 국가의 외부에 있다.

바깥에 존재하기는 바리데기도 마찬가지다. 바리데기는 '또 딸'이라는 이유로 불라국이라는 국가사회에서 쫓겨난다. 오산 무녀 배경재의 구연본(口演本)을 보면 바리는 옥함에 넣어져 강물에 유기된다. 옥함이 흘러 흘러 닿은 곳이 태양서촌이고 바리는 거기서 바리공덕할머니와 바리공덕할아버지 손에 자란다. 그렇다면 태양서촌은 서천서역국과 유사한 공간이 아닌가. 바리데기 역시 지금 불라국의 외부에 있다. 이렇게 한 국가사회의 외부자가 된 존재가 역시 그 사회의 외부에 있는 서천서역국 여행을 통해 생명의 약물을 국가사회 안으로 가져온다는 것. 국가의 서사로 읽는 〈바리데기〉의 흥미와 비밀은 여기에 있다.

그런데 좀더 주목해야 할 대목은 소생한 오귀대왕 앞에 정작 구원자 바리데기가 불효자식이니 죽여 달라고 엎드리는 장면이다.

뱃사공 카론. 그리스 신화에서 카론은 우리 신화 속 바리공주의 역할을 한다. 이승과 저승 사이에 강이 놓여 있는데 카론은 망자를 배에 태워 저승으로 데려다 준다. 구스타브 도레 판화.

약물을 구하러 갔다가 아버지의 허락도 없이 약수지킴이 동수자를 만나 아들 삼형제를 낳았으니 죄가 크다는 것이다. 죽었던 왕이 소생하자 국가적 사회의 윤리도 되살아나고 있는 대목이다. 하지만 이 윤리야말로 오귀대왕의 불치병을 초래한 주범이 아니었던가. 아들에 대한 집착과 아버지의 허혼(許婚) 윤리는 동전의 앞뒷면이 아닌가. 죽음에서 소생하자마자 다시 불치병의 바이러스가 코앞에 닥친 셈이다.

그러나 〈바리데기〉식 치료법의 특징은 지독한 효녀 바리데기를 불효자식으로 만드는 오귀대왕과 불라국의 윤리가 오귀대왕의 입을 통해 부정된다는 데 있다. 못된 년이라고 자책하는 딸에게 "야야 그런 말 마르라. 친손봉사는 못할망정 외손봉사는 못하겠나? 아들 삼형제는 어디 있다 말이고? 야야 듣던 말 중 반가운 일이로구나." (김복순 구연본) 하고 왕은 위로한다. 이런 왕의 태도는 친손봉사(親 孫奉祀), 다시 말해 아들을 통한 왕위계승을 고집하던 자신에 대한 부정이다.

혹시 아들에 대한 편집증이 딸의 아들을 통한 외손봉사로 변형되 는 것은 아닐까? 이런 회의의 눈초리가 있을지도 모르겠다. 그러나 조선조 이후에 강화되고, 17세기 중후반을 넘어가면서 거의 절대화 된 친손봉사의 윤리가 여성들에게 가한 억압을 생각해 보라. 그런 억압 속에 있던 굿판의 여성 참례자들에게 오귀대왕의 태도 변화는 적지 않은 의미를 지닐 수밖에 없다. 가부장제적 국가사회의 질병 이 외손봉사의 담론을 통해 교정되고 있는 것이다. 이것이야말로 재발의 가능성을 미연에 제어하는 〈바리데기〉 식 치료법의 한 특징 이다.

바리데기는 왜 무당들의 조상신이 되었을까?

이쯤에서 우리는 무속신화 〈바리데기〉가 무조신(巫祖神)의 '본풀이' 이기도 하다는 사실을 새삼 기억할 필요가 있다. 왜 하필 바리데기는 무당들의 조상신이 되었을까? 이런 물음에 대해서는 바리데기의 저승여행이 무당이 접신(接神) 상태에서 체험하는 천상·지하 여행과 동일시되었기 때문이라는 해답이 마련되어 있다. 바리데기 자신이 신화 속에서 무당의 역할을 수행하고 있다는 뜻이다.

그런데 무당이란 대체 어떤 존재인가? 뭔가 보통 사람과는 다른 힘을 지닌 사람이 아닌가. 다른 힘이란 무당에게 지핀 신의 힘이겠

19세기에 그린 무신도의 바리 공주 상.

지만 다른 말로 하면 자연에 내재한 힘이라고 할 수 있다. 오늘날에는 내림굿이라는 형태로 변형되었지만 원시사회에서 입무자(入巫者)는 자신이 속한 사회 에서 격리되어 자연 속으로 들어간다. 거기서 자연의 내밀한 힘과 접촉하는 신비체험을 한 후 그 힘을 가지고 사회로 돌아와 무당이 되는 것이다. 동북아 문화권에서 무당이 대장장이와 동일시되는 이유도 거기에 있다. 대장장이가 철광석을 제련하여 무기와 도구를 만드는 능력이야말로 자연의 무한한 힘을 사회 내부로 들여오는 것이기 때문이다. 바리데기가 불라국의 바깥에서 치병의 힘을 가져 오는 것은 바로 이런 무당의 치병 원리를 재현하고 있는 것이다.

그런데 이런 슈퍼 파워를 사회의 치유에 쓰지 않고 자신을 위해 사용하는 순간 무당은 현실의 망령에 사로잡힌다. 흔히 무당왕(Shaman King)으로 불리는 고대국가의 왕이 그런 존재들이다. 이렇게 되면 권력은 국가사회의 외부에 있는 것이 아니라 내부로 들어온다. 신은 왕에 종속되고 왕 자신이 신성한 존재가 된다. 바리데기를 버린 불라국 오귀대왕은 바로 저 신성왕(神聖王)의 종국적 형상일 것이다.

그러나 바리데기는 오귀대왕이 아니다. 바리데기는 국가 체제

내부에 안주하려고 하지 않는다. 저승에서 돌아와 제 일을 다한 바리데기는 나라의 절반을 주겠다는 아버지의 뜻도 마다하고 재물도 마다하고 무조신이 되기를 자청한다. 다시 국가사회의 바깥으로 나가겠다는 것이다. 바리데기의 이런 선택은 현실과의 관계에서 긴장감이 넘치는 선택이 아닐 수 없다. 왜냐고? 굿을 통해, 반복되는 이야기를 통해 일상적 현실에 개입해 오는 바리데기가 저 국가의 외부에 있음으로써 불라국으로 표상되는 국가적 사회의 현실과 길항관계를 유지하고 있기 때문이다. '친손봉사'에 집착한다면 국왕은 언제든 불치병에 걸릴 수 있다는 팽팽한 긴장이 느껴지지 않는가?

《살아있는 우리 신화》(한겨레출판)를 펴낸 저자는 〈바리데기〉를 두고 '이것이 신화다'라는 멋진 표현을 썼다. '흐린 영혼을 씻어주는' 〈바리데기〉의 한풀이 미학을 두고 한 말이다. 그러나 나는 한마디 덧붙이고 싶다. 오늘 우리가 새로 만난 바리, 국가체제의 외부를 지향하는 바리데기, 이것이야말로 신화다!

몽골 샤먼(위 오른쪽). 샤먼(무당)은 자연에 내재한 힘을 사회 안으로 가져와 개인과 집단의 질병을 치유한다.
샤먼의 옷에 달린 쇠로 된 동물 장식(위 왼쪽). 샤먼의 능력을 상징한다.

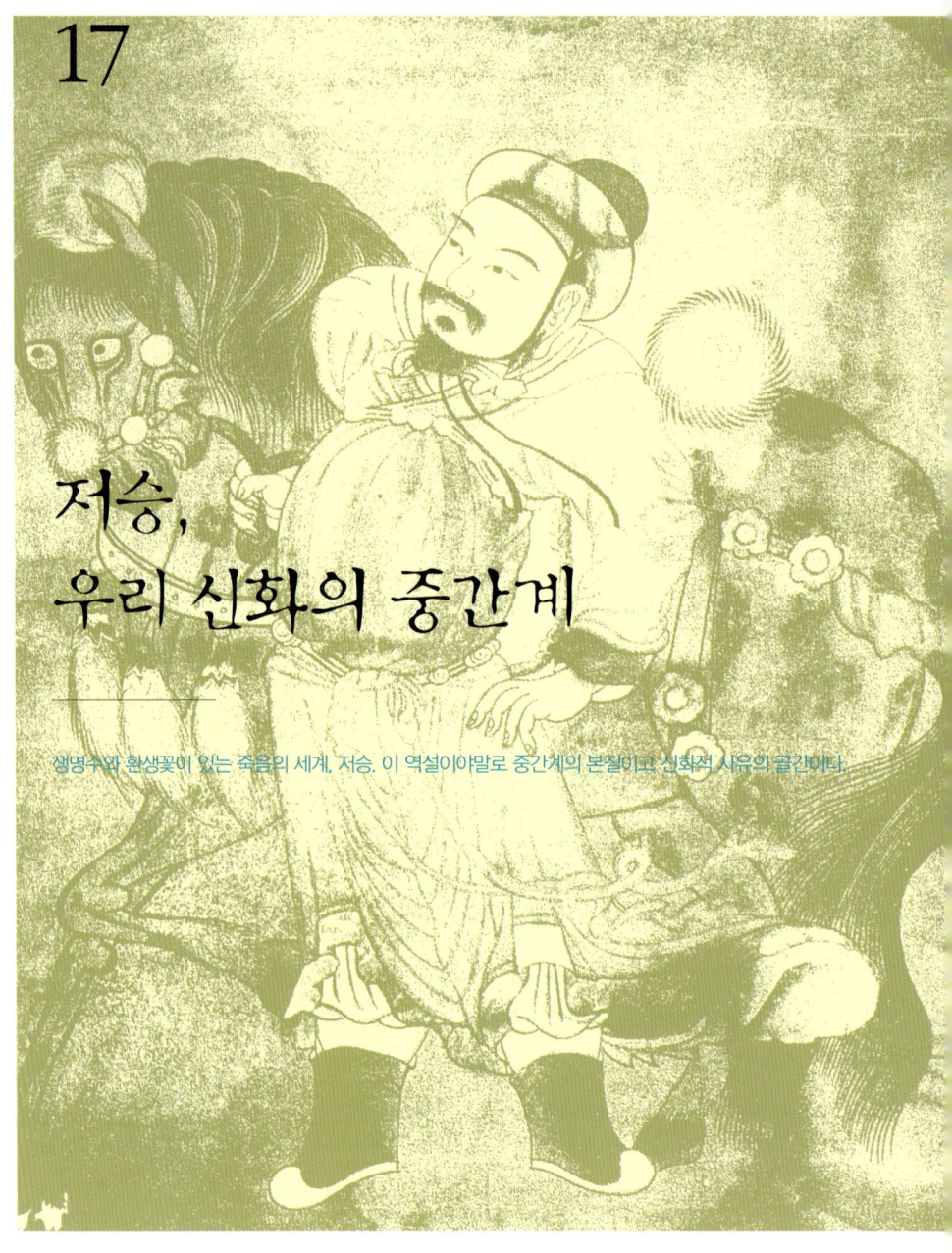

17

저승,
우리 신화의 중간계

생명수와 환생꽃이 있는 죽음의 세계, 저승. 이 역설이야말로 중간계의 본질이고 신화적 사유의 골간이다.

톨긴이 쓰고 피터 잭슨이 영화로 만든 '반지의 제왕'
의 흥미로운 부분 가운데 하나는 중간지역이라는
특이한 공간이다. '반지의 제왕'에 그려진 중간계는 물론 주인공이
잠시 거쳐 가는 통과의 공간이 아니라 거대한 판타지가 펼쳐지는
사건의 공간이다. 하지만 작은 영웅 프로도와 그 일행의 반지원정이
이루어지는 중간계는 그 말 자체로 우리의 상상력을 자극한다.
그리고 동시에 이런 물음도 던진다. 우리 신화의 중간계적 상상력은
어떤 것일까?

우리의 신화들을 뒤져보면 천상과 지상, 그리고 지하라는 수직적
공간 구획이 보인다. 이런 공간 분할은 우리 신화만의 특징은 아니
다. 샤머니즘의 세계 인식 안에 존재하는 보편성이다. 그렇다면
천상과 지하의 중간에 있는 지상의 인간세계가 중간계인가? 단지 공
간적 위계로 본다면 그럴 수도 있겠다.
그러나 중간계를 단지 공간적 위계가
아니라 어떤 의례적 위치로 본다면
지상은 그런 공간이 될 수 없다. 비인간
계인 천상이나 지하와는 달리 지상은
그저 인간계일 뿐이다.

다시 의문이 생긴다. 그러면 의례적
위치라고 하는 신화의 중간계란 무엇
을 말하는가? 잠시 인류학이 말하는
통과의례를 떠올려 보자. 모든 통과의례
는 참례자를 기존의 사회로부터 분
리시켜 이것도 저것도 아닌 주변적인
상태로 만든다. 그리고 이런 상태를

봉서암 감로도(甘露圖). 감로
도에는 죽은 영혼에게 단
이슬을 베풀어 지옥에서 벗어
나기를 기원하는 뜻이 담겨
있다. 봉서암 소장.

꽃상여. 순환적 세계관에서 보면 죽은 이를 꽃상여에 실어 보내는 장례식도 이승으로 귀환하기 위한 단계이다.

거 처야 참례자는 새로운 사회로 통합된다고 한다. 통합 이전의 주변적 상태에서는 일상의 리듬이 정지되고 비일상적 혼돈이 참례자를 감싼다. 의례적 공간이 신비와 금기에 휩싸이는 것도 그런 까닭이다. 유화가 유폐되었던 금와왕의 밀실이나 알이 버려진 짐승들의 공간, 심청이 인당수를 통해 들어간 용궁, 심지어는 대학의 세속화된 사발식 현장도 그런 공간이다. 신화의 다양한 중간계 역시 이 같은 통과의례적 공간이다.

하지만 도처에 존재하는 이런 공간 가운데 중간계의 의미를 가장 잘 보여주고 있는 우리 신화의 공간은 '저승'이다. 우리 신화에서 저승은 그저 망자(亡者)들이 가는 죽음의 세계 혹은 지옥이 아니다. 저승 중간계의 의미를 탐색하기 위해 저승을 가장 잘 아는 여신 바리데기를 따라 저승길로 잠시 떠나보자.

생명수와 환생꽃이 있는 중간계, 저승

바리데기는 아버지 오귀대왕의 병을 고칠 약물을 구하기 위해

용주사 감로도. 감로도 속의 아귀는 굶주림의 고통을 당하는 귀신이다. 용주사 소장.

아무도 가려고 하지 않는 저승길을 나선다. 바리데기가 아는 것은 약수가 서쪽 삼천 리 서천서역국에 있다는 것뿐이다. 물론 이 기약 없는 서역행에 도우미들이 없을 리 없다. 노인이나 스님, 혹은 할미의 형상으로 등장하는 도우미들이 길잡이 노릇을 한다. 이들은 그저 친절한 길잡이가 아니라 밭 갈기나 빨래하기와 같은 가혹한 노역을 요구하는 시험관들이지만 바리데기가 누군가. 바리데기는 무사히 저승의 입구인 황천강을 건너 저승 땅으로 들어간다.

그런데 흥미로운 것은 저승의 생김새다. 동해안의 유명한 무부

서양의 저승사자. 서양의 저승
사자는 위협적인 모습이다.
반면에 동양, 특히 우리의 저
승사자는 동네 아저씨 같은
편안한 모습이다. 구스타브
도레의 판화.

(巫夫) 김석출이 부른 〈바리데기굿〉 무가를 들어보면 높은 산을
서너 개 넘어가면 세 갈래 길이 나오는데 오른쪽은 극락 가는 길,
왼쪽은 지옥 가는 길이고, 한가운데 길로 쭉 가면 서천서역국이라고
노래한다. 서천서역국의 동대산에 약수가 있고 환생꽃이 있다는
것이다. 우리 무속신화가 상상하고 있는 저승은 이처럼 극락·서천서
역국·지옥이라는 세 공간으로 구성되어 있다. 염라대왕이 있는

지옥만을 저승으로 생각하는 우리의 상식과는 꽤 다른 셈이다.

그렇다면 저승의 이런 공간 배치가 말하는 것은 무엇일까? 단도직입적으로 말한다면 그것은 중간계의 상상력과 긴밀한 관계가 있다. 극락·서천서역국·지옥의 배치도에서 서천서역국은 중간 지점이다. 나락(奈落)과 지복(至福) 사이에 존재하는 중간지대가 바로 서천서역국인 것이다. 물론 서천서역국의 약수나 꽃밭이 극락의 앞마당에 있는 것처럼 이야기하는 판본도 없지는 않지만 대부분의 판본들이 추인하고 있는 이 공간 배치는 중간계의 의미심장한 상징으로 우리 앞에 놓여 있다. 생명의 원천은 중간계에 있다는 상징이 그것이다.

그런데 서천서역국이라는 중간지대를 품고 있는 저승은 바리데기가 귀환한 이승과의 관계에 있어서 좀더 큰 단위의 중간계로 존재한다. 저승은 이승과 대립된 공간이지만 순환적 세계관에서 보면 저승은 무수한 이승들 사이에 놓인 통과의례적 공간이다. 왜 파드마삼바바의 《티벳 사자의 서》는 중음신(中陰身)의 상태에 놓인 망자를 위해 해야 할 기도와 중음신의 영혼이 새로 탄생하기 위해 저승의 단계마다 어떻게 해야 하는지를 그토록 자세히 안내하고 있는가. 그것은 불교가 저승을 중간계로 인식하고 있기 때문이다. 이런 불교의 상당한 영향을 받은 무속신화가 저승을 중간계로 이해하는 것은 당연하지 않겠는가.

바리데기는 고난에 찬 중간계의 통과의례를 거쳐 생명수와 환생 꽃을 들고 다시 황천강을 건너 이승으로 귀환한다. 바리데기의 이런 희생 덕분에 자식을 버린 아버지 오귀대왕은 새 생명을 얻고, 종내는 길대부인과 더불어 천상의 견우직녀성이 된다. 저승길을 거부해 불효를 저지른 언니들과 그 남편들도 하늘의 별이 되고, 동대산

단테와 버질이 들어갔던 연옥
상상도

동수자와의 사이에서 태어난 세 아들도 삼태성(三台星)이 된다. 이들을 나락에서 지복으로 끌어올린 힘이 중간계의 생명수와 환생꽃, 그리고 스스로 중간계에 들어간 바리데기의 희생에 있었던 것이다.

생명수와 환생꽃이 있는 죽음의 세계, 저승. 이 역설 이야말로 중간계의 본질이고 신화적 사유의 골간이다. 신화는 늘 죽어야 산다고 이야기하고 있지 않은가. 천지만물은 창조신의 주검에서 생겨난 것이고, 인도네시아 세람 섬의 여신 하이누벨레의 해체된 몸에서는 섬 사람들의 주식이 된 여러 종류의 감자들이 열린다. 죽음은 삶과 단절되어 있지 않고 고리처럼 서로 이어져 있다. 신화적 사유를 함축한 도상(圖像)이라고 할 수 있는 태극 문양에는 언제나 하나의 힘 안에 다른 하나의 힘이 내포되어 있다. 말하자면 음 안에 양이, 양 안에 음이 중간계로 남아 있는 것이다.

저승은 이승으로 나오기 위한 통과 장소

저승 중간계가 지닌 이런 신화적 성격은 서양의 대표적 중간계인 연옥과는 다르다. 가톨릭과 동방정교회에서 주로 채용하고 있는 연옥은 작은 죄를 저질렀거나 큰 죄를 저지르고도 용서받은 영혼이 죄를 씻고 최후의 심판을 거쳐 천국으로 올라가기 전까지 대기하는

보티첼리의 지옥도. 그림의 제목 '지옥의 심연(The Abyss of Hell)'처럼 지옥은 다단계로 이루어져 있다. 15세기 말.

대합실 같은 곳이다. 《연옥의 탄생》을 쓴 자크 르 고프에 따르면 서양사에서 연옥은 종말론이 퇴조하고 현세를 긍정하는 낙관적 세계관이 등장한 12세기에 탄생했다고 한다. 최후의 심판까지 먼저 간 영혼들이 거주할 집이 있어야 하지 않겠는가. 그러나 그도 인정했듯이 이런 중간계의 상상력은 이미 고대종교에 있었다. 아니 샤머니즘 같은 원시종교나 신화에도 있었음을 특기할 필요가 있다.

중세에 탄생한 서양의 연옥이 천국행 대합실이라면 저승은 이승으로 다시 나오기 위한 통과의 장소이다. 연옥을 거쳐 도달하게 되는 천국이 영원한 생명의 장소라면 저승을 거쳐 다시 온 이승은 다시 죽을 수밖에 없는 제한된 생명의 장소이다. 물론 불교에도 카르마[業]를 벗어난 존재가 도달하는 궁극의 장소인 극락이 있지만 극락은 깨달은 자만이 이를 수 있는 머나먼 서방의 장소일 뿐이다. 믿고 선업을 쌓기만 하면 누구나 갈 수 있는 천국과는 거리가 있다. 대부분의 중생들은 이승과 저승을 왕래할 수밖에 없는 것이다. 이렇게 보면 무속과 불교의 저승이 연옥보다는 더 신화적 중간계에 가까운 셈이다.

이쯤에서 또 다른 물음표 하나가 고개를 내민다. 바리데기 이야기와 유사한 시베리아 타타르 족의 쿠바이코 신화에서 처녀 쿠바이코는 괴물에게 잘린 오빠의 머리를 되찾아 오기 위해 지하계로 내려간다. 무수한 죄인들이 고통을 당하는 광경을 목도한 후 마침내 지하계의 왕 이를렉 칸 앞에 선 쿠바이코. 그녀는 이를렉 칸이 던진 시험을 통과한 후 오빠의 머리를 찾아 이승으로 돌아와 지하세계에서 가져온 약물로 오빠를 소생시킨다. 그렇다면 쿠바이코가 내려간 지하계는 중간계가 아닌가? 이런 물음이다. 🖼

쿠바이코 신화에서 생명의 약물이 존재하는 지하계 역시 중간계임에 틀림없다. 천상·지상·지하의 수직적 공간인식을 가지고 있는 시베리아 샤머니즘에서는 지하계가 중간계일 것이다. 우리의 지하국대적퇴치 설화 역시 지하 세계로 잡혀간 공주를 한 영웅이 구출해 오지 않는가. 그러나 불교는 우리 신화의 중간계에 상당한 변형을 가져왔다. 지하에서 저승으로의 이동이 그것이다. 수직적 위계에 있던 중간계를 수평적 공간으로 옮겨놓았다. 극락(서천꽃밭)·서천서역국·지옥으로 이루어진 저승은 서쪽으로 끝없이, 혹은 삼천 리 쯤 가다보면 닿을 수 있는 지상의 한 공간인 것이다.

그러나 분명히 기억해야 할 것이 있다. 이동한 것은 위치일 뿐이다. 무속신화가 간직하고 있던 지하 중간계의 신화적 본질은 결코 훼손되지 않았다. 바리데기의 옛 친구라고 해도 좋을 시베리아의 쿠바이코가 그것을 증언하고 있다.

 지하계의 괴물 옐베겐(Yelbegen)이 콤데이 미르간 (Komdei-Mirgan)의 목을 잘라 땅속으로 가지고 가버린다. 그의 누이동생 쿠바이코는 오빠의 없어진 머리를 찾기 위해 지하계로 내려간다. 쿠바이코는 그곳에서 죽음의 신 이를렉 칸 (Irlek-Khan)의 집을 발견하고 안으로 들어간다. 쿠바이코는 이를렉 칸과 그의 아들들이 있는 방에 들어가 괴물이 왜 오빠의 머리를 잘라 가지고 왔는지 물어 보았다. 그들은 자신들이 내린 명령이라고 하면서 일곱 개의 뿔이 달린 염소를 땅속에 파묻고 또 들어올릴 수 있으면 오빠의 머리를 되돌려 주겠다고 제안했다. 동시에 만일 시험을 통과하지 못하면 그녀도 목이 잘릴 것이라고 말한다. 쿠바이코는 그 시험을 받아들여 염소를 땅속에 파묻고 또 들어올렸다. 그러자 이를렉 칸은 오빠의 머리를 되돌려 주면서 지상으로 돌아가는 길을 가르쳐 준다. 그녀는 돌아오는 도중에 자신이 이를렉 칸의 집에서 보았던 것에 대해 물어보았다. 그것은 지상에서 나쁜 일을 행한 사람들이 벌을 받는 모습이라는 말을 듣는다. 드디어 쿠바이코는 지상으로 돌아와 오빠의 머리를 죽은 몸에 붙인 후 이를렉 칸이 준 생명수로 오빠를 소생시킨다. (Uno Holmberg, The Mythology of All Races, Vol. Ⅳ, New York, 1964, pp. 489~494.)

18

선도성모는
정말 불사를 좋아했을까?

한 혈족집단의 시조모였다가 불사를 무진장 좋아하는 여산신으로 화장을 고치고 끝내는 신라 건국신화를 재구성하는 과정에서 중화의 매개자로 성형한 선도성모. 그의 얼굴에서 우리 신화의 역사를 볼 수 있지 않을까?

신라의 고도 경주 서쪽에 선도산(仙桃山)이 있다. 높이가 380미터 쯤 되는 높지 않은 산이지만 오악(五嶽)을 모시는 신라의 나라 제사에서 서악(西嶽)의 지위를 당당히 차지했던 산이다. 이 산은 마애삼존불로 이름이 있지만 사소(娑蘇)라는 별명을 지닌 성모(聖母)가 거주하는 산으로도 유명하다.

그런데 이 '성스러운 어머니'는 선도산을 두른 안개만큼이나 베일에 싸여 있다. 물론 《삼국유사》는 선도성모를 요모조모로 해명하고 있다. 하지만 일연이 〈감통(感通)〉편에 이 '선도산 성모가 불교 행사를 좋아했다(仙桃聖母隨喜佛事)'는 제목으로 실어놓은 기사 자체가 우리를 오리무중으로 인도한다. 어떤 실마리를 잡아야 이 미궁(迷宮)을 빠져나가 성모의 진상을 볼 수 있을까?

서악 고분군에서 바라본 선도산.

선도산의 성모사. 경북 경주.

혁거세는 서술성모가 낳았나, 하늘에서 내려왔나

한데 제목과는 달리 첫 실마리는 정작 엉뚱한 곳에 삐죽 나와 있다. 《삼국유사》에서 선도성모가 등장하는 첫 장면은 불사를 좋아했다는 이야기와는 달리 불교와 무관하기 때문이다. 선도성모는 먼저 박혁거세 신화에 슬쩍 끼어든다. 우리가 잘 알고 있는 혁거세 탄생담은 신라 여섯 마을 조상들이 임금을 세우는 회의를 하던 중 하늘에서 백마가 운반해 온 큰 알에서 혁거세가 나왔다는 내용으로 이뤄져 있다. 그런데 일연은 이 이야기 옆에 작은 글씨로 주석을 단다. 어떤 사람은 서술성모(西述聖母)가 혁거세를 낳았다고 한다는 것이다. 여기서 서술성모는 선도성모와 같은 여신이다. 선도산의 다른 이름이 서술산이기 때문이다. 그렇다면 혁거세는 서술성모가 낳았는가, 하늘에서 내려왔는가? 모종의 충돌이 발생한다. 선도성모를 '뵙기' 위해 넘어야 할 첫 번째 고개다.

선도산 첫째 고개는 난생(卵生) 문제를 해결해야 넘을 수 있다. 시조모가 될 여성이 신이한 존재와 접촉한 후 알을 낳아 버렸는데 버려진 알 속 아이가 시조나 왕이 되었다는 신화는 적지 않다. 유화가 낳은 고구려의 주몽이 그런 인물이고, 적녀국왕의 딸이 임신한 지 7년 만에 낳은 석탈해도 알로 태어났기에 버려진다. 이런 '알로 태어난 아이'라는 시각에서 보면 혁거세의 탄생은 뭔가 미심쩍다. 어머니도 없이 불현듯 출현한 알 곁에서 흰말이 울고 있다? '6촌-알-흰말-하늘', 다소 낯선 결합이다. 신라 건국신화에는 임금추대회의를 하는 6촌 대표들과 신이한 알의 출현을 곧바로 연결시키려는 의도가 보인다. 6촌의 연합을 강조하려는 뜻이다. 이런 의도라면 특정 집단의 시조모가 6촌 연맹체의 첫 임금을 낳았다는 이야기는 신라 건국신화의 이념에 어울리지 않는다. 바로 이 대목에서 알을 낳은 어머니, 곧 서술성모가 지워졌을 가능성이 크다.

그러나 건국신화에서 배제되었다고 해서 전승되던 시조모에 대한 숭배가 사라지는 것은 아니다. 서술성모는 본래부터 혁거세 집단, 다시 말해 신라 사량부에서 시조모로 모셔지고 있었고, 아마도 그 사당이 서술산에 세워지면서 여산신의 전통에 따라 서술산의 산신으로도 추앙되었을 것으로 생각한다. 1970년대에 복원된 것이기는 하지만 지금도 서술산에는 성모사(聖母祠)가 서 있지 않은가. 이런 추정에는 대가야의 왕비 정견모주(正見母主)가 죽은 후 가야산의 산신으로 모셔지고, 박제상의 아내가 박제상을 기다리다 죽어 치술령의 산신이 된 사례도 유력한 방증이 된다. 그리고 이런

무신도(巫神圖) 가운데 불사(佛師) 할머니를 그린 그림(왼쪽)과 부처를 그린 그림(오른쪽). 불교와 무속의 융합을 잘 보여준다.

여산신 모시기에는 마고할미나 노고할미와 같은 창조여신이 남신에게 창조 신의 자리를 내어주고 산신으로 좌정했던 신화적 전통이 범례로 작용했을 법하다. ✉

고구려의 유화처럼 나라 제사는 못 받아먹어도 선도산 산신으로 잘 먹고 잘 살던 성모는 신라 진평왕 무렵 돌연 지혜라는 비구니의 꿈에 나타난다. 그때 지혜는 안흥사 불당을 수리하다가 돈이 모자라

일을 접고 있었다. "나는 선도산 신모다. 네가 불당을 수리하려는 것이 기뻐 금 열 근을 시주하려고 한다. 내 자리 밑에서 금을 꺼내 써라." 신모의 현몽에 깜짝 놀라 잠에서 깨어난 지혜는 무리를 데리고 성모를 모신 신사(神祠)로 간다. 과연 성모의 상 밑에 황금이 있어 뜻한 바를 이루었다는 이야기다. 전통적 무속신앙의 여신인 선도산 성모가 제 제물로 이웃 절에 시주를 하다니? 일연의 분식(粉飾)대로 정말 성모는 불사를 좋아했을까? 넘어야 할 선도산의 둘째 고개다.

둘째 고개를 넘으려면 '점찰 법회(占察法會)'라는 수수께끼를 풀어야 한다. 성모는 지혜 비구니에게 불당을 수리한 후에 봄 가을로 사람을 모아 점찰 법회를 베풀라는 주문을 한다. 그런데 지금도 그렇듯이 점치는 일은 본래 무당의 주업에 속한다. 점찰 법회란 무속 행위를 불교, 특히 밀교가 받아들여 중생을 교화하기 위한 방편으로 삼은 것이다. 업보를 적은 대나무쪽을 뽑아 운명을 점쳐 중생을 참회에 이르도록 한다는 것이다. 그렇다면 선도성모의 점찰 법회에 대한 요구가 뜻하는 바는 분명하다. 무속을 무시하지 말라는 것. 하지만 이야기의 기록자인 일연의 처지에서 보자면 무속의 산신이 기쁘게 불사에 참여할 정도로 불교가 신통하다는 뜻이다. 우리가 다 알듯이 불교가 전래되면서 기존의 무속과 적지 않은 갈등이 있었다. 법흥왕 시절 이차돈의 죽음도 그 갈등에서 빚어진 사건이 아니었던가. 그러나 이 이야기의 배경이 되는 진흥왕 무렵에는 이미 불교가 대세를 이루고 있었다. 선도성모는 불사를 좋아하지 않을 수 없었던 것이다.

끝내 중국의 공주로 둔갑한 선도성모

그런데 일연의 선도성모에 대한 이야기는 여기서 그치지 않는다. 그는 선도성모가 중국 왕실의 공주라는 다소 '생뚱맞은' 이야기를 늘어놓는다. 정리하자면 성모는 본래 중국 왕실의 딸로 이름이 사소인데 진한에 와서 성자(聖子)를 낳았고, 이 성자가 동쪽나라의 첫 임금이 되었다는 것이다. 첫 임금이란 바로 혁거세다. 대체 어떻게 된 일인가? 앞에서 선도성모가 혁거세를 낳았다는 시조신화는 신라의 건국신화 만들기에서 배제되었다고 했는데 이건 또 무슨 이야기란 말인가? 둘째 고개를 좀 쉽게 넘었다 했더니 셋째 고개가 딱 버티고 있는 형국이다.

한데 이 이야기는 일연이 처음으로 한 것이 아니다. 이미 김부식이 《삼국사기》에서 언급한 일이 있다. 김부식이 송나라 사신으로 가서 우신관(佑神館)이란 곳에 참배를 했는데 그곳에 있는 여선상(女仙像)을 두고 왕보라는 사람이 중국 제실(帝室)의 딸이 바다 건너 진한에 이르러 아들을 낳아 해동의 시조가 되었고, 그후 지상신선이 되어 선도산에 있는데 이게 바로 그 신상이라고 소개했다는 것이다. 느닷없이 웬 중국 왕실의 딸인가? 김부식의 이런 언급에는 뭔가 수상쩍은 혐의가 풍긴다.

이 기록에 대해 일찍이 15세기 서거정은 《필원잡기(筆苑雜記)》에서 '유화 이야기를 오인한 것'이라고 오해한 바 있고, 20세기 초 대종교 교주 김교헌은 《신단실기(神檀實記)》에서 중국이 아니라 부여에서 왔다는 다분히 민족주의적 해석을 내놓은 바 있다. 최남선도 중국은 '지나(支那)'를 뜻하는 것이 아니라 바다 건너 서쪽 어딘가를 말한다면서 중국을 부정하려고 했다. 그렇지만 지금 우리

가 풀어야 할 수수께끼
는 왜 중국 제실이라는
전승이 끼어들었느냐는
것이다. 있는 기록을 실
속도 없이 틀렸다고 애
써 부정할 필요가 없다
는 말이다.

신라 건국신화에서 혁
거세의 신성성을 보장해
주는 존재는 하늘이다.
알에서 태어난 것도 범
상치 않은 일이지만 그
알이 하늘에서 내려온
것이라는 데 더 신성스
러움이 있다. 건국신화
에서 최고신 천신은 왕

무신도의 무조(巫祖). 조선시대.

의 권력을 정당화해주는 강력한 배후다. 그런데 김부식이 소개한
전승에서는 천신의 자리에 중국 제실이 들어가 있다. 다시 말하면
중국을 하늘보다 강력한 힘의 배후로 새롭게 끌어들인 것이다. 신라
건국신화의 재구성이라고 할 만하다. 김부식이 만난 송나라 학사
왕보의 입장에서 보면 이는 중화주의의 표현이다. 그리고 비록
'어느 왕인지는 모르겠다'는 유보적인 태도를 취했지만 그런 주장
을 받아들여 국내에 전파한 김부식의 처지에서 보면 내심 뿌듯했을
것이다. 중국의 황실과 신라의 왕실이 혈연으로 이어져 있다는 사
실에서 자부심을 느꼈는지도 모르겠다. 이는 중화주의를 추인하는

모화주의, 나아가 소중화주의가 아닐 수 없다.

일연이 김부식의 기록을 받아들이면서 혁거세와 알영이 바로 사소가 낳은 동국의 첫 임금이라고 추단한 것을 보면 김부식 이후 중국을 신성성의 원천으로 삼아 건국신화를 재구성하려는 움직임이 고려에 있었던 것으로 보인다. 김부식과 비슷한 시기에 김관의가 편집해서 의종에게 바친 고려 건국신화를 보면 왕건의 할아버지인 작제건이 당나라 숙종의 아들로 설정되어 있다. 당나라 숙종은 신라에 온 일이 없지만 고려 건국신화는 고려 왕가와 중국 왕실 사이에 혈통관계가 있다는 '신화'를 만들려고 했던 것이다. 이는 기자 (箕子) 조선의 경우도 다르지 않다. 중화주의의 발원지로 알려진 한나라 때 만들어진 기자동래설이 고려시대에는 역사적 실재로 받아들여졌으니 말이다. 이처럼 김부식 이후 고려 지배층에 퍼져나갔던 모화주의가 드디어는 선도성모의 본적마저 지워버렸던 것이다.

한 혈족집단의 시조모였던 서술성모, 그러나 신라 건국신화에서는 배제된 서술성모, 불교가 진흥된 진흥왕 시대에는 불사를 무진장 좋아하는 여산신으로 화장을 고친 선도성모, 끝내는 소중화 의식에 따라 신라 건국신화를 재구성하는 과정에서 중화의 매개자로 성형한 선도성모. 선도성모의 얼굴을 곰곰이 들여다보고 있노라면 우리 신화의 역사가 시나브로 선연해지는 것도 같다.

선도성모와 마고할미의 관계를 잘 보여주는 전설이 지리산 천왕봉에 남아 있다. 창조여신과 시조모, 그리고 여산신이 여신의 역사적 위계에 따라 서로 관계를 맺으면서 변모될 수 있다는 것을 고스란히 증언해 주는 이야기다. 이 전설에서 마고할미와 선도성모는 동일시되는 한편 천신의 딸, 불도를 닦는 반야를 기다리는 아내라는 성적 위계를 드러내고 있다.

지리산 산신 중 여신인 천왕봉의 마고할미는 선도성모(仙桃聖母) 또는 노고(老姑)로 불리는데 바로 천신(天神)의 딸이다. 마고할미는 지리산에서 불도를 닦고 있던 도사 반야(般若)를 만나 결혼해 천왕봉에서 살면서 딸만 여덟 명을 낳았다. 그러던 중 반야는 더 많은 깨달음을 얻기 위해 가족들과 떨어져 반야봉으로 떠난다. 마고는 반야봉에서 외로이 수도하는 남편 반야를 그리며 나무껍질을 벗겨 남편이 입을 옷을 만든다. 그리고 딸들을 전국 팔도에 하나씩 내려보내고 홀로 남편을 기다린다. 그러나 반야는 마고가 백발이 되도록 돌아오지 않았다. 기다림에 지친 마고할미는 남편 반야를 위해 만들었던 옷을 갈기갈기 찢어버린 뒤 끝내 숨지고 만다. 찢겨진 옷은 반야봉으로 날아가 반야봉의 풍란이 되었다. 후세 사람들은 반야가 불도를 닦던 봉우리를 반야봉이라 불렀다. 마고가 보낸 딸들은 팔도 무당의 시조가 되었다고도 한다. 반야봉 주변에 안개와 구름이 자주 끼는 것은 하늘이 저승에서나마 반야와 마고할미가 만날 수 있도록 해주는 것이라고도 한다.

19

서천꽃밭에는
누가 있을까?

"이 마을 풍습은 어떤지 모르겠습니다만 우리 마을 풍습은 이별할 땐 상을 차려 마주앉아 먹게 합니다."
원강도령의 발언 속에는 남성 중심 사회를 살았던 여성들의 환상, 남편과의 겸상으로 표현된 여성들의 욕망이 잘
드러나 있다.

꽃밭이 있다. 서쪽으로 삼천리를 가다보면 저승이 있고, 저승의 한쪽에 온갖 꽃들이 만발한 꽃밭이 있다. 그래서 서천꽃밭이다. 그러나 이 꽃밭에 피는 꽃들은 제비꽃이나 할미꽃, 혹은 진달래나 개나리꽃이 아니다. 수레멜망악심꽃, 도환생꽃, 웃음웃을꽃, 싸움싸울꽃처럼 이상한 꽃이 피어 있는 꽃밭이다. 저승의 꽃밭이라니, 죽음의 세계에 생명을 상징하는 꽃밭이라니? 탁월한 신화적 상상력이라는 감탄이 절로 나온다. 우리를 감탄케 하는 이 꽃밭은 대체 무슨 꽃밭인가?

그런데 이 꽃밭에는 훌륭한 관리사가 있다. 정성껏 물을 주고, 이 따금씩 불길한 부엉이가 울어대면 활을 쏘아 쫓기도 하는 관리사. 아버지 원강도령의 뒤를 이어 꽃 감관(監官)이 된 소년 '할락궁이' 가 바로 그 신(神)이다. 뭔가 신산(辛酸)함이 느껴지는 이름 '신산만 산할락궁이'가 온 이름이다. 소년 할락궁이는 어떻게 저승에서 인간의 생사를 주관하는 거룩한 일을 담당하는 꽃밭 신이 되었을까?

〈이공본풀이〉의 이공신이 바로 할락궁이

제주도에 가면 〈이공본풀이〉라는 무가(巫歌)가 있다. 평안북도 지역 의 〈신선세텬님청배〉, 경상남도 지역의 〈악양국왕자노래〉, 〈방심 굿〉도 비슷한 내용을 담고 있는데 제주도 것이 이야기가 잘 갖춰져 있다. 제주도에는 무당의 조상신에 관한 신화인 〈초공본풀이〉, 인간의 운명을 주관하는 전상[前生]신에 관한 신화인 〈삼공본풀이〉가 있어 〈이공본풀이〉의 작명 내력을 알 수 있다. 제주도에서 큰굿을 할 때 두 번째 굿거리에서 청하는 신이 이공신(二公神)이라는 것이다. 이 이공신의 본명이 우리가 만날 신산만산할락궁이다.

살잽이꽃. 우리 신화 속 저승에
는 서천꽃밭이 있다. 꽃은 악한
자를 벌주기도 하지만, 죽은
생명을 살리기도 한다. 무당이
살잽이꽃으로 죽은 이의 영혼
을 달래는 굿을 펼치고 있다.

옛날 아랫마을 김진국과 윗마을 임진국은
자식이 없어서 걱정이었다. 친구였던 둘은
함께 절에 가서 수륙재(水陸齋)를 드리고
나서 각각 아들과 딸을 낳는다. 약속대로
둘은 사돈 사이가 된다. 세월이 흘러 김진국의
아들 원강도령과 임진국의 따님 원강암이가
스무 살이 되었을 때 아이가 뱃속에 들어선
다. 그러나 행복도 잠깐, 귀신의 시기 때문
인지 원강암이의 배는 점점 불러오는데 원
강도령은 서천꽃밭 꽃감관 벼슬을 살러 가게
된다. 이 가족의 균열 사태로부터 본격적인
사건이 시작된다.

　　남편과 헤어지고 싶지 않았던 원강암이는
무거운 몸을 이끌고 서천행을 따라 나선다.
그러나 서녘 삼천리, 저승길이 호락호락할 리 없었다. 결국 원강암
이는 도중에 주저앉는다. 더는 못 가겠으니 두고 가라고. 마침 닭
우는 소리가 들리는 자현장자의 집이 나타나자 원강암이는 자신을
저 부잣집 종으로 팔고 가라고 한다. 그 돈으로 저승길 노자를 하라
는 것이다. 너무나 눈물겹다. 굿판의 청중들도 이 대목에서는 필경
눈물을 흘렸으리라. 자현장자는 막내딸의 말을 듣고 원강암이는
300냥에, 태아는 100냥에 산다.

　　이제 이별이다. 제주시 용담동의 심방 안사인이 구연한 〈이공본
풀이〉에는 이 이별 대목이 절절하다. 인신매매가 끝나자 자현장
자는 원강도령에게는 사랑방에 음식을 차려주고 원강암이에게는
식은 밥에 물을 말아 부엌 구석에 내어준다. 부엌데기 신세였던 하층

여성의 삶이 고스란히 녹아 있는 장면이다. 그러자 원강도령이 청한다. "이 마을 풍습은 어떤지 모르겠습니다만 우리 마을 풍습은 이별할 땐 상을 차려 마주앉아 먹게 합니다." 이 원강도령의 발언 속에는 남성 중심 사회를 살았던 여성들의 환상, 남편과의 겸상으로 표현된 여성들의 욕망이 잘 드러나 있다. 이별의 만찬을 나누며 둘은 머리빗을 꺾어 증표를 나누고 태어날 아이의 이름도 짓는다. ✉

그러나 원강암이의 고난은 이제부터가 본론이다. 최초의 고난이 부모간의 혼약으로 만난 사내 원강도령의 서천꽃밭 행에서 왔다면 두 번째, 세 번째 고난도 사내들에게서 온다.

먼저 자현장자가 초래한 고난이다. 장차 무간지옥으로 떨어질 자현장자는 원강암이의 몸을 요구한다. 예나 지금이나 여전한 성폭력의 문제다. 원강암이는 "우리 마을 풍습은 밴 아이를 낳아야 몸 허락하는 법", "우리 마을 풍습은 낳은 아기 나이가 15세가 되어야 몸 허락을 하는 법"이라는 관습법의 논리로 자신을 방어한다. 그러나 결국은 아들을 도망치게 했다는 죄목으로 자현장자에게 살해된다. 능지처참, 온몸이 해체되어 버려졌으니 고난도 이런 고난이 없는 것이다.

세 번째 고난은 아들 할락궁이한테서 온다. 할락궁이는 열다섯이 되자 아버지를 찾는다. 우리는 이 대목에서 〈이공본풀이〉가 영웅서사의 일반적 행로를 따라가고 있다는 점을 쉽사리 포착할 수 있다. 생부를 모르고 자란 영웅이 소년이 되었을 때 징표를 들고 부친을 찾아가 부친의 자리를 승계하는 이야기 말이다. 고구려 유리왕의 이야기가 바로 그런 것이 아닌가. 그런데 건국 영웅과는 달리 무속 영웅이라고 할 만한 할락궁이 이야기에는 좀 다른 국면이 있다. 그것은 어머니가 생부를 알려주려고 하지 않는다는 사실이다.

할락궁이가 묻자 원강암이는 자현장자가 아버지라고 한다. 거짓말이라는 것을 알고 있는 할락궁이의 대응이 흥미롭다. 어느 날 할락궁이는 콩을 볶아 달라고 한다. 어머니가 콩을 볶는 도중에 밖에서 누가 부른다고 속여 어머니가 자리를 비운 사이에 죽젓광이를 숨긴다. 돌아온 어머니가 죽젓광이를 못 찾아 허둥대자 아들은 콩이 다 탄다면서 손으로라도 저으라고 한다. 어머니가 솥에 손을 넣자 손을 꽉 누르면서 '고문'을 한다. 이래도 바른 말을 못하겠느냐는 심문이다. 결국 원강암이는 "너희 아버지는 서천꽃밭 꽃감관 꽃성인이시다"라고 실토한다.

대체 생부의 정체가 무슨 대단한 비밀이라고 이런 장면이 연출되는 것일까? 그런데 이와 비슷한 장면이 〈제석본풀이〉에도 나온다. 아들 삼형제는 어머니 당금애기가 아버지의 정체를 숨기고 자꾸 거짓말을 늘어놓자 마지막에는 칼을 들고 어머니 뱃속으로 다시 들어가겠다고 겁박한다. 생부의 정체를 숨기려는 생모의 몸짓이 〈이공본풀이〉만의 특수성은 아니라는 말이다. 상식적으로는 납득이 잘 안 되는 이런 신화적 현상은 기실 부계 중심 사회로의 전환과 맞물려 있다. 생부를 찾아 적자임을 확인해야 소년이 사회적 정체성을 획득하는 사회, 아버지 중심의 사회로의 변화가 신화에 투영된 것이다.

건국신화나 왕권신화의 어머니들은 아들의 아버지 찾기에 저항하지 않는다. 오히려 적극적으로 도와준다. 주몽의 어머니 유화, 부쿠리용손의 어머니 부쿠룬(만주신화)은 모두 아들을 키워 때가 되자 아버지를 알려주고, 나라세우기라는 삶의 목표까지 제시한다. 건국신화는 이미 아버지의 서사이기 때문에 어머니는 아버지와 아들의 조력자 이상의 역할을 하지 못한다. 그러나 무속신화는 형편이

해원상생굿. 제주도에서는
큰굿을 할 때 할락궁이를 굿
거리의 신으로 모신다.

다르다. 무속신화에는 여전히 여성들의 목소리가 남아 있다. 이는
여무(女巫), 혹은 여성화된 무당과 부녀자 청중의 만남이라는 굿판의
특성과 무관치 않다. 원강암이는 단지 아들이 도망치면 자신의
목숨이 위태롭기 때문에 생부를 숨겼던 것이 아니다. 당금애기가
아버지가 중이기 때문에 숨긴 것이 아니듯이. 거기에는 사회형태의
변화를 은연중에 수용하는 신화의 속살이 숨어 있다.

소년 할락궁이, 서천꽃밭 신이 된 사연

지금까지가 주로 어머니 원강암이의 이야기였다면 이제부터는
아들 할락궁이의 이야기다. 할락궁이는 어머니에게 만들어 달라고

한 메밀범벅 세 덩이를 들고, 부러진 빗을 품고 자현장자 몰래 길을 나선다. 메밀범벅은 장자의 천년둥이 개들의 추적을 따돌리기 위한 미끼다. 무사히 추적을 벗어난 할락궁이는 달리고 달려 무릎까지 잠기는 물, 잔등이까지 차는 물, 목까지 차는 물을 건너 서천꽃밭에 들어간다. 거기서 할락궁이는 아버지와 머리빗을 맞추어 친아들임을 확인한다. 유리가 주몽과 부러진 칼을 맞추었듯.

그런데 아들임을 확인한 아버지는 아들이 건너온 세 종류의 물 이야기를 한다. 그게 바로 네 어머니가 자현장자 앞에서 죽음을 세 번씩이나 '다짐받던 물'이라고 한다. 말하자면 너는 네 어미의 주검을 밟고 여기까지 왔다는 것이다. 아버지는 할락궁이에게 수레멜 망악심꽃, 웃음웃을꽃, 싸움싸울꽃으로 원수를 갚고, 도환생꽃으로 어머니를 살리라고 명한다. 꽃으로 '무장'하고 돌아온 할락궁이, 자현장자 집에서는 한바탕 복수극이 펼쳐진다. 그러나 이 복수극은 일반적인 복수극과는 다르다. 싸움싸울꽃을 던지니 자현장자의 일가친척끼리 싸우다가 수레멜망악심꽃을 던지니 저희끼리 멸망하는 자멸극이다.

이제 할락궁이는 여기저기 버려진 머리와 몸뚱이와 무릎과 뼈를 모아 도환생꽃으로 어머니를 환생시킨다. "봄잠이라 오래도 잤다"며 살아나는 어머니. 마침내 우리의 신산만산할락궁이는 어머니를 모시고 서천꽃밭으로 들어가 아버지의 뒤를 이어 꽃감관이 된다.

〈이공본풀이〉의 풀이는 여기서 마무리되지만 우리에게는 마무리할 수 없는 '풀이'가 있다. 할락궁이는 꽃으로 자현장자 일가를 죽이고, 꽃으로 어머니를 살린 인물이다. 할락궁이가 인간의 생사를 주관하는 이공신이 될 수 있었던 까닭이 여기에 있다. 그러나 과연 그게 누구 덕인가? 아버지를 잘 둔 덕? 아니다. 그 아버지 역시

보름달빛 속의 메밀꽃밭. 구름에 가린 보름달빛을 받아 메밀꽃이 은은하게 빛나고 있다. 저승에 있다는 서천꽃밭도 이런 모습이 아닐까?

원강암이가 스스로를 종으로 판 덕에 무사히 저승의 꽃밭감관이 된 존재다. 게다가 그 아들은 어머니의 주검까지 밟고 서천꽃밭에 가지 않았는가. 모두가 원강암이의 모진 고초 덕이다.

〈이공본풀이〉와 비슷해서 선후 시비가 붙어 있는 불교의 위경(僞經) 〈안락국태자경〉이 원강암이가 바로 관세음보살이라는 설명을 마지막에 덧붙이고 있는 것도 그런 까닭이다. 대자대비한 관음보살의 여성적 이미지가 원강암이의 자기희생과 닮았기 때문이다. 비록 남성신의 내력을 풀이하는 신화지만 〈이공본풀이〉에는 여성들의 목소리가 깊고 은밀하게 스며 있다.

 수륙재는 물과 육지에서 헤매는 외로운 영혼에게 공양(供養)을 드리는 불교의식으로 수륙법회라고도 한다. 우리나라의 경우 고려 광종 22년(971)에 혜거국사(惠居國師)가 처음 시행했으며 조선시대에는 국가 제사의 일부로 수용되기도 했다.

수륙재. '기산풍속화첩'에서.

 빗과 칼은 같은 신물(信物)이라는 점에서는 같지만 상징 하는 바는 사뭇 다르다. 두루 알듯이 칼은 전쟁이나 권력을 상징한다. 주몽과 유리의 부러진 칼의 합체는 국가권력의 계승을 뜻한다. 그러나 빗은 권력이나 전쟁과는 무관한 물건이다. 우리 민속에서 빗은 주로 여성과 연관되어 있다. 꿈에 부러진 빗이 보이면 부부간의 이별의 징조로 해석된다. 원강도령과 원강암이가 빗을 나누고 헤어지는 것도 이런 관념과 무관치 않을 것이다. 물론 〈이 공본풀이〉에서도 증표를 요구하는 것은 원강암이고 증표를 주는 것은 원강도령이다. 그리고 증표를 서로 맞추는 것은 원강도령과 할락궁이다. 하지만 이들 두 남성이 든 머리빗은 대단히 여성적인 상징물이라는 점을 놓치지 말아야 한다. 빗에는 여성의 목소리가 스며 있다. 건국신화와 달리 무속신화에는 여성의 숨결이 배어 있다.

20

황우양씨는 어떻게
성주신이 되었는가?

왜 집의 신 성주와 집터(터주)의 신 성주부인의 이야기가 만들어졌을까? 왜 성주부인은 대장장이에서 베 짜는 여인으로 변했을까? 거기에는 이동에서 정주로, 수렵에서 농경으로, 그리고 남성 중심 문화로의 변모라는 문화사의 내력이 점철되어 있다.

"성주야 성주로구나. 성주 근본이 어드메뇨. 경상도 안동 땅의 제비원의 솔씨 받아, 봉동산에 던졌더니마는 그 솔이 점점 자라나서, 황장목이 되었구나. 도리기둥이 되었네." 이렇게 이어지는 민요 〈성주풀이〉가 있다. 제비원 솔씨가 낙락장송으로 늘어져 큰 재목이 되자 대목들이 베어 집을 지으니 집안으로 부귀영화가 들어온다는 내용으로 된 초복(招福)의 노래다. 〈성주풀이〉란 제목만 보면 성주신의 근본을 풀이하는 신화인 듯하지만 풀이하는 것은 대목이 집을 짓는 과정뿐이다. 집을 수호하는 성주신의 진짜 '풀이'는 어디 있는가?

천하궁 천대목신과 지하궁 지탈부인 사이에서 한 아이가 태어난다. 하늘의 이치와 땅의 이치를 두루 통달한데다 홍길동마냥 둔갑

성주풀이굿. 안동 수몰지구의 '큰기와집'에서 성주풀이굿을 벌이는 모습. 집안의 평안과 부귀를 지키는 성주신을 모시는 것은 정착과 농경 문화에 대한 예찬이기도 하다.

술에도 능한 인물이다. 게다가 몸집도 보통이 아니니 누가 보더라도 영웅감이다. 천신과 인간 사이에서 태어난 거인이라면 신화적 영웅임에 틀림없다. 이 인물이 바로 훗날 성주신이 되는 '황우양씨'다. 이렇게 시작되는 진짜 성주풀이가 성주굿에서 불리는 무가(巫歌) 〈성주풀이〉다. 해방 전에 경기도 용인 무당 이성녀가 부른 〈성주본가〉에 그려진 황우양씨의 내력을 따라가 보자.

백척간두에 서 있는 하늘나라에 해결사로 간 황우양씨

어느 날 난데없이 동풍이 불어와 천대목신이 거주하는 천하궁이 기울어진다. 궁이 기울자 궁을 수호할 성주신도 사라진다. 성주신이 사라진 천상의 폐가(廢家)! 우주적 위기 상황이 아닐 수 없다. 그런데 더 큰 위기는 이 위기를 해결할 해결사가 하늘나라에는 없다는 데 있다. 이런 백척간두에 서 있는 하늘나라에 해결사로 불려온 존재가 바로 지하궁(천하궁이 천상을 뜻하듯 지상을 뜻한다) 황산 밑에 사는 황우양씨다.

그런데 하늘나라 궁전이 동풍 한바탕에 기울어진다는 것도 이치에 안 맞지만 기울어진 궁전을 다시 세울 해결사가 하늘나라에 없다는 것도 납득하기 어렵다. 이런 난감한 상황 설정은 신화의 이치로 봐야 수긍이 된다. 천지가 조화로워야 만사가 형통하므로 하늘에 문제가 생기면 땅에서 해결하고 땅에서 문제가 발생하면 하늘에서 해결한다는 식의 이치 말이다. 이런 이치에 따르면 하늘에는 해결사가 있을 수가 없다. 그렇다면 천지의 조화로 태어난 지상의 황우양씨 말고 하늘의 문제를 해결할 인물이 누가 있겠는가. 하늘 궁전을 다시 세운 황우양씨가 지상의 성주신이 되는 것 또한 같은

고구려 고분벽화 속의 대장장이신(왼쪽)과 수레바퀴신(오른쪽). 신화에서 황우양씨는 대장장이신의 능력을 소유한 부인의 도움으로 하늘나라 궁을 훌륭하게 수리하고 돌아온다.

이치일 것이다.

이런 대립항의 관점에서 우리의 눈길을 사로잡는 대목은 다음이다. 유일한 해결사 황우양씨를 잡으러 천하궁의 차사가 왔지만 그에겐 집을 지을 연장이 없다. 석 달 말미를 요구했지만 얻은 것은 사흘 말미다. 식음을 전폐케 만든 이 기막힌 상황에서 황우양씨의 기를 뚫어주는 이는 이름 없는 그의 부인이다. 이름이 없다는 것은 〈성주본가〉 어디에도 황우양씨의 부인에 대한 이야기가 없기 때문이다. 부모가 누군지, 어디서 왔는지 묵묵부답이다. 그 흔한 이름도 없이 그냥 '부인'이다. 아마도 황우양씨의 어머니인 지탈부인과 비슷한 지모신적 존재일 테지만 아직까지는 그저 부인일 뿐이다.

이 무명의 부인이 그만한 일로 식음을 전폐하느냐면서 나선다.

황우양씨를 '아이처럼' 재워놓고 천하궁에 소지(燒紙)를 올려 가루쇠·놋쇠·편쇠(쇳조각)를 열댓 말이나 받아 풀무를 만들고 연장을 마련한다. 큰 도끼·작은 도끼·큰 톱·작은 톱·자귀·먹통·대패·먹자, 대목들에게 필요한 연장 일습이다. 뿐만 아니라 사철 의복에 버선·신발까지 갖춰 길 떠날 행장 일체를 대령해 놓고 있다. 무명의 부인치고는 능력이 엄청나다. 그녀는 평범한 아낙네가 아니라 쇠를 다루는 대장장이의 능력을 소유한 신이한 존재로 보인다.

한데 다시 의문이 생긴다. 황우양씨는 천지의 이치를 통달했다고 했는데 그런 영웅이 연장이 없어 식음을 전폐한다는 것이 말이 되는가? 천하궁이 동풍에 기울어졌는데 그 집에 고칠 신이 없다는 상황과 동일한 상황 설정이다. 천지의 조화를 만사형통의 근원으로 보듯이 남녀의 조화를 대길(大吉)로 보는 신화의 논리가 서사에 내면화되어 있다. '무능한 황우양씨-유능한 부인'의 대립항은 '무능한 하늘-유능한 땅'의 변형인 것이다. 그러나 황우양씨와 부인의 관계 속에는 단순한 신화적 변형 이상의 뜻이 감춰져 있다. 이야기를 좀더 따라가 보기로 하자.

부인은 천하궁으로 떠나는 황우양씨에게 '금기'를 던진다. "도중에 누가 묻든지 말대꾸를 하지 마옵소서. 만일 대꾸하면 사랑하는 마누라를 남을 주는 것이오니 부디 말대꾸 마옵소서." 그러나 금지에는 위반이 뒤따르는 것이 신화의 문법이다. 그는 황우양씨가 거주하던 황산뜰과 천하궁 사이에 존재하는 소진뜰이라는 공간을 지나다가 소진랑을 만나 말대꾸를 한다. 소진랑이 말대답을 하지 않는 황우양씨를 보고 후레자식이라고 욕을 하자 마누라 말 듣다가 욕봤다면서 대꾸를 했던 것이다. 결국 적대자인 소진랑의 계략에 말려들어 황우양씨는 소진랑과 옷을 바꿔 입고 천하궁으로 간다.

왜 성주부인은 대장장이에서 베 짜는 여인으로 변했나

다음에 이어지는 것은 소진랑에게 당하는 황우양씨 부인의 수난이다. 마치 제주도 신화 〈이공본풀이〉의 원강암이가 자현장자에게 당하는 수난과 혹사하다. 황우양씨의 옷을 입고 황산뜰에 온 소진랑은 자신이 남편이라고 속이지만 총명한 부인이 속을 리 없다. 그렇다고 소진랑이 되돌아갈 리도 없다. 소진랑은 꼭꼭 닫아건 대문·중문 을 소리없이 열고 들어가 남의 부인을 차지하려고 용을 쓴다. 부인은 그때마다 시아버지 제사나 지내고 동침하자, 몸에 귀신이 붙었으니 개똥밭에 굴을 파고 그 속에 들어가 구멍밥 3년 먹은 후에 동침하자는 식으로 소진랑을 피한다.

부인이 구멍밥을 먹고 있는 동안 천하궁에서 일을 하던 황우양씨는 수상한 꿈을 꾼 후 점을 쳐보고 집안 사정을 알게 된다. 한 달 일을 하루에 마치고 황산뜰에 돌아온 황우양씨는 부인이 소진뜰로 끌려가면서 몰래 숨겨놓은 혈서를 읽고 전후 사정을 알게 된다. 소진뜰로 내려가 새로 변신해 부인의 치마폭에 숨어든 황우양씨는 잠든 소진랑을 잡아 돌함에 가둔다. 황우양씨는 천하궁의 일을 마쳤고, 고난에 처했던 부인은 구원을 받은 것이다. 이로써 천하궁에 동풍이 불면서 야기된 천지간의 위기가 모두 해결된 것이다.

그런데 문제해결의 과정에서 흥미로운 부분은 잠재적 능력에도 불구하고 시종 무능한 모습을 보이던 황우양씨가 소진뜰을 통과하면서 능력을 발휘하게 된다는 사실이다. 제 힘으로는 연장 하나 마련하지 못하는 인간이, 소진랑의 꾀에 바보처럼 속아 넘어간 인간이 소진뜰로 마누라를 약탈당했다는 점괘를 보는 순간 180도 변한다. 영웅의 본색이 드러나기 시작한다. 이런 시각에서 보면 소진뜰은 한 존재를 다른 존재로 재탄생시키는 통과의례적 공간이다. 소진뜰이 황산뜰과 천하궁 사이에 있다는 사실이 공간의 성격을 이미 암시하고 있다. 소진뜰이 지하세계를 상징하는 '내려가는 곳'에 있다는 사실도, 황우양씨 부인이 땅속 구멍에 갇힌다는 점도 같은 맥락이다.

이 통과의례의 공간을 건너면서 남녀 관계는 역전된다. 제 연장을 마련하지 못해 아이처럼 부인의 도움을 받던 황우양씨는 천하궁 일을 뚝딱 해치우고, 악인 소진랑도 뚝딱 사로잡는다. 감추어진 능력을 발휘하고 자기 삶의 주체가 된다. 하지만 그 뒤에서 영웅의 인도자로 활동하던 부인은 형편이 달라진다. 부인은 신이한 대장장이의 능력을 어디에 두었는지 소진뜰 소진랑의 겁탈에 수세적으로 저항하는 모습만 보여준다. 황우양씨와는 전혀 다른 통과의례를 겪는 것이다. 이 의례를 통해 대장장이는 정숙한 여염집 부인으로 재탄생한다.

이 재탄생을 극명하게 보여주는 장면이 바로 재회한 부부가 황산뜰로 돌아간 첫날밤이다. 황우양씨는 엉뚱하게도 그간의 고생을 위로하는 것이 아니라 무슨 재주를 배웠는가 묻는다. 부인을 시험하려 드는 것이다. 그간 천하궁에서 누에 새끼 한 접시를 받아 키워 베 짜는 재주를 익혔다는 것이 다소곳한 부인의 대답이다. 대장장이에서 베 짜는 여인으로 자신의 정체성을 바꾼 것이다. 주체성을 잃고 타자화된 여성(신)의 모습이 바로 이런 것이 아니겠는가?

이쯤에서 마지막 대립항에 고개를 돌릴 필요가 있다. 그것은 성주신과 서낭신의 대립이다. 황우양씨는 소진랑을 죽이는 대신 소진랑을 비롯한 온 집안 식구들을 서낭(성황)신에 임명한다. 오가는 길거리에 서서 장사꾼들 침이나 받아먹으라는 뜻이다. 서낭신의

사냥꾼 복장을 한 서낭신(城隍神)을 표현한 무신도. 19세기.

처지에서 보면 상당히 모욕적인 형국이다.

그런데 이 대립이 관심을 끄는 것은 성주신과 서낭신이 각각 정주와 이동 문화의 상징으로 보이기 때문이다. 성주신이 좌정해 있는 집이란 무엇인가? 황우양씨가 짓는 집은 접었다 폈다 하는 겔이 아니라 대목이 도끼와 톱과 자귀와 먹통으로 짓는 붙박이 집이다. 정착과 농경의 상징이다. 이에 비해 서낭신은 마을의 수호신으로 마을 입구에 서 있지만 〈성주본가〉의 진술대로 길을 가는 사람들을 위한 신이다. 더구나 서낭신에게 뒷동산 닭이나 짐승들을 총으로 쏘아 먹게 했다는 대목에 이르면 무리 이동 사회의 수렵문화까지 감지할 수 있다. 성주 무가는 소진랑으로 상징되는 수렵문화를 통과하여 집을 짓고 정주한 정착민의 서사시이기도 한 셈이다.

왜 집의 신 성주와 집터(터주)의 신 성주부인의 이야기가 만들어 졌을까? 왜 성주부인은 대장장이에서 베 짜는 여인으로 변했을까? 또 소진랑은 왜 서낭신이 되었을까? 이제까지 살폈듯이 〈성주본가〉에 구조화된 몇 개의 대립항들이 이런 의문들을 풀어준다. 거기에는 이동에서 정주로, 수렵에서 농경으로, 그리고 남성 중심 문화로의 변모라는 문화사의 내력이 점철되어 있는 것이다.

21

신화의 나라 탁라국은
어디로 갔는가?

상층의 신화였던 탁라국 건국신화의 운명을 용인하지 않은 것은 하층 민중들의 무속신화, 구전신화다. 그래서 제주
태생의 어린 영웅 궤네깃또의 행로가 탁라국 건국신화를 읽는 우리에게 암시하는 바가 크다.

신화의 섬! 요즘 제주도를 즐겨 일컫는 말이다. 제주도의 신화와 전설을 바탕으로 만든 문화 콘텐츠의 이름도 '신화의 섬, 디지털 제주21'이다. 신화를 밑천으로 삼아 테마파크를 조성하려는 대규모 사업이 제주에서 준비 중이라는 이야기도 들린다. 오랫동안 뒷전에 밀려나 문화의 사금파리 대접을 받던 신화가 그야말로 '보물단지'가 되고 있는 중이다. 1만 8000명이나 되었다는 제주도의 신, 500여 편이 넘게 조사되어 있는 제주의 신화, 우리 신화의 보고이자 두고두고 풀어야 할 수수께끼임에 틀림없다.

제주도 민속자연사박물관 건너편 솔숲 아래 삼성혈(三姓穴)이라는 곳이 있다. 고(高)·양(良)·부(夫), 세 성씨의 조상들이 솟아나온 세 구멍이라는 뜻이다. 진한 6촌의 조상들은 하늘에서 내려왔고, 신라의 박혁거세나 김알지, 가야의 김수로도 하늘에서 내려왔다.

삼성혈 세 개의 구멍에서 제주도의 고, 양, 부 세 성씨의 조상들이 솟아나왔다고 한다.

고조선의 환웅도 북부여의 해씨도 고구려의 고씨도 모두 하늘이 본 적이다. 그런데 제주도의 세 성씨는 구멍에서 나왔다? 뭔가 심상치 않다. 뭍과는 다른 제주 섬만의 독자성을 오롯이 보여준다.

세 을나의 탄생과 혼인 이야기

삼성신화를 전해 주는 오래된 문헌이 《영주지(瀛洲誌)》다. 제주도를 삼신산(三神山)의 하나로 보아 영주라는 이름을 붙인 것이다. 《영주지》를 보면 제주 섬에는 태초에 사람이 없었는데 갑자기 세 신인(神人)이 한라산 북녘 기슭에 있는 모흥혈(毛興穴), 곧 삼성혈에서 솟아났다고 한다. 첫째를 고을나, 둘째를 양을나, 셋째를 부을나라고 불렀다. 이름이 희한해서 몇 가지 해석이 있는데 '높은이'·'어진이'·'밝은이'처럼 가치를 부여한 풀이도 있고, 앞의 성을 뺀 '을나'를 김알지의 '알지'와 마찬가지로 '어린아이'로 풀이한 경우도 있다. 어느 쪽이든 확정하기 쉽지 않다. 어쨌든 이들 세 사람은 거인의 모습을 하고 있었으며 가죽옷을 입고 사냥한 고기를 먹고 살았다고 한다.

그런데 어느 날 흙으로 봉한 나무상자가 동해 바닷가로 떠온다. 세 을나가 열어보니 새알 모양의 옥함이 있고 곁에는 옥함을 모시고 온 사자도 있었다. 옥함을 열자 푸른 옷을 입은 방년의 처녀 셋이 나타난다. 옥함 속에는 처녀만 있었던 것이 아니라 송아지·망아지에다 오곡의 씨앗까지 있었다. 목함(木函)이나 옥함(玉函)이나 꽤나 컸던 모양이다. "저는 동해 벽랑국의 사자입니다. 우리 임금께서 세 공주를 얻으셨으나 나이 들도록 짝을 구하지 못해 애를 태우시다가 근자에 서쪽 바다에 서린 자줏빛 기운이 하늘에 닿은

'구멍' 신화의 원형 삼성혈. 내륙 신화에서 시조들은 주로 하늘에서 내려오지만 제주도에서는 땅에서 솟아나온다.

제주도의 시조인 세 을나가 벽랑국에서 온 세 공주와 혼인을 치렀다는 혼인지. 제주 성산읍 온평리.

것을 보시고, 이는 신(神)의 아들 셋이 내려와 나라를 세우려고 하는데 마땅한 배필이 없는 것이라고 말씀하셨습니다. 곧 세 공주를 모시고 가라고 명하시어 여기까지 왔사오니 혼례를 올리고 대업을 이루십시오." 사자는 이 말을 전하고는 홀연히 구름을 타고 사라져 버린다. 세 을나는 하늘의 뜻이라면서 각각 짝을 맺는다.

세 을나의 탄생과 혼인 이야기가 흥미롭게 펼쳐지고 있는데 먼저 구멍에 대한 의문부터 풀어보자. 구멍 이야기는 한반도에서는 낯설지만 제주도나 그 주변 지역에서는 낯익은 것이다. 류큐(오키나와) 남쪽 미야코 섬의 시조는 기소오·후사소오라는 남녀 신인데 이들은 땅속에서 출현한다. 타이완에 있는 다이얄·파이완 족 등 여러 민족의 구전신화에도 땅이나 바위에 있는 구멍에서 각각 남녀가 나와 짝을 지어 민족을 이루었다는 내용이 보인다. 《후한서(後漢書)》에는 현재 중국 충칭 지역에 파국(巴國)이라는 나라를 세웠던 파씨의 시조가 종리 산의 붉은 구멍에서 나왔다고 기록되어 있다. 이런 신화들은 중국의 서남부, 동남아시아, 타이완에서 오세아니아 지역에 이르기까지 널리 분포되어 있다. 삼성신화는 한반도가 아니라 이들 지역과 같은 계통의 신화라는 뜻이다.

그런데 하필 구멍인가? 구멍하면 제일 먼저 떠오르는 것이 우리 모두가 태어난 구멍이다. 그 구멍은 마치 땅이 생명을 움트게 하듯 새 생명을 내놓는다. 말하자면 여성원리로서의 대지 관념이 땅의 구멍에서 조상이 나왔다는 이야기를 낳은 것이다. 이런 상상력은 대지의 상상력을 촉발시킨 원시 농경문화와도 관계가 깊다. 이는 유목문화와 더 친연성이 있는, 조상이 하늘에서 내려왔다는 천강 (天降) 신화소와 짝을 이룬다. 실제로 원시 농경문화를 지녔던 세계 여러 지역에서 구멍 출현 신화가 두루 나타나고 있는 것도 이 때문일 것이다. 삼성신화에서 처녀들이 오곡의 씨앗을 가지고 오는 것도 이런 여성원리와 무관하지 않다.

삼성신화의 두 번째 수수께끼는 세 남녀의 짝짓기와 그들의 문화적 정체성이다. 세 을나는 구멍 속에서 나와 수렵생활을 한다. 가죽옷을 입고 사냥한 고기를 먹었다는 것이 그들 문화의 표징이다. 이들은 벽랑국이라는 상상 국가의 공주들이 오곡의 종자를 가지고 오고서야 정착을 한다. 오곡의 종자는 농경의 표징이다. 세 을나와 세 공주의 결합은 수렵에서 농경으로, 이동에서 정착으로 생활문화의 근간이 변모되었음을 상징한다. 이들이 결혼 후 화살을 쏘아 살 곳을 정하고 오곡을 뿌려 살림이 풍성해졌다는 다음 기록이 그것을 증명한다.

제주로 돌아온 궤뉘깃또는 민중의 영웅

그런데 구전되는 무속신화를 보면 문화의 변화가 그렇게 원만했던 것은 아닌 것 같다. 〈송당본풀이〉나 〈궤뉘깃당본풀이〉와 같은 당신 (堂神) 신화를 보면 사냥을 해먹고 살던 소천국이 도래자인 백주또 와 결혼을 해서 살다가 백주또가 아이들을 키우려면 농사를 지어야 한다면서 소에 쟁기를 지워 밭을 갈러 보내자 배가 고프다고 소를

저 옛날 소천국이 배로 밭을 갈았다는 이야기가 전해오는 바로 그 밭.

잡아먹는다. 그것도 이웃 소까지. 이 일로 인해 소천국은 백주또에게 이혼을 당한다. 제주 구좌읍 김녕리의 윗당과 아랫당 당신의 유래를 이런 식으로 설명하고 있는 셈인데 이는 결국 두 당신의 성격이나 당신을 섬기던 집단의 성격이 달랐다는 것을 뜻한다. 두 집단의 성격은 각각 수렵-토착-남성원리(소천국), 농경-외래-여성원리(백주또)를 지녔다고 할 수 있다. 이들 두 문화 집단의 관계가 제주 섬의 문화를 구성했던 것인데 소천국과 백주또의 결연과 분리는 두 문화의 갈등과 공존을 상징한다고 해도 좋을 것이다.

무속신화의 이런 관계는 삼성신화에도 그대로 적용된다. 아니 삼성신화가 본래 무가였다는 학자들(장주근·현용준)의 견해를 참조하면 〈송당본풀이〉등과 삼성신화에 반영된 문화는 둘이 아닌 셈이다. 다만 차이는 〈삼성신화〉에서는 남녀 간의 분리가 일어나지

않는다는 점이다. 이는 물론 삼성신화의 특수성에서 비롯된 것인데
이 특수성이야말로 삼성신화의 세 번째 수수께끼이다.

《영주지》에는 화살을 쏘아 일도(一徒)·이도(二徒)·삼도(三徒)에
거처를 정한 후 농사를 시작하자 날로 살림이 풍부해져 인간세계를
이루었다는 것, 그 이후 900년이 지난 뒤에 인심이 모두 일도의
고씨에게로 돌아가 고씨를 왕으로 삼고 나라 이름을 탐라(乇羅)
로 했다고 기록되어 있다. 이 마지막 대목 때문에 삼성신화는 단지
제주도 세 성씨의 시조신화가 아니라 탐라국의 건국신화가 되는
것이다. 그런데 불현듯 이런 의문이 슬며시 고개를 든다. 제주도에
국가가 있었다고? 그렇다면 제주도가 독립국이었단 말인가?

역사 기록들은 제주도가 독립국이었다고 말한다. 어떤 형태의
국가였는지 분명하지는 않지만 백제 동성왕 때(498년) 백제의 속국

북제주군 김녕리의 궤뉏깃당
입구.

이 되었고, 그후에는 신라의 속국이 되어 고후(高厚)·고청(高清)·
고계(高季) 삼형제가 신라의 벼슬을 받기도 했다. 고려시대에는
탐라국주 고자견(高自堅)이 태자를 보내(938년) 고려로부터 성주·
왕자의 작위를 받는다. 말하자면 고려의 번국(蕃國)이 되어 나름의
독립을 유지해 나갔다는 것이다. 그러다가 고려의 일개 군(郡)
으로 편입된 시기가 1105년이다. 요컨대 삼국시대부터 한반도의
위성국가로 지내오다가 12세기 초에 국가 자체가 소멸되었다는
말이다. 조선 세종 때는 제주도의 지배층마저 그 지위를 보장받지
못하고 양민화되면서 완전히 한반도의 일부가 된다.

단편적인 기록들이지만 길게 늘어놓은 것은 탁라국의 운명을 더듬어 보려는 뜻이다. 제주도는 세 성씨의 연합 단계에서 고씨를 대표로 하는 부족국가로 발돋움하면서부터 지속적으로 한반도의 간섭을 받은 셈이다. 지배계층은 한반도 여러 국가의 지배를 받아들임으로써 자신들의 지위를 유지해 갔다고 해도 좋을 것이다. 이런 탁라국의 운명이 힘의 근원을 바깥에 두는 신화를 빚어냈으리라. 나라를 세우려는 뜻도 바다 건너 벽랑국왕을 통해 드러나고, 나라는 공주와 결혼을 한 후에야 비로소 세워지고 있지 않는가. 신성성을 섬 외부에서 가져오려는 태도가 역력하다. 부계 혈통을 하늘과 연결시켜 화려하게 장식하는 일반적인 건국신화의 모습과는 차이가 크다. 뭔가 자신감이 결여된 건국신화처럼 느껴진다. 더구나 세종 시절 편찬된 《고려사》는 《영주지》와는 달리 건국 사실을 아예 지워버려 불구로 만들어놓았으니 뒷맛이 개운치 않다.

그러나 상층의 신화였던 탁라국 건국신화의 운명을 용인하지 않는 것이 하층 민중들의 무속신화, 구전신화다. 영웅 궤네깃또를 생각해 보라. 그는 세 살 때 아버지 수염을 잡아당기고 가슴을 짓누르다가 괘씸죄를 저질러 무쇠 석함에 갇혀 동해바다에 버려진다. 그는 용왕국 대왕을 만나자 당당히 조선 남방국 제주도에 사는데 강남천자국의 국난을 평정하러 가다가 풍파를 만나 용왕국으로 들어왔다고 말한다. 용왕의 막내딸을 얻은 궤네깃또는 강남천자국으로 들어가 오랑캐의 난을 일거에 평정한다. 그런데 궤네깃또는 상으로 땅을 떼어주겠다, 천금을 주고 제후에 봉하겠다는 천자의 청을 물리치고 제주도로 귀환해 당신(堂神)이 된다. 〈궤네깃당본풀이〉가 표현하고 있는 신화적 의미가 간단한 것은 아니지만 제주 태생의 어린 영웅 궤네깃또의 행로가 탁라국 건국신화를 읽는 우리에게 암

궤네깃또가 좌정한 궤네깃당은
굴이다.

시하는 바는 적지 않다. 거기에는 운명과 맞서는 민중 영웅의 얼굴이
있기 때문이다. 거기에는 대륙과 본토의 힘을 넘어서려는 또 다른
탁라의 모습이 어른거리고 있기 때문이다.

《열자(列子)》에 따르면 발해(渤海)의 동쪽 수억만 리에 오신
산(五神山)이 있는데 그 높이는 각각 3만 리, 금과 옥으로
지은 누각이 늘어서 있고, 주옥(珠玉)으로 된 나무가 우거져 있으며
나무의 열매를 먹으면 늙지도 죽지도 않는다고 한다. 그곳에 사는
사람은 모두 선인(仙人)들로 하늘을 날아다닌다. 오신산은 본래 큰
거북의 등에 업혀 있었는데 뒤에 두 산은 흘러가 버리고 봉래(蓬

萊)·방장(方丈)·영주(瀛洲), 삼신산만 남았다고 한다. 《사기(史記)》
에도 서복(徐福)이 진시황에게 "바다 가운데 봉래·방장·영주라는
삼신산이 있는데 신선이 사는 곳이라고 합니다. 몸을 깨끗이 하고
동남동녀를 데리고 가서 (불사약을) 구하기를 청합니다."라고 했다는
기록이 있다. 우리나라에서는 이 신화 속 삼신산을 본떠 금강산을
봉래산, 지리산을 방장산, 한라산을 영주산으로 불렀다.

22

천하일색 자청비를
만나고 싶다

제주도 토박이 여신 자청비의 씩씩한 모습은 바로 제주 여성의 얼굴이다. 섬의 팍팍한 삶이 그런 여성의 얼굴을 부조했을 것이다. 그리고 남자 없이도 잘사는 제주 어멍·할멍들의 능동성이 자청비의 아름다운 형상을 빚어냈을 것이다.

우리 신화에는 여신들이 유독 많다. 바리데기를 비롯하여 당금애기·원강암이·자청비·감은장애기·청정각시·백주또·삼승할망·마고 할멈·명월각시·오늘이……. 하나같이 사랑하지 않을 수 없는 여신들이다. 하지만 누군가 억지로 가장 멋진 여신 한 분을 꼽으라고 한다면? 아마도 내 마음은 저절로 자청비 쪽으로 기울 것이다. 서로 견준다고 여신들이 화를 내실지도 모르지만 어리석은 사내의 마음이 그러한 걸 어쩌겠는가?

자청비는 제주도 무가 〈세경본풀이〉의 주인공이다. 〈세경본풀이〉는 농사를 관장하는 세경신의 내력을 풀이하는 신화다. 그런데 〈세경본풀이〉의 첫머리를 보면 세경신은 자청비만이 아니다. 세경신이 셋인데 상 세경이 문도령, 하 세경이 정수남이고, 자청비는 중 세경신이다. 그러나 셋 가운데 진짜 주인공은 자청비다. 물론 〈세경본풀이〉는 세경신이 된, 천상과 지상의 세 남녀 사이에 얽힌 애증의 드라마지만 이 드라마를 이끌어가는 인물은 자청비다. 자청비 때문에 청중들은 이 드라마 앞으로 모여든다. 이미 1980년대에 제주 시인 문충성은 '자청비'라는 서사시를 썼고, 연전에 무대에 오른 제주도의 첫 창작 뮤지컬도 '자청비'였다.

자청도령으로 변장하고 글공부 떠난 자청비

우리나라 고전 서사의 상투적인 문법에 따라 〈세경본풀이〉에도 집안은 넉넉하나 늙도록 자식이 없어 고민하는 부모가 등장한다. 김진국 대감과 조진국 부인이 그들이다. 이야기 문법에 따르면 다음에 이들이 해야 할 행동은 당연히 기자치성(祈子致誠)이다. 그리고 이때쯤 나타나야 하는 것이 도우미 스님이다. 동쪽에 있는 동개남

여신 자청비. 스스로 운명을 개척한 강인한 여성의 표상 이다. 강요배 그림.

은중 절의 화주승은 우리 절에 정성을 들이면 아들을 낳을 수 있다 고 권한다. 그런데 부부가 정성을 들이는 과정에서 두 가지 오류가 발생한다. 하나는 수륙 불공을 드리러 가다가 먼 동쪽 대신 가까운 서쪽 서개남무광 절에 간 것이고, 다른 하나는 쌀 백 근을 드려야 하는데 달고 보니 한 근이 모자란 것이다. 〈세경본풀이〉는 두 가지 오류 때문에 아들 대신 딸이 태어났다고 말한다.

이런 상황 설정은 물론 여성을 결여된 존재로 인식하는 남성 중심적 문화 탓이지만 〈세경본풀이〉는 이를 탓하지 않는다. 오히려 딸이면 어떠냐는 태도다. 이런 태도는 딸의 작명 사연에 잘 드러난다. 김진국 대감은 묻는다. "부인님아, 아기씨 이름은 자청하여 태어났으므로 자청비(自請妃)로 이름 석 자 짓는 게 어떠합니까?"(안사인 창본) 스스로 청해 태어났다는 이 아버지의 발언 속에 이미 〈세경본풀이〉의 여성 인식과 자청비의 능동성이 함축되어 있다. 이렇게 태어났으니 이제 남은 이야기는 자청비가 얼마나 씩씩하게 자신의 운명을 운전해 나갔는가 하는 것, 그리고 그런 운전하기와 세경 신되기의 관계이다.

먼저 자청비의 운명을 시험하는 존재는 하늘 옥황의 문도령이고, 문도령으로 표상되는 남성 지배 사회의 통념들이다. 자청비는 주천강 연못에 빨래하러 갔다가 마침 지상의 거무 선생한테 글공부를 하러 온 문도령과 마주친다. 버들잎을 띄워 건네는 물 한 바가지, 너무도 익숙한 고전적 첫 만남이다. 다르다면 하늘 남자와 땅 여자의 신화적 만남이라는 것이다. 이 첫 만남에서부터 자청비의 능동성은 발현된다. 자청비는 문도령과 함께 글공부를 하러 가겠다고 한다. 당연히 '계집의 글공부'를 막아서는 부모에게 글 모르면 제삿날 지방도 못 쓴다고 반박하는 지혜를 발휘한다. 통념에 대한 참으로 통쾌한 반론이다.

그런데 자청비는 자청도령으로 변장하고 글공부를 하러 간다. 우리 옛 소설(군담소설)의 여주인공이 남성으로 변장하고 전공을 세우듯, 이 대목 역시 남성 지배 문화의 소산이다. 그러나 자청비는

변장은 했지만 온전히 남자 대접을 받지도 못한다. 글공부를 하는
도중 자청도령은 끊임없이 정체성을 의심받는다. 심지어 글방
선생은 자청도령의 젖을 만지고 옷을 벗기고, 문도령과 달리기·
씨름·오줌멀리싸기 시합을 하게 하는 등(강을생 창본) 시험을 아끼지
않는다. 그러나 자청비는 그때마다 기지를 발휘한다. 말하자면
남성들의 횡포에 맞선다. 혹은 남성들의 시험을 족족 통과한다.
이 통과의례의 최종 관문은 이야기의 후반에 나오는 하늘나라
시아버지의 시험이다. 지상에서 맺은 인연을 따라 하늘에 올라간
자청비는 '내 며느리 될 사람은 구덩이에 숯불을 피우고, 그 불 위에
칼날이 선 다리를 놓고 건너가야 자격이 있다'는 하늘 옥황의 무지
막지한 시험에 든다. 자청비는 물론 이 마지막 시험도 통과한다.
눈물을 흘리며 피를 흘리며…….

　여기서 잠시 남녀의 결혼에 의해 지상에 곡물의 종자가 생겨나는
곡물기원 신화를 곱씹어볼 필요가 있다. 〈세경본풀이〉 역시 문도령

과 자청비가 결혼한 후 자청비가 천상에서 오곡을 가지고 내려오는 것이 마지막 장면이기 때문이다. 그런데 홍수신화와 연결되어 있는 오래된 곡물기원 신화를 보면 시험을 당하는 것은 남성이다. 여전히 모계사회 형태를 간직하고 있어 문화인류학적 탐구의 대상의 대상이 되고 있는 윈난의 모소 족 신화에서 홍수 후 유일하게 생존한 남성은 짝을 찾아 천상으로 올라간다. 이 남자는 하늘나라 공주와 결혼하기 위해 며칠 만에 산을 개간하여 메밀을 뿌리고 수확을 하라는 등 갖은 시험을 거치지 않을 수 없었다. 모든 시험을 통과하고서야 지상의 남자는 천상의 공주를 데리고 지상으로 내려 올 수 있었다. 이때 농사를 지을 종자를 가지고 오는 것이 바로 공주였다.

이런 오래된 곡물기원 신화의 처지에서 보면 〈세경본풀이〉에는 남녀의 관계가 역전되어 있다. 오곡을 가지고 내려오는 것은 여전히 여성이지만 자청비는 땅에 속한 존재이고 시험을 당해야 하는 존재이다. 이런 관계의 역전은 아무래도 남성 중심 문화의 결과일 것이다. 대개의 판본에서 자청비가 상 세경신이 아니라 중 세경신으로 좌정한 것도 이런 탓이다.

통과의례를 거쳐 세경신으로 다시 태어난 자청비

자청비의 운명을 가로막는 다음 남자는 정수남이다. 정수남은 자청비와 한 날 한 시에 태어난 자청비네 하인이다. 문도령이 서수왕 따 님아기에게 장가가라는 아버지의 편지를 받고, 첫날밤을 겨우 보낸 다음 날 머리빗 반쪽을 징표로 남기고 가버린 후, 하루는 이를 잡고 있는 정수남에게 쏘아붙인다. "더럽고 누추하게 두툽상어처럼 먹 어놓고, 일도 없어 바지허리를 뒤집어놓고 이 사냥만 하느냐?"(안사인 창본) 남의 머슴들처럼 산에 가서 나무라도 좀 해오라는 것이다. 그런데 아홉 마리 소와 말을 끌고 산에 간 정수남은 소와 말을 매어두고 며칠을 늘어지게 자다 일어나 굶어 죽어가는 우마를 구워 먹어버린다. 그리고는 돌아와 문도령이 시녀들을 거느리고 단풍놀이 온 것을 구경하다가 잃어버렸다, 문도령이 모레 다시 올 테니 만나러 가자고 거짓말을 늘어놓는다.

학수고대하던 문도령 소식에 이성을 잃은 자청비는 정수남을 따라 나선다. 이때부터 정수남의 상전에 대한 온갖 학대가 시작된다. 계급보다 성적 위계가 우선이라는 말은 틀린 게 아니다. 억지로 고사 지내게 하여 고사 음식 혼자 먹기, 말 안장에 소라껍질 넣어 자청비는 걸어가게 만들기, 점심으로 싸온 메밀 범벅 사기 쳐서 혼자 먹기, 옷 벗고 꽁무니 보이며 물 마시게 하기. 가히 놀부심술타령의 여성학대판이라 할 만하다. 이런 수모를 당하고서도 '물에 비친 네 그림자가 바로 문도령이 시녀 거느리고 노는 것'이라는 정수남의 말을 듣고서야 속은 것을 깨닫는다. 이젠 노골적으로 손을 만져보자, 입을 맞춰보자, 허리를 안아보자고 달려드는 정수남을 갖은 꾀로 피하는 자청비의 형상이 우리를 조마조마하게 한다. 그러나 자청비가 누군가? 마침내 자청비는 하룻밤 지낼 움막을 짓자면서 밤을 새운 뒤, 동이 틀 무렵 화가 난 정수남을 무릎에 눕혀 잠을 재우고는 청미래덩굴로 귀를 찔러 죽인다.

이 흥미로운 대결담은 단지 남성의 여성에 대한 성적 학대와 여성의 저항 이야기만도, 사랑하는 남녀의 결연을 방해하는 나쁜 남자의 이야기만도 아니다. 어딘가 낯익은 정수남의 모습에 실마리가 숨어 있다. 소와 말을 잡아먹는 대식가! 그렇다. 정수

페니키아의 풍요의 여신 아슈타르테 상. 기원전 7세기.

아테나 여신을 상징하는 올
빼미. 죽어 부엉이로 변했던
정수남은 자청비의 도움으로
환생하고, 끝내 농사의 신으로
살아간다. 기원전 5세기 동전
(왼쪽). 고대의 풍요의 신 바알
(오른쪽).

남은 〈송당본풀이〉의 소천국을 무척이나 닮았다. 소천국과 좀 다른
점에 있다면 지독한 게으름뱅이라는 것. 오히려 노동을 거부한다고
해야 맞을지도 모르겠다. 그는 소천국과 마찬가지로 수렵신의
성격을 지닌 존재다. 아니 본래는 수렵신적 성격을 지닌 존재였다가
후에 말과 소를 번성케 하는 하(下) 세경신, 곧 축산신으로 변형된
존재로 보인다. 축산신을 모시는 제주의 '마불림제'(음력 7월 13일)
라는 의례도 이런 변형과 더불어 생성되었을 것이다. 자청비와
정수남의 갈등에는 수렵에서 농경으로의 변모라는 제주도 생활문
화가 배어 있다.

　아직도 자청비에게는 적지 않은 시련이 남아 있다. 종을 죽였
으니 집안 망칠 년이라고 쫓겨나고, 천상의 진상 베를 짜는 주모할
머니의 수양딸이 되었다가 지상에 내려온 문도령의 손가락을 바늘로
찔러 다시 쫓겨난다. 그밖에도 수난 이야기는 더 남아 있지만 더

중요한 것은 이 수난의 과정에서 자청비가 두 가지 긴요한 행위를 한다는 사실이다. 하나가 자기가 죽였던 정수남을 다시 살려낸 일이라면 다른 하나는 하늘나라에 변란이 일어나 독살당한 문도령을 살려낸 일이다. 자청비는 바리데기처럼 서천꽃밭에서 환생꽃을 가져다가 사내들을 소생시키는 것이다. 죽은 남자들을 되살리는 자청비의 모습은 그녀가 통과의례를 거쳐 마침내 세경신으로 다시 태어났음을 상징적으로 보여준다. 농경신이 해야 할 일은 무엇인가? 뿌린 곡식이 싹이 터 잘 자라게 하는 일이다. 생명을 되살리는 자청비의 능력이야말로 씨앗을 땅속(죽음)에서 소생시키는 농경신의 직능에 대한 은유가 아닐 수 없다.

제주 해녀의 모습. 1914년 경.

　제주도 토박이 여신 자청비의 씩씩한 모습은 바로 제주 여성들의 얼굴이다. 제주 여성들을 일러 '남자 없이도 잘사는 여성'이라고들 한다. 삼다도라는 별명을 지닌 섬의 팍팍한 삶이 그런 여성의 얼굴을 부조했을 것이다. 그리고 남자 없이도 잘 사는 제주 어멍·할멍들의 능동성이 자청비의 아름다운 형상을 빚어냈을 것이다. 자청비를 생각할 때마다 나는 그 섬에 가고 싶어진다.

"내 며느리 될 사람은 쉰 자 구덩이 파놓고, 숯 쉰 섬을 묻어 불을 살라놓고, 불 위에 칼 선 다리를 놓아서 타 나가고 타 들어와야 내 며느리 감이 된다." 수(首)별감 수머슴 불러놓고 쉰 자 구덩이 파놓고, 숯 쉰 섬에 불을 질러 칼날 선 다리를 놓으니 자청비가 올라서려 하면 문도령이 잡아당기고, 문도령이 올라서려 하면 자청비가 잡아당기고, 둘이 앉아 대성통곡 슬피 울 때 문도령이 하는 말이 "자청비야, 오늘 죽더라도 이 문씨 집안 귀신이 될 것이니 조금도 섭섭히 생각마라." 자청비는 비옥(翡玉) 같은 얼굴에 염주 같은 눈물을 쉼 없이 흘러가며 발에 신었던 백능(白綾) 버선 벗어두고 박씨 같은 발로 칼 선 다리 위에 올라선다. 앞으로 한 자국 뒤로 두 자국, 열 자국은 칼 선 다리 밟아 들어가고, 뒤로 열 자국 밟아나갈 때 한 발은 땅에 놓고 한 발은 칼 선 다리 위에 있을 적에 살짝 발 뒤꿈치가 베어지니 자청비가 땅 아래 내려서며 속치맛자락으로 싹 쓸었더니 속치마가 더러워지는구나. 문도령 부모가 달려들어 "이러한 아기씨가 어디 있으랴. 내 며느리 감으로 넉넉하다. 어떤 일로 치맛자락이 더러워졌느냐?" 자청비 말을 하되 "어머님아, 아버님아, 나도 인간 세상에 증표나 마련하오리다." 딸자식은 열다섯 십오 세가 넘으면 달마다 몸에 구실(월경) 오는 법도를 마련합디다. (안사인 창본)

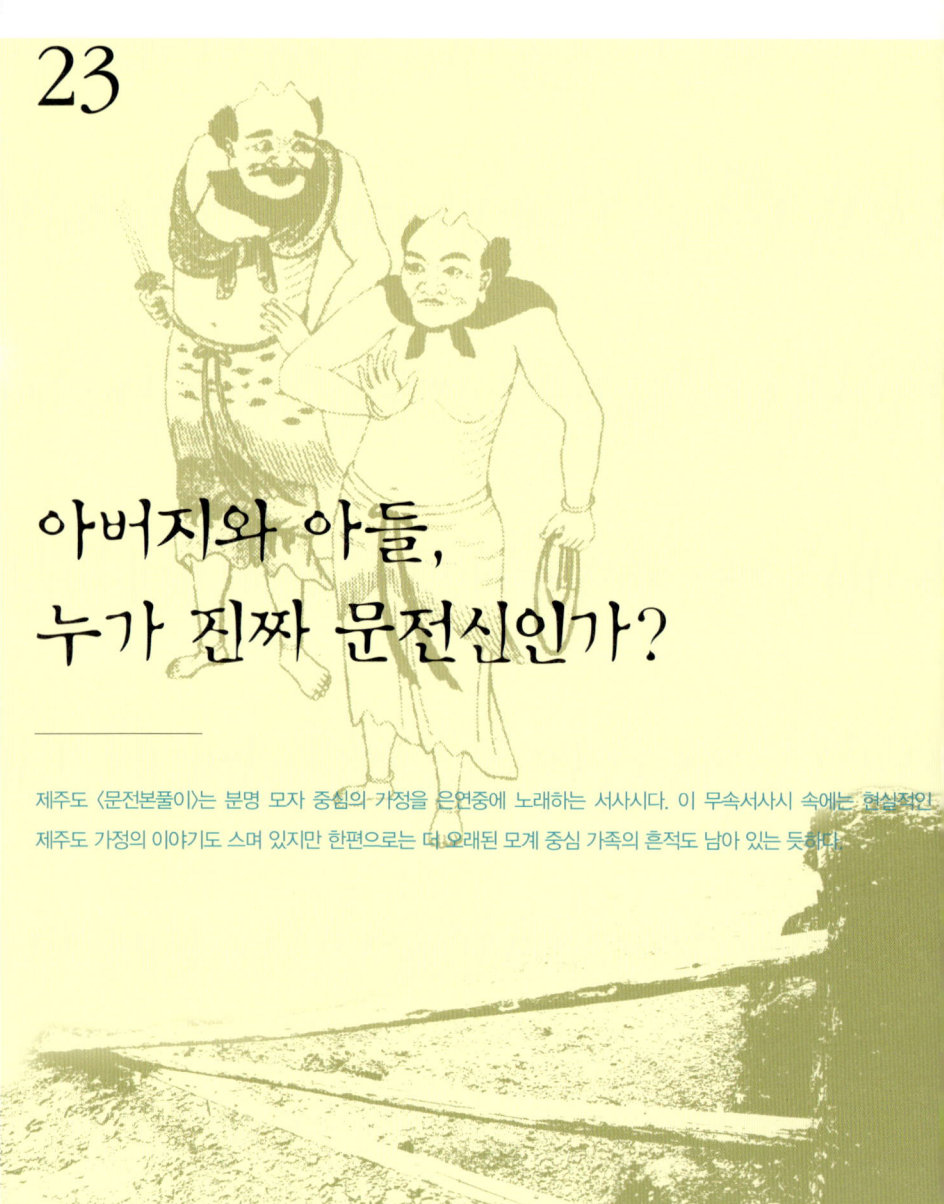

23

아버지와 아들,
누가 진짜 문전신인가?

제주도 〈문전본풀이〉는 분명 모자 중심의 가정을 은연중에 노래하는 서사시다. 이 무속서사시 속에는 현실적인
제주도 가정의 이야기도 스며 있지만 한편으로는 더 오래된 모계 중심 가족의 흔적도 남아 있는 듯하다.

어린 시절 수없이 들은 말 가운데 하나가 '문지방을 밟으면 재수가 없다'는 금기어였다. 여름날 낮잠을 즐기려고 문지방이라도 베면 어김없이 들려오는 할머니의 말이 있었다. "문지방 베고 자다간 입 비뚤어진대이." 지금껏 문지방을 밟았다고 해서 특별히 재수 없는 일을 당한 기억은 없지만 지금도 별 생각 없이 문지방을 밟고 다니는 아이들을 보면 마음이 불편하다. 아마도 내면화된 '금기'의 효과일 것이다.

그렇다면 왜 이런 금기가 생겼을까? 이는 물론 문에도 신령한 존재가 깃들어 있다는 관념의 소산일 것이다. 그런데 정작 우리 신화에는 문신(門神)에 관한 이야기가 드물다. 신라 때 처용의 얼굴을 문에 그려 붙여 역신(疫神)을 쫓았다는 이야기가 있고, 도교의 영향으로 신도(神茶)·울루(鬱壘) 같은 문신상이나 글씨, 혹은 '입춘대길'

제주 전통가옥의 부엌.

류의 문자를 붙이는 민속이 남아 있지만 문신의 유래를 알려주는 신화가 한반도 본토에서는 전해지지 않는다. 그래서 문신의 유일한 본풀이인 제주도의 〈문전본풀이〉가 주목을 받는다. 그러나 〈문전본풀이〉가 우리의 관심을 불러일으키는 까닭은 유일하기 때문만은 아니다.

어리석은 아버지의 칼 앞에 선 일곱 형제

옛날 남선 고을 남선비와 여산 고을 여산부인이 부부가 되어 칠형제를 둔다. 자식이 많아 생활이 어려웠던 남선비는 쌀장사를 위해 배를 마련하여 오동 나라 오동 고을로 떠난다. 〈문전본풀이〉는 이렇게 한 가정에서 이야기가 시작된다. 일곱 아들과 부모로 구성된 가정에 아버지의 부재라는 문제적 상황이 조성된 것이다. 문전신 (門前神)이 가정의 수호신이라는 점을 생각한다면 문전신의 본풀이가 가족 서사의 모습을 지니는 것은 당연하면서도 의미심장하다.

그런데 아버지의 부재라는 문제적 상황은 이름도 요상한 노일제대귀일의 딸이 등장하면서 심각한 양상을 띠게 된다. 오동 마을 노일제대귀일의 딸이 남선비를 집으로 불러들여 내기 장기를 두어 배와 곡식을 빼앗아버렸던 것이다. 오갈 데가 없어진 된 남선비는 간악한 노일제대귀일의 딸의 집에서 끼니를 얻어먹지만 겨우 겨죽으로 연명하는 사이 눈까지 어두워지는 신세로 전락한다. 어리석은 아버지라는 신화적 모델이 수립되는 순간이다.

이제 공은 어머니 여산부인에게 넘어온다. 여산부인은 3년이 되도록 돌아오지 않는 남편을 찾아 나선다. 오동 고을에 이른 여산부인은 개를 부르는 남편의 목소리를 듣고 찾아갔지만 알아보지도 못한다. 밥을 해 올리자 그때서야 부인인 것을 알게 되어 부부는 정회를 나눈다. 그러나 문제가 해소된 듯한 순간에 새로운 위기가 닥친다. 마침 집으로 돌아온 노일제대귀일의 딸이 목욕을 가자고 여산부인을 유인하여 연못으로 떠밀어버렸던 것이다. 그러고는 여산부인의 옷을 입고 돌아가 행실이 나쁜 노일제대귀일의 딸을 연못에 빠뜨려 죽였다고 거짓말을 늘어놓는다. 영문을 모르는 남선비는 원수를 갚았다고 좋아하면서 함께 고향으로 돌아간다.

가정 문제 해결의 소임을 맡은 여산부인이 오히려 남편의 다른 여자에게 살해됨으로써 가정의 위기는 절정으로 달려간다. 노일제대귀일의 딸이 여산부인으로 가장하면서 이야기는 〈장화홍련전〉류의 전형적인 계모담으로 발전하는 것이다. 이제 이야기는 무기력한 아버지와 악한 계모, 그리고 계모에게 핍박당하는 전실 자식의 구도로 전환된다. 끝내 전실 자식들마저 살해되고 말 것인가? 대체 이 가정을 되살릴 희망의 빛은 어디에 있을까?

마중을 나갔던 일곱 형제는 노일제대귀일의 딸이 집을 찾아가는 모습과 밥상 차리는 것을 보고는 어머니가 아니라는 것을 알아차린다. 그 후로는 눈물로 세월을 보내는데 그 사실을 안 노일제대귀일의 딸은 전처 소생들을 없애려고 꾀병을 부린다. 점쟁이를 매수하여 혹은 스스로 점쟁이로 꾸민 후 칠형제의 생간을 먹어야 병이 나을 수 있다고 남선비를 속인다. "설운 낭군님아, 그러거든 일곱 형제의 간을 내어 주면, 내가 살아나서 한 배에 셋씩 세 번만 낳으면 형제가 더 붙어서 아홉 형제가 될 거 아닙니까?"(안사인 창본) 이 말에 남선비는 칼을 간다. 어리석은 가부장의 신화는 계속된다.

이때 막내아들 녹디성인이 청태산 할멈의 도움으로 사실을 알고 자신이 형들의 간을 꺼내 오겠다고 자원한다. 녹디성인은 현몽한 모친의 말에 따라 산돼지의 간을 가지고 가서 형들의 간이라고 속인다. 노일제대귀일의 딸이 간을 먹는 척하며 자리 밑에 묻어두고 피만 입에 바르는 것을 엿보던 칠형제가 달려들자 노일제대귀일의 딸은 도망가 변소 발판에 목을 매 죽는다. 남선비도 덩달아 도망을 치다가 올레(제주도 가옥의 입구)의 정낭에 목이 걸려 죽는다. 희망의 빛은 지혜로운 막내아들에게서 방사되었던 것이다.

계모의 두 다리로 변소의 드딜팡(발판)을 만드는 등 처절한 복수를 끝낸 아들들은 이제 살해된 어머니를 찾아 나선다. 바리데기나 자청비처럼 서천꽃밭에 가서 환생꽃을 얻어 연못으로 달려간 칠형제는 뼈만 남은 어머니를 살려낸다. 이제 남은 것은 무속신화의 마무리가 그러하듯 등장인물들이 신직(神職)을 차지하는 일이다. 집으로 돌아온 막내아들 녹디성인은, 추운 물 속에서 고생한 어머니는 따뜻하게 지내시라고 부엌의 조왕할머니로 모시고, 형들은 동서남북중앙 다섯 방위의 신과 뒷문의 신으로 좌정시키고, 자신은 일(一)문전신이 된다. 죽은 아버지에게는 정낭신을, 노일제대귀일의 딸에게는 변소에서 죽었다고 측도부인 자리를 준다.

제주 〈문전본풀이〉는 모자 중심 가족의 흔적

그런데 이런 집안의 신직 배치에는 뭔가 심상찮은 대립관계가 느껴진다. 좋은 자리를 차지한 신은 조왕할머니와 문전신이고, 나쁜 자리를 차지한 신은 측도부인과 정낭신이다. 이 선악의 대립을 더 분명히 하면 '조왕할머니와 측도부인', '문전신과 정낭신'의 대립이다. 결국 측도부인 노일제대귀일의 딸은 조왕할머니 여산부인을 죽였고, 정낭신 남선비는 문전신이 된 칠형제를 죽이려고 했던

제주 전통의 화장실.

셈이다. 문지방은 밟으면 안 되지만, 측간의 발판은 밟아야 하는
까닭이 여기 있는 것인가? 이 대립을 어떻게 이해해야 하는가?

　여기서 잠시 제주도의 가옥구조를 생각해 볼 필요가 있다.
제주도 전통 가옥의 가장 일반적인 형태는 입구인 올레 쪽에서 볼
때 오른쪽에 돼지를 키우는 독립된 통시(변소)가 있고 왼쪽에 상방
(마루방=거실)·고팡(곡식창고)·구들(온돌침실)·정지(부엌) 등으로
이루어진 본채가 있다. 이때 본채의 정지는 통시에서 가장 먼
쪽에 배치된다. 통시의 돼지에 관한 말을 정지에서 해서는 안
된다거나 통시 물건은 지푸라기라도 정지로 가져와서는 안 된다는

금기는 통시와 정지의 관계에 대한 제주 사람의 민속 관념을 잘 드러낸다. 말하자면 이런 관념에 따른 건물의 배치가 조왕할머니와 측도부인의 신직 배치에 투영된 것이다.

처첩으로 묘사된 두 여신의 대립은 그렇다고 해도 아들 신과 아버지 신의 신직 배치는 잘 이해되지 않는 면이 있다. 남선비가 정낭신이 되었다는 것은 집 전체의 수호신이 되었다는 뜻이다. 어쨌든 정낭은 집의 입구이기 때문이다. 그런데 〈문전본풀이〉(안사인 창본)는 막내 녹디성인이 일문전신이 되었다고 말한다. 제일 위계가 높은 문전신이란 뜻이다. 더구나 아들들은 북두칠성으로 올라가고 아버지가 문전신이 되는 판본도 있다. 뭔가 혼란스럽다. 아들과 아버지, 누가 진짜 문전신인가?

이 혼란은 제주도의 가족구조와 관계가 깊은 것으로 보인다. 과거 전통적인 제주도 가정에서도 아버지는 본토와 마찬가지로 가부장이었다. 그러나 우리가 다 알듯이 실질적인 가장은 어머니였다. 제주 여성의 이미지란 '남자 없이도 잘 사는 여자'가 아니었던가. 이런 어머니 중심의 가정에서 제일 중요한 관계는 '어머니-자식'이다. 아버지-가장은 있어도 없는 형식적인 존재이다. 〈문전본풀이〉에서 남선비가 정낭신(안사인 창본)이 되거나 길거리 동티신(박남하 창본)이 되는 까닭이 여기에 있다. 가정의 수호신이기는 하지만 문간에 나앉아 있거나 문전의 거리를 배회하는 형식적인 신이 되는 것이다.

진짜 문전신은 상방의 입구에 좌정한 막내아들 녹디성인이다. 이 일문전신은 실질적인 가장의 표상인 정지의 조왕할머니와 가장 가까운 곳에 있으면서 가정을 수호하는 존재이다. 가정 내부의 악을 징치하고 어머니를 되살린 아들이 아닌가.

이런 일문전신에게 정낭신은 적대자일 수밖에 없다. 정낭신은 자신의 어리석음 때문에 가정의 안녕을 파괴한 존재이기 때문이다. 아버지의 부재는 어머니가 대신할 수 있지만 어리석은 아버지의 존재는 부재만도 못한 것이다.

제주도 〈문전본풀이〉는 분명 모자 중심의 가정을 은연중에 노래하는 서사시다. 이 무속서사시 속에는 현실적인 제주도 가정의 이야기도 스며 있지만 한편으로는 더 오래된 모계 중심 가족의 흔적도 남아있는 듯하다. 어머니 조왕할머니와 아들 일문전신의 지근한 관계가 말없이 그것을 증언하고 있지 않은가. 무심코 문지방을 밟을 때 한 번쯤은 문전신의 오랜 내력을 반추해 볼 일이다.

신도와 울루. 도삭산 복숭아나무의 신이다.

 신도와 울루를 문신으로 여기는 것은 《산해경(山海經)》에 그 유래가 있다. 《산해경》을 인용하여 신도·울루와 관련된 풍습을 기록해놓은 《논형(論衡)》은 이렇게 말한다. "창해(滄海) 가운데 도삭산(度朔山)이 있다. 그 위에 가지가 삼천 리나 뻗은 거대한 복숭아나무가 있는데 가지 사이 북동쪽을 귀문(鬼門)이라고 부른다. 그곳은 수많은 귀신이 출입하는 곳이다. 문 위에 신도와 울루라고 하는 두 신인(神人)이 있어 온갖 귀신을 감시한다. 그러다가 해악을 주는 귀신이 문을 지나면 갈대로 만든 줄로 묶어 호랑이에게 먹이로 준다. 그것을 알게 된 황제(黃帝)가 의례를 제정하여 때마다 귀신을 쫓게 했는데 복숭아나무로 큰 인형(大桃人)을 세우고, 문에는 신도·울루와 더불어 호랑이를 그리고,

갈대 줄을 걸어 악귀를 막게 했다."

《삼국유사》의 〈도화녀·비형랑〉 이야기를 보면 죽은 진지왕과 도화녀
(桃花女) 사이에서 태어난 비형랑이 귀신을 마음대로 부렸고, 당시
신라 민속에서는 비형랑을 노래하는 글을 붙여 귀신을 쫓았다고
한다. 이 이야기의 도화녀와 비형랑의 관계는 《산해경》의 거대한
복숭아나무와 신도·울루의 관계와 닮아서 아주 흥미롭다. 비형랑은
신도·울루와 비슷한 신라의 문신이었다고 해도 좋을 것 같다.

 일곱 형제가 달려들어 복수를 하려고 두 다리를 찢어 드딜
팡(용변 볼 때 디디고 앉는 납작한 돌)으로 마련하고, 대가리는
끊어 돝도고리(돼지여물통)로 마련하였다. 머리털을 잘라 던지니
바다의 해초가 되었고, 입을 끊어 던지니 바다의 솔치가 되었다. 또
손톱·발톱은 쇠굼벗·돌굼벗(딱지조개의 일종)이 되고, 배꼽은 굼
뱅이가 되었고, 항문은 대전복·소전복이 되었다. 그리고 육신을 빻아
바람에 날리자 각다귀·모기가 되었다.

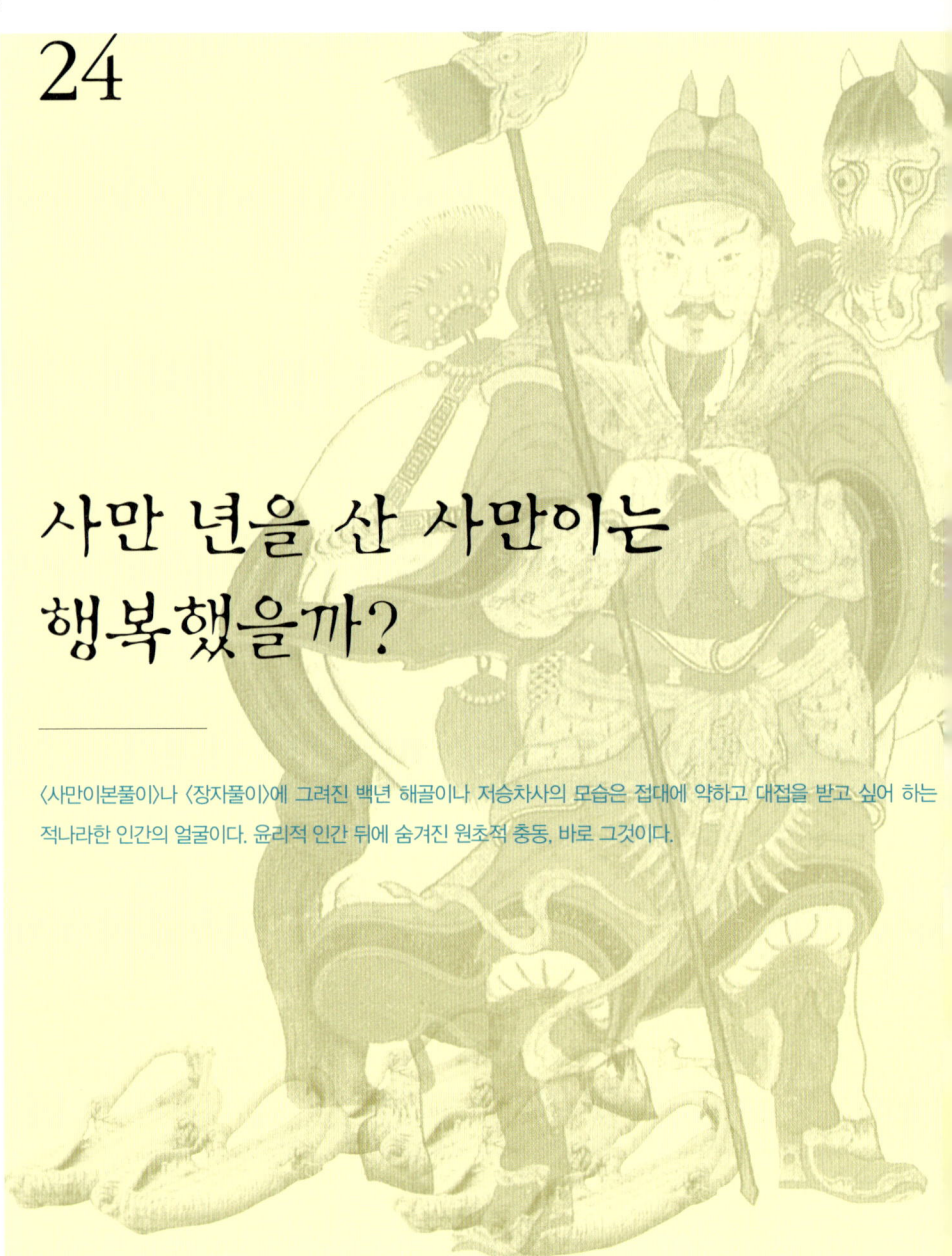

24

사만 년을 산 사만이는
행복했을까?

〈사만이본풀이〉나 〈장자풀이〉에 그려진 백년 해골이나 저승차사의 모습은 접대에 약하고 대접을 받고 싶어 하는
적나라한 인간의 얼굴이다. 윤리적 인간 뒤에 숨겨진 원초적 충동, 바로 그것이다.

어느 겨울날 다세대주택에 들어가다가 입구에 놓인 밥 그릇을 본 적이 있다. 밤이라 처음에는 누가 쓰레기를 버린 줄 알았는데 자세히 보니 사자상(使者床)이었다. 저승사자를 위해 마련하는 밥 세 그릇, 동전 세 닢, 짚신 세 켤레. 동전이나 짚신은 보이지 않았지만 사자상이 분명했다. 아니 대도시에도 아직 이런 습속이 남아 있다니! 도시의 사자상은 낯설었지만 사자상의 유래를 담은 신화를 다시금 곱씹어보는 계기가 되었다.

제주도에 가면 〈사만이본풀이〉라는 무속신화가 있다. 주인공은 주년국이라는 가상의 나라에 사는 소사만이다. 그는 조실부모하고 거지로 살다가 조 승상의 딸을 만나 결혼한다. 그러나 빌어먹던 버릇이 있어선지 놀기만 한다. 열심히 바느질을 해 끼니를 이어가던 부인이 어느 날 머리를 잘라 아기들 먹을 쌀을 사오라고 한다. 하지만 엉뚱하게도 그는 화약통과 조총을 사서 사냥을 간다. 그러나 날마다 빈손으로 돌아오고 부인의 잔소리도 높아진다. 그러다가 하루는 우연히 발에 차이는 백년 해골을 집에 모신 뒤 짐승도 잘 잡히고

사자상. 초상 때 저승차사를 위해 차리는 상이다.

염라대왕의 저승사자. 흔히 드라마에서는 저승사자가 하얀 얼굴에 검은 도포를 날리며 등장하여 기괴한 분위기를 연출하지만, 이야기 속, 그림 속 저승사자는 접대에 약한 뒷집 아저씨 같은 모습이다. 양산 통도사 소장.

농사도 잘 된다. 재수가 트인 것이다.

어느 날 해골은 소사만이 꿈에 나타나 저승차사가 잡으러 올 테니 온갖 음식을 차리고 옷과 돈을 준비해 대접하라고 한다. 그야말로 천기누설이다. 음식을 잘 받아먹은 저승차사들은 이웃의 오사만이를 대신 잡아간다. 저승 열시왕(염라대왕)이 잘못한 세 차사를 처벌하려고 하자 차사들은 잘못을 감추려고 저승 장부를 몰래 고쳐 소사만이와 오사만이의 수명을 바꿔버린다. 그 덕에 오사만이는 33년, 소사만이는 4만 5600년을 산다. 가장 이야기가 풍부한 창본(남제주군 남원면 위미리 심방 한태주 구연)도 이렇듯 줄거리는 간단하다. 그러나 함축된 신화적 의미는 간단치가 않다.

사냥길에서 만난 백년 해골

우선 의문스러운 것이 소사만이와 아랫녘 조 정승 딸의 만남이다.

조실부모한 거지가 어떻게 승상의 딸과 결혼을
한단 말인가? 뭔가 앞뒤가 안 맞는다. 그래서
어떤 판본(변신생 창본)에서는 여자도 부모
잃은 동냥아치로 이야기되는 듯하다. 그러나
부인의 출신성분이 달라져도 〈사만이본풀이〉
에는 달라지지 않는 부분이 있다. 바로 부인이 머
리카락을 팔아 쌀을 사오라고 하자 소사만이가
쌀 대신 총을 산다는 화소(話素)이다.

몽골의 순록 사냥 모습. 지금
까지도 옛 생활방식을 지키고
있는 몽골 차아통 족 남성들이
순록을 잡고 있다.

제주도 신화를 조금이라도 유심히 본 사람이
라면 총을 사는 소사만이의 행위가 그저 사내의
호기심 때문이 아니라는 것을 짐작할 수 있다.
쌀을 사오라는 부인의 청도 마찬가지다. 〈송당
본풀이〉의 소천국과 백주또, 〈삼성신화〉의 세

을나와 세 공주, 부부는 아니지만 〈세경본풀이〉의 정수남과 자청비의
관계를 살펴보라. 이들 신화에서 남성들은 주로 사냥과 연결되어
있고 여성들은 농경과 연결되어 있다. 그리고 이들은 대개 부부가
되어 갈등을 일으킨다. 요컨대 남신은 수렵문화를, 여신은 농경문화
를 각각 표상하는 존재이고, 이들의 결연과 갈등은 두 문화의 만남과
충돌을 상징한다. 〈사만이본풀이〉의 소사만이와 부인의 갈등도
이런 맥락에서 이해할 수 있다는 것이다.

그런데 〈사만이본풀이〉는 백년 해골이 등장하면서 전혀 다른
방향으로 전개된다. 부인의 말을 듣지 않고 조총을 사서 사냥꾼이
되었지만 아무것도 잡지 못하는 난감한 상황에서 소사만이는 백년
해골, 곧 오래된 해골을 만난다. 판본에 따라 해골은 총에 맞아 죽은
서울 백정승의 아들이기도 하고, 발에 우연히 차인 정체불명의

해골이기도 하다. 그렇지만 남의 해골을 집에 모신 후 발복(發福)한다는 점은 다르지 않다. 남의 해골 모시기와 재수(財數) 혹은 연명(延命), 양자는 대체 무슨 인과관계가 있다는 말인가? 〈사만이 본풀이〉의 또 다른 의문이 아닐 수 없다.

이 난감한 수수께끼를 풀려면 원시적 사회의 두개골 모시기 습속을 되돌아봐야 한다. 우리 자료가 없으니 잠시 외유를 해보자. 중국 윈난에서 미얀마 산악 지역에 걸쳐 거주하는 와 족은 다른 종족의 머리를 베어오는 풍습(head-hunting)으로 꽤나 유명했다. 그런데 와 족은 자신들의 목 자르는 풍습에 다음과 같은 기원신화를 덧붙여 놓았다.

와 족의 원조(元祖) 부부는 처음에는 올챙이였다가 개구리로, 나중에는 괴물로 변해 동굴에 살면서 동물을 잡아먹었다. 어느 날 멀리 사람들이 사는 마을에 들어가 사람을 잡아먹고는 두개골을 가지고 돌아왔는데 그후 인간의 모습을 한 아이들을 많이 낳게 된다. 그래서 이들 부부는 두개골을 숭배했고 죽을 때 자손들에게 사람의 목을 계속 바치라는 유언을 남겼다는 것이다.

소위 문명적 감수성으로 보면 끔찍할 정도로 야만적이지만 와 족의 신화와 습속은 우리의 수수께끼 풀이에 끽긴한 실마리 몇 가지를 제공한다. 먼저 머리 자르기와 두개골 숭배가 사냥과 깊은 관련이 있다는 단서다. 이들은 동물을 사냥하듯이 사람을 사냥했다. 이것은 분명히 원시 수렵민들의 모습이다. 다음은 이들의 머리 사냥과 해골 숭배 행위가 풍요로운 생산을 보장한다는 단서다. 하지만 이 풍요는 단지 사냥감의 풍요만을 의미하는 것은 아니다. 와 족은 화전농경이 시작되는 3월에서 4월 사이에 목을 잘라온다. 머리 사냥과 두개골 숭배는 원시 농경민 문화와도 관계가 깊다는 뜻이다.

원시 수렵사회에서 시작된 습속이 의미를 확장하면서
초기 농경사회까지 이어지고 있었던 것이다.

사실 이런 머리 사냥 풍속은 와 족만의 문화는
아니다. 서쪽으로는 아프리카에서 동남아시아,
남태평양의 멜라네시아를 거쳐 동쪽으로는
아메리카 대륙에 이르는 원시 농경민들 사이에
널리 퍼져 있던 습속이었다. 바로 이 습속에서
우리는 〈사만이본풀이〉의 해골 모시기와 발복의
관계를 풀 수 있는 유력한 단서를 얻을 수 있다.
실제로 제주도에 머리 사냥 습속이 있었는지는
확인할 수도 없고 긴요하지도 않다. 중요한 것은 남의
해골을 모셔서 복을 받는다는 관념 혹은 신앙이 원시
수렵문화의 오래된 소산이라는 사실이다. 소사만이가
굳이 총을 사서 사냥을 나갔다가 백년 해골을 만난
까닭이 여기에 있었던 것이다.

옛날 필리핀에서 헤드 헌팅을
한 풍습을 보여주는 필리핀의
장식품.

충동을 좇아 우마장자의 운명을 훔친 저승차사

그런데 같은 유형의 신화인 호남·충청 지역의 〈장자풀이〉에 오면
두개골 숭배의 오랜 내력은 소실된다. 대신 조상을 잘 모시지 않는
악독한 사마장자가 착하고 현명한 며느리 덕에 저승차사들을 잘 대
접하여 목숨을 연장하는 이야기로 변형된다. 남의 두개골 모시기가
내 조상 모시기로 대체된 셈이다.

옛날에 악행을 일삼는데다 조상 제사도 드리지 않는 사마장자가
있었다. 참다못한 조상들이 배고픈 사정을 염라대왕에게 호소하자

진상을 파악하기 위해 염왕의 사자가 중의 모습으로 시주를 받으러 온다. 그러나 사마장자는 중을 때리고 소똥을 바릿대에 담아준다. 보다 못한 착한 며느리가 용서를 빌고 시주를 대신한다. 이야기가 이쯤 진행되면 '어 이거 〈장자못 전설〉 아냐?' 하는 물음표가 고개를 들 것이다. 그렇다. 〈장자풀이〉에는 분명 〈장자못 전설〉 모티프가 스며들어 있다. 하지만 전설과 달리 무속신화는 장자(長者)의 악행에 대한 징치로 달려가지는 않는다. 그 대신 〈사만이본풀이〉의 본래 서사를 따라서 악한 부자의 면화(免禍) 이야기로 이어진다.

염왕은 사마장자를 잡으러 가기 전에 그의 꿈자리를 어지럽힌다. 사마장자의 꿈이 죽을 꿈이라고 며느리가 해몽하는 경우도 있고, 그렇게 해몽한 며느리는 쫓겨나고 대신 점쟁이가 해몽하는 경우도 있지만 결과는 마찬가지다. 저승차사가 목숨을 회수하러 올 테니 잘 대접하는 굿판을 벌이라는 것이다. 결국 저승차사들은 사마장자의 접대를 받고 사주가 같은 이웃의 우마장자를 대신 잡아가려고 한다. 하지만 우마장자는 효성이 지극한, 착한 사람이다. 차사들은 할 수 없이 며느리 꾀대로 애꿎은 말을 잡아 저승으로 돌아간다.

그러나 〈사만이본풀이〉와 달리 〈장자풀이〉는 여기서 끝나지 않는다. 〈장자풀이〉에는 한 매듭이 더 있다. '말이 무슨 잘못이 있다고 잡아가?' 마지막 부분은 아마도 〈장자풀이〉를 듣는 청중들의 이런 반문에 대한 응답일 것이다. 지옥에 갇힌 말의 원망 때문에 사마장자는 병이 들거나 꿈자리가 어지러워지고, 그래서 어쩔 수 없이 말의 원한을 씻어주는 말 씻김굿을 다시 하게 된다. 이 씻김굿 덕택에 말은 지옥을 벗어나 인간으로 환생하는 것으로 이야기는 대단원을 맺는다. 〈장자풀이〉는 어디 한 군데 맺힌 곳 없이 원망을 다 풀어

준다. 〈장자풀이〉에는 사마장자와 우마장자의 운명이 맞바뀌는, 〈사만이본풀이〉식의 억울함이 없다.

하지만 우리에게는 아직도 풀리지 않는 의문이 남아 있다. 악한 사마장자든, 선악의 문제와 무관한 소사만이든 조상을 잘 모시고 저승차사들을 잘 대접한 덕분에 연명을 하거나 4만 년이나 산다. 참으로 편리한 신관(神觀)이고 몰염치한 신들이다. 사마장자가 징벌을 받는 것으로 끝나는 판본이 없지 않은 것도 이런 몰염치에 대한 윤리적 반발 때문일 것이다. 하지만 근본적으로 무속의 신들은 비윤리적이다. 푸짐한 향응을 좋아하고 접대를 받으면 반드시 보상을 한다. '돈이면 귀신도 속인다.'는 무속인들의 문자에 압축되어 있는 것이 바로 이런 무속의 신관이다. 이를 어떻게 받아들여야 하는가?

신화가 우리에게 말하는 것은 종교 윤리가 아니다. 신화는 본질적으로 윤리 이전의 문제, 혹은 윤리 너머에 있는 것을 말하고 싶어 한다. 〈사만이본풀이〉나 〈장자풀이〉에 그려진 백년 해골이나 저승차사의 모습은 접대에 약하고 대접을 받고 싶어 하는 적나라한 인간의 얼굴이다. 윤리적 인간 뒤에 숨겨진 원초적 충동, 바로 그것이다. 어떻게 살든 잘 먹고 오래 살고 싶다는 충동. 그러나 충동을 좇아 우마장자의 운명을 훔친 저승차사는, 아니 4만 년이나 산 사만이는 과연 행복했을까?

사만이를 생각하며 글을 맺으려는데 문득, 연전에 돌아가신 전우익 선생의 어눌한 목소리가 귀에 쟁쟁하다. "혼자만 잘살면 무슨 재민겨?"

옛날 아주 인색하고 사나운 장자가 있었다. 어느 날 중이 와서 시주를 부탁하자 장자는 쌀 대신 쇠똥을 바랑에 잔뜩 넣어준다. 이를 지켜보던 장자의 며느리가 몰래 쌀을 시주했다. 그러자 중은 며느리에게 "곧 큰비가 내릴 것이니 당장 뒷산으로 피하되 무슨 소리가 나도 절대 뒤를 돌아보지 말라"고 한다. 며느리는 아이를 업고 급히 집을 나서 산으로 올라갔다. 그때 천지가 진동하는 소리가 등 뒤에서 들려왔다. 며느리는 중의 말을 잊고 자신도 모

롯과 그의 가족. 불타는 소돔과 고모라를 탈출하고 있다. 구스타브 도레의 판화.

르게 뒤를 돌아보고 말았다. 그러자 살던 집은 사라지고 집터는 깊은 못으로 변해 버렸다. 놀란 며느리가 소리를 지르려는 순간 업고 있던 아이와 함께 그 자리에서 돌로 변하고 만다.

이 〈장자못 전설〉은 우리나라 전역에서 전승되고 있는 대표적 전설이다. 그런데 《성서》의 〈소돔과 고모라〉 이야기도, 불과 물을 차이가 있지만, 그 구조가 유사하다. 뿐만 아니라 은(殷)나라 창업 공신 이윤(伊尹)의 탄생 이야기에도 "절구에서 물이 솟아나오면 동쪽으로 달아나되 절대로 뒤를 돌아다보아서는 안 된다"는 홍수와 금기 모티프가 스며 있어 흥미롭다. 이 전설들은 〈소돔과 고모라〉를 제외하면 모두 홍수와 관련이 있어 홍수를 통한 세계의 재창조를 이야기하는 홍수신화의 후대적 변형으로 보인다. 이 유형의 이야기가 세계적 분포를 보이는 것도 그 때문일 것이다. 홍수신화가 보편적인 것과 같은 이치이다.

25

뱀과 결혼한 여자,
뱀을 낳은 여자

뱀을 받아들이고 모신다는 것은 단지 잡신 하나를 섬기든 어리석은 행위만은 아니다. 그것은 뱀과 여성으로 상징되는 낳고 낳는, 태어나고 다시 태어나는 창조의 능력을, 다시 말하면 대지가 지닌 재생의 리듬을 소중히 여긴다는 뜻이다.

'뱀' 하면 당신은 어떤 느낌이 드는가? 징그럽고 끔찍하다, 두렵지만 모셔야 한다, 어느 쪽인가? 우리들 대부분은 틀림없이 전자에 손을 들리라. 어린 시절 뱀을 보면 한사코 잡으려고 달려들거나 아니면 줄행랑을 쳤던 경험도 전자의 느낌이 촉발시킨 원초적 반응일 것이다. 그러나 후자의 반응도 없지 않다. 민속 관념으로 여전히 남아 있는 업구렁이에 대한 민간의 태도를 생각해 보라. 뱀에 대한 이런 두 갈래의 반응은 자연 혹은 미지의 세계에 대한 인간의 두 가지 태도를 함축하고 있다. 물리칠 것인가, 모실 것인가? 물론 신화는 후자의 산물이다.

동화로 더 잘 알려져 있는 뱀 신랑 이야기에도 뱀에 대한 두 반응이 존재한다. 민담학자들이 세계적인 분포를 보이는 민담으로 주목하는, 이름도 재미난 〈구렁덩덩신선비〉는 이 유형의 한국판이다. 어떤 할머니가 자식을 소원하다가 어찌된 영문인지 큰 뱀을 낳았는데 이웃 부잣집의 세 딸이 구경을 온다. 첫째와 둘째는 기겁을 하고 물러나지만 셋째 딸은 호감을 보이면서 칭찬을 한다. 뱀에 대한 전형적인 두 갈래의 반응이다. 상식적으로 볼 때 언니들의 반응이 자

에덴 정원의 아담과 이브, 그리고 리리스. 헤브라이 신화에서는 뱀의 몸에 사람의 얼굴을 한 리리스가 이브를 유혹했다고 전해진다. 리리스는 악마의 표상이기에 서양에서는 뱀을 악한 존재로 그리는 경우가 많다.

연스럽다면 막내의 태도는 뭔가 수상하다. 그래서 당연하게도 이야기는 막내딸 중심으로 진행된다.

후에 구렁덩덩신선비의 청혼을 받은 두 언니는 첫 반응대로 거절하지만 막내딸은 선뜻 받아들인다. 다 아는 이야기지만 바로 이 대목에서 운명의 역전이 일어난다. 뱀 신랑은 허물을 벗고 멋진 선비로 변신한다. 그리고 허물을 잘 간수하라면서 '만약 허물이 없어지면'이라는 금기도 준다. 이제 나서야 할 인물이 적대자 두 언니다. 멋진 선비를 보게 되자 질투심에 사로잡힌 언니들은 선비가 과거보러 간 사이 동생 몰래 허물을 태워버린다. 돌아오는 길에 허물 타는 냄새를 맡은 구렁덩덩신선비는 사라져버린다. 이제 남은 것은 '허물-옷'을 지키지 못한 신부의 신랑 탐색담이다. 물론 민담의 문법대로 셋째 딸은 신랑을 되찾아 행복한 결말에 이른다.

〈구렁덩덩신선비〉를 해석하는 몇 가지 코드

〈구렁덩덩신선비〉 이야기는 마치 남자를 뱀처럼 징그럽지만 끌리는 존재로 느끼는 소녀가 일련의 시련을 거쳐 남자를 맞이하는 과정처럼 보인다. 소녀들의 성인식 말이다. 백마 탄 왕자에 대한 환상이나 〈미녀와 야수〉 유형의 이야기에 나오는 소녀의 모습도 이와 유사하다. 그래서 뱀 신랑 이야기는, 민담에서 인간심리의 원형을 찾으려는 분석심리학자들에 의해 여성의 무의식 속에 존재하는 부정적인 아니무스(여성의 마음속에 있는 남성)가 시련의 과정을 통해 순화됨으로써 여성이 자아를 획득해 가는 이야기로 해석된다. 구렁덩덩신선비를 여성의 무의식 속에 내재해 있는 남성상, 곧 아니무스를 상징한다고 보는 해석이 그것이다.

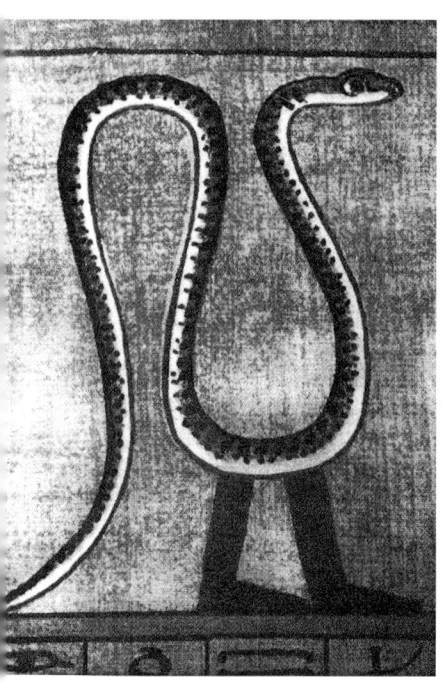

스키타이 여신상 부분(위 오른쪽).

뱀의 신 시토(위 왼쪽).

크노소스의 뱀의 여신(옆).

그러나 그렇게만 해석하고 말면 속옷 입고 거리에 나서는 것처럼 뭔가 허술하다는 느낌이 든다. 사람과 결혼하는 뱀(동물), 허물을 입고 벗는 뱀, 지하세계로 내려가는 뱀의 형상 등은 우리에게 이 민담의 신화적 근원을 되짚어 보라고 말하고 있기 때문이다. 하나의 신화 유형은 초문화적 보편성을 갖는다기보다는 특정한 문화의 산물이다. 뱀 신랑 이야기 역시 그러하다. 이 이야기는 신석기 초기의 원시 농경문화까지 거슬러 올라간다. 뱀 신랑 화소는 아프리카에서 시작하여 동쪽으로 동남아시아와 인도네시아를 거쳐 멜라네시아에 이르는 원시 농경지역에서 두루 발견된 바 있기 때문이다.

일찍이 20세기 초에 마이어가 보고한 바에 따르면 이들 지역의 뱀 신랑 신화는 이렇다. 한 여자가 숲에 들어갔다가 뱀의 청혼을 받는데 처음에는 거부하다가 받아들인다. 〈구렁덩덩신선비〉의 뱀 신랑에 대한 이웃 딸들의 엇갈린 반응과 다르지 않다. 여자가 아들과 딸을 낳자 뱀은 여자를 돌려보내고 스스로 키운다. 뱀 신랑 이야기와 달라지는 부분이다. 신화와 민담의 갈림길이라고 해도 좋을 것이다. 뱀은 아이들이 물고기를 잡아 날 것으로 먹는 것을 보고는 자신을 잡아먹을지도 모르겠다면서 사내아이에게 자기 뱃속으로 들어와 불을 꺼내 누이에게 주라고 말한다. 소년이 불을 꺼내오자 소녀가 물고기를 요리했고 둘은 익힌 음식의 맛을 깨달았다. 그때부터 익힌 음식을 먹게 되었다는 이야기다.

뉴기니 북부 애드미럴티 제도의 이 뱀 신랑 신화는 일종의 창조 신화라고 할 수 있다. 불이나 익힌 음식 등 문화의 기원을 다루고 있기 때문이다. 이 신화에서 뱀 신랑은 그저 뱀의 허물을 쓴 선비(유럽의 경우 왕자)가 아니라 창조신의 형상을 지니고 있다. 뱀이 창조신으로 등장하는 신화는 그리 드물지 않다. 오스트레일리아 원주민 가운데 자우앙 족의 창조신화는 에잉가나라는 뱀을 만물의 어머니라고 말한다. 잘 알려진 중국신화의 여와, 새끼줄에 진흙을 묻혀 인간을 만든 여와도 그런 존재다. 한나라 시대 화상석(畵像石)에 새겨진 여와의 하반신이 바로 뱀이 아니던가.

창조신화에 뱀이 등장하는 것은 뱀이 가진 재생 이미지와 관계가 깊다. 창조의 본질은 재창조이고, 재창조를 통해 세계는 새로워지는 것이기 때문이다. 마치 허물을 벗는 뱀처럼. 그런데 달거리와 출산을 통해 재생 이미지를 몸으로 보여주는 것이 또한 여성이다. 인간 남녀와 불을 창조한 뱀 신랑과 처녀의 결합은 재생 이미지의 중매에 의한 것이다. 또 이런 신화가 신석기 초기의 원시 농경문화를 공유한 지역에 퍼져 있었던 것도 농경 양식이 지닌 죽음과 재생 이미지 때문일 것이다. 재생 이미지를 고리로 삼아 '뱀-여성-농경문화'가 보배처럼 하나의 이야기로 꿰어진 셈이다. 〈구렁덩덩신선비〉 이야기는 이런 뱀 신랑 신화가 오랜 전승과정에서 세속화된 모습으로 바뀐 형태라고 해도 좋지 않을까?

또아리 튼 뱀, 모실 것인가 내칠 것인가

그런데 우리 신화에는 아직 세속화되지 않은 뱀의 모습도 남아 있다. 제주도의 뱀 신들이 그렇다. 한반도의 〈칠성본풀이〉와 제목은 같지만 내용은 다른 본풀이가 대표적인 제주 뱀 신들의 이야기다.

옛날 장설룡 송설룡 부부가 뒤늦게 딸아이를 낳았는데 이 딸이 부모의 부재중에 실종된다. 다시 나타난 딸은 중과 관계를 맺었는지 배가 불룩하다. 화가 난 부모는 딸을 무쇠함에 담아 바다에 버린다. 한반도의 〈제석본풀이〉나 제주의 〈궤네깃당본풀이〉, 혹은 신라

제주도 내왓당의 무신도 중
감찰위(왼쪽)와 상사위(오른쪽).
제주도 무신도에는 뱀 신앙의
흔적이 그 어느 곳보다 짙게
남아 있다. 무신의 신체는 물
론이고 옷도 뱀의 형상처럼
구불구불하다.

〈석탈해〉 신화 등과 유사한 부분이다. 석탈해가 처음에 바다를 건너
가락국으로 들어왔다가 김수로와의 싸움에서 패배해 쫓겨나듯이
딸아기씨를 태운 무쇠함도 제주도로 흘러와 산지포·화북·가물개·
조천 등 들어가려는 곳곳에서 쫓겨난다. 마을마다 이미 신당이
있고 신들이 버티고 있었기 때문이리라. 그래서 마지막으로 닿은
곳이 함덕 신흥이었다.

한데 문제는 그 다음이다. 무쇠함을 발견한 일곱 해녀와 송첨지
영감이 함을 열자 그 속에서 뱀이 혀를 날름거리고 있었던 것. 쫓겨난

딸은 신이한 중과 관계를 맺고 함 속에 갇힌 채 뱀 딸을 일곱이나 낳았던 것이다. 새끼 뱀을 낳은 아기씨도 기실 뱀이었다. 〈칠성본 풀이〉의 서두에서는 분명하지 않지만 부모가 천지공사를 살러 떠났을 때 하녀가 가둬놓고 구멍으로 밥을 주었다거나 중이 아기씨를 노둣돌 아래 파묻어놓고 장설룡을 만나는 장면이 이미 아기씨의 정체를 암시하고 있었던 것이다.

이 느닷없는 사태에 대한 일곱 해녀와 송첨지의 반응이 흥미롭다. 처음에 이들은 "더럽고 재수없다"며 달려들어 해코지를 한다. 그러나 결과는 즉시 나타난다. 이들은 모두 가슴에 트림이 일어나고 안질이 생겨 죽을 지경에 이르게 된다. 심방의 점괘에 나온 것은 '남의 나라에서 온 신을 소홀히 대접한 죄목'이다. 이를 보면 칠성신은 분명 외래신이다. 어쨌든 이들은 심방의 말대로 칠성새남굿을 한 후에야 병이 낫고 천하 거부가 된다. 소문을 듣고 함께 모신 함덕 마을도 부촌이 된다. 같은 사태가 반복된다. 딸아기가 일곱 딸을 데리고 도성 안 송대장 집으로 들어갔는데 잘 모신 송대장 부인 덕에 송대장은 천하거부가 되고 "더럽고 추잡하다"고 침을 뱉은 관원은 입이 아프고 가슴이 답답해 굿을 아니 할 수 없게 된다. 물리칠 것인가, 모실 것인가? 신화는 모셔야 새로운 생산이 가능하다고 말하고 있는 셈이다.

이들 여덟 뱀 여신은 마침내 신직을 맡아 좌정하는데 모두 가옥 신(家屋神)이 된다. 그런데 판본에 따라 다소 차이가 있으나 옥지기나 사령방 등 관청의 한 공간을 차지하는 신을 제외하고는 대부분 고방의 곡식을 지켜주는 안칠성신, 집 뒤 귤나무를 지키는 부군칠 성신, 과수원을 지키는 과원할망, 광청못을 지키는 광청할망, 추수 못을 지키는 추수할망 등 농경과 관련된 신직을 차지한다. 제주도 신화에서도 '뱀-여성-농경문화'는 분명 하나의 고리로 연결되어 있다.

뱀 신앙의 창조신화든, 뱀 신의 기원신화든, 아니면 뱀 신랑 민담이든 뱀에 대한 인간의 태도는 결국 두 가지다. 하지만 뱀을 받아들이고 모신다는 것은 단지 잡신 하나를 섬기는 어리석은 행위만은 아니다. 그것은 뱀과 여성으로 상징되는 낳고 낳는, 태어나고 다시 태어나는 창조의 능력을, 다시 말하면 대지가 지닌 재생의 리듬을 소중히 여긴다는 뜻이다. 무속의 모심에는 물론 천하거부가 되려는 세속적 욕구가 스며 있지만 그 너머에는 대지의 창조적 활력을 노래하려는 또 다른 힘이 뱀처럼 꿈틀대고 있는 것이다.

천지공사(天地公事)란 근래에는 주로 증산교 계통에서 쓰는 말이다. 증산교 경전인 《대순전경(大巡典經)》에 창시자인 강일순이 자주 천지공사를 했다는 말이 나오는 데서 유래했을 것이다. 이때 천지공사란 의례적 행위를 통해 우주의 운행, 곧 인간계·자연계·신계의 질서를 조절하는 일을 말한다. 그런데 기실 이런 상징적 행위는 무당들이 굿을 통해 늘 하는 일이다. 굿이란 신을 모셔 신·인간·자연 사이의 깨진 조화 때문에 일어난 문제를 해결하는 행위가 아닌가. 따라서 장설룡, 송설룡 부부가 천지공사를 하러 갔다는 것은 굿을 하러 갔다는 뜻일 수 있다. 그렇다면 부부와 딸아기의 관계도 신화에서는 부모와 자식의 관계지만 굿에서는 무당과 그들이 모시는 신(뱀 신)의 관계일 수 있지 않을까?

제주도에는 〈칠성본풀이〉 말고도 뱀에 관한 신화와 전설이 적지 않다. 아마도 뱀이 많은 것, 그래서 뱀 신앙이 활발했던 것과 무관하지 않을 것이다.

안덕면 화순 근처에 있는 광정당의 당신은 큰 뱀이었다. 옛날에는 이 사당 앞을 지나갈 때에는 반드시 절을 해야 했다고 한다. 말을 타고 가던 사람도 말에서 내리지 않으면 말이 다리를 절어서 더 갈 수 없었다고 한다. 이런 속신을 뒷받침해 주는 유명한 이야기가 제주 목사 이형상과 관련된 전설이다.

조선 숙종 때 제주 목사였던 이형상이 말에서 내리지 않고 광정당 앞을 그냥 지나가려고 했더니 정말 말이 다리를 절며 더 앞으로 나가지를 못했다. 목사는 곧 말의 목을 잘라 사당에 제물로 바치고 심방을 불러서 굿을 했다. 그랬더니 제물을 음향하기 위해 당신이 나타났는데 큰 뱀이었다. 목사는 즉시 칼을 빼 뱀을 죽이고 사당을 불살라버렸다. 뿐만 아니라 제주도에 흩어져 있는 신당과 절을 모조리 태워버렸다고 한다. 조선 초기 유교의 입장에서 제사 제도를 정비하면서 나라 곳곳에서 신당 혁파가 벌어졌는데 그 과정에서 당신과 조정 관리(사대부)가 싸우는 유형의 전설들이 적지 않게 생겨났는데 광정당 전설도 그런 것이다.

그러나 이런 혁파의 와중에 새로운 신화도 형성되는데 〈토산당본풀이〉가 좋은 사례다. 제주에서 뱀 신앙으로 제일 유명한 곳이 표선면 토산리 토산당이다. 그런데 토산당 당신은 외래 신이다. 이야기에 따르면 본래 나주 금성산에 있다가 나주 목사에게 쫓겨 왔다는 것이다.

옛날 나주 금성산에는 큰 뱀이 살고 있었는데 이 뱀신의 조화로 고을에 부임하는 목사마다 죽어 마침내는 부임할 목사가 없게 되었다. 조정에서는 누구든 가겠다면 나주 목사에 임명하겠다고 하자 무식하지만 뱃심 좋은 걸추리 선비가 나주 고을에 자원했다. 신임 목사는 부임 후 첫 고을 시찰을 나섰는데 금성산 앞에 이르자 하인이 산에 신령이 있으니 하마해야 된다고 했다. 목사는 하인의 말을 가소롭게 여기고 그냥 지나가려고 하자 말이 발을 절며 더 이상 나가질 않았다. 목사가 하인의 진언에 따라 굿을 하자 뱀 신이 나타났다. 뱃심 좋은 목사는 뱀 신을 세 토막 내어 죽여버렸다. 그러자 뱀 신은 금바둑과 옥바둑으로 변신하여 서울 종로 네거리에 떨어졌다.

때마침 제주도 토산리에 사는 강씨, 한씨, 오씨 등 세 사람이 제주 특산물을 진상하러 왔다가 금바둑과 옥바둑을 줍는다. 그 일이 재수를 불러왔던지 진상품은 임금님의 호평을 받게 되었다. 세 사람은 돌아오는 길에 기분이 좋아서 술을 한 잔 하려고 주막에 들러 금바둑과 옥바둑을 주고 술을 팔라고 했다. 주모는 한참 바라보더니 좋은 물건이지만 자신에게는 아무 소용이 없다고 거절한다. 세 사람은 술도 못 받아먹을 물건이라면서 금바둑, 옥바둑을 버리고 선창에 가서 배에 올랐다. 그러나 석 달 열흘을 기다려도 바람이 없어 배를 띄울 수가 없었다. 답답해 점을 쳤더니 "제주도에 입도할 귀신을 안 모시고 가면 죽어 혼으로나 제주에 들어갈 수 있습니다." 하는 것이었다. 점괘에 따라 뱃고사를 지내자 순풍이 불어 순조롭게 제주로 귀향했다. 그런데 배가 거의 제주에 이르렀을 무렵 일행이 짐을 정리하다 보니 뜻밖에도 버렸던 금바둑과 옥바둑이 들어 있었다. 이걸 가져가면 도민들이 귀신을 모셔왔다고 귀양 보낼 테니 바다에 던져버리자고 의견을 모으자 순식간에 강풍이 불어 배가 뒤집힐 지경이 되었다. 그들은 잘못을 빌고 고향인 성산읍 온평리로 배를 대었다.

배가 포구에 닿을 때 강씨 일행은 피곤하여 깜박 잠이 들었는데 잠결에 얼핏 선녀가 배를 내리면서 "강씨 한씨 오씨는 공이 남았지마는 모레 사오 시에는 상봉하자"는 말을 하는 것을 들었다. 깜짝 놀라 잠이 깬 일행은 이상하게 여기며 선녀 뒤를 좇았다. 선녀는 온평리 본향당으로 가서 명함을 드린 후 거기서 길 인도를 받아 문씨 영감의 안내로 토산리 '멧뜨기마루'에 좌정한다. 이후 이 뱀 신은 단골들의 후한 대접을 받았다.

광정당 전설처럼 나주 금성산의 뱀 신도 조정에서 파견된 관리에 의해 살해된다. 그러나 〈토산당본풀이〉는 전설이 아니다. 죽었던 뱀 신이 바둑돌의 형상으로 재생하여 제주도로 들어가 다시 당신이 된다. 제주도에는 토착 뱀 신만이 아니라 들어온 뱀 신도 여럿 있는데 토산당신은 그 가운데 한반도에서 들어온 신이다. 나주 금성산의 뱀 신을 모시던 단골 무리가 조선 초기 무속에 대한 탄압을 피해 제주도로 들어와 토산리에 정착한 내력이 본풀이로 구성된 것으로 여겨진다.

26

용녀 저민의가
왕건의 할머니가 된 까닭

용이 풍요의 신에서 권력의 신으로 변형되는 것이 별로 유쾌한 일은 아니다. 선룡을 도와 악룡을 물리쳐 풍농과 풍어를 일구는 것은 좋지만 그것이 영웅 숭배를 강요하는 '용비어천가'로 만들어지는 일은 민중들에게 종종 불행한 역사를 초래했던 기억이 있기 때문이다.

용오름 모습.

　　　　　　저민의(翥旻義)라는 괴상한 이름을 들어본 일이 있는
　　　　　　가? 이 낯선 이름의 주인은 고려 태조 왕건의 할머니다.
뭔가 비밀을 간직한 듯한 이름이지만 우리말 이름을 한자로 표
기한 탓인지 뜻이 모호하다. 하지만 음차하면서 선택한 한자에
뜻이 없지 않을 것이다. '하늘로 날아오르다.' 서해 용왕의 맏딸인
용녀(龍女)의 형상을 적절히 표현한 이름인 듯도 하다. 마치《주역》
이나 〈용비어천가〉의 하늘을 나는 용을 연상시킨다. 한데 용이 어떻
게 왕건의 할머니가 되었을까? 용녀 저민의는 용 신화의 비밀을
탐색하는 우리를 의혹의 동굴로 유혹한다.

고려 왕가에 들어온 용왕 딸 저민의

작제건이라는 명사수가 있었다. 그는 이상하게도 당나라 숙종의 아들이다. 보육의 둘째 딸 진의는 언니의 오줌 꿈을 산 덕에 마침 신라에 온 숙종과 인연을 맺는다. 숙종이 활과 화살을 남기고 떠난 후 작제건이 태어나는 것이다. 아버지의 부재 상태에서 태어나는 건국 영웅 주몽이나 유리의 전통을 잇고 있다. 숙종과 작제건의 관계는 물론 사실과 어긋나는 허구지만 고려 건국의 정당성을 선양하는 신화는 이렇게 조작된다. 이 신화를 기록한 《고려사》도 그것이 미심쩍었던지 민지의 《편년강목》을 인용하여 변증을 시도한다. 신라에 온 인물이 숙종이 아닌 것은 분명하지만 난을 피해 오랫동안 외지를 떠돌아다닌 선종이라면 그럴 수도 있겠다는 식의 변증이다. 그럴 듯하기는 하지만 그렇다고 해서 사실이 되는 것은 아니다.

열여섯 살이 된 작제건은 고구려 건국신화의 유리처럼, 무속신화 〈제석본풀이〉의 삼형제처럼 아버지를 찾아 나선다. 그런데 그는 당나라로 가는 도중에 서해 용왕에게 발목을 잡힌다. 배가 바다 한가운데서 안개에 휩싸여 오도 가도 못하는 상황에서 나온 점괘는 '고려 사람을 없애야 한다'는 것. 어쩔 수 없이 작제건이 바다에 뛰어내렸을 때 그를 맞이한 용왕은 부처의 형상으로 나타나 자신을 괴롭히는 늙은 여우를 제거해 달라고 요구한다. 명사수 작제건은 아버지의 활과 화살로 여우를 처치한다. 잠시 용왕과 작제건의 대화를 들어보자.

"그대의 은혜에 보답하고자 하오. 당으로 들어가 아버지를 만나겠소, 일곱 가지 보물을 가지고 어머니에게 돌아가겠소?"

"제가 바라는 것은 동쪽 땅의 왕이 되는 것입니다."

"그건 그대의 후손 삼건(三建)을 기다려야 하오."

여기서 삼건이란 '작제건-용건-왕건'이다. 곧 왕건에 가서야 왕이
될 수 있다는 뜻이다. 용왕의 대답에 머뭇거리고 있을 때 뒤에 있던
한 노파가 놀린다. "왜 용왕의 딸에게 장가들겠다고 하지 않지?"
뜬금없이 웬 노파인가? 하지만 이상할 것은 없다. 필요할 때 나타나
는 '영웅의 조력자'니까. 조력자의 조언을 듣고서야 불현듯 깨달은
작제건은 용왕의 사위가 된다. 그는 또 다른 조력자인 용녀의 조언
을 듣고 용왕의 신비한 버드나무 지팡이와 돼지까지 덤으로 챙겨

고구려 안악 3호분의 우물 벽화. 용왕의 딸 저민의는 우물을 통해 용궁을 오간다.

고구려 안악 3호분의 우물 벽화. 용왕의 딸 저민의는 우물을 통해 용궁을 오간다.

되돌아온다. 용왕의 딸 저민의는 이렇게 하여 고려 왕가의 세계(世系) 속으로 들어오게 된 것이다. 그렇다면 왜 고려 건국신화는 이런 식으로 용의 핏줄을 끌어 들였을까?

　황해도 장연군에 가면 용연면 용정리라는 곳이 있다. 지명부터 심상찮은데 내력이 없을 리가 없다. 옛날 이 지역에 활을 잘 쏘는 김씨가 있었는데 어느 날 꿈에 황룡이 나타나 자기가 살고 있는 연못을 젊고 힘이 센 청룡이 뺏으려고 하니 도와 달라는 것이었다. 꿈에서 깬 청년이 연못으로 갔더니 한참 후 과연 갑자기 물이 용솟음치면서 청룡과 황룡이 뒤엉켜 싸우는 것이 보였다. 그러나 청년은 무서워 활을 쏘지 못했다. 황룡은 또 꿈에 나타나 같은 부탁을 한다. 다음 날 김씨는 드디어 청룡을 쏘아 죽인다. 그날 밤 황룡은 다시 꿈에 나타나 은혜를 갚겠다면서 물을 대줄 테니 연못 근처에 있는 황무지를 개간하여 논을 만들라고 한다. 그후 황무지는 기름진 논이 되었다. 용늪(龍沼), 용못(龍淵), 용샘마을(龍井里)라는 이름이 그때부터 생겨났다는 것이다.

　이 전설은 우선 두 가지 상징적 정보를 제공한다. 물을 대주겠다는 용의 말처럼 용은 물을 관장하는 수신(水神)이고, 동시에 논농사와 관계가 깊다는 것이다. 용이 물과 불가분의 관계를 지닌다는 것은《훈몽자회(訓蒙字會)》에 보이는 용의 순우리말 '미르'의 말뿌리(어근)인 '밀'이 '물'과 어원이 같다는 데서 확인할 수 있다. 그런데 물의 많고 적음이 특히 문제가 되는 농사가 논농사, 곧 벼농사이다. 그래서 용은 일찍부터 벼농사 지역에서 수신으로 숭배되어 왔다.《후한서(後漢書)》에는 오늘날 중국 윈난 지역에 거주하는 애뢰이(哀牢夷)들이 자신들을 용의 후손이라고 믿기 때문에 머리를 짧게

악마와 싸우는 용. 다니엘 프레이어 그림

자르고 문신을 한다는 기록이 있다. 지금도 빠이 족[白族]을 비롯한 이 지역의 여러 민족들이 용을 자신들의 시조라고 이야기하는 신화를 전하고 있다. 이들이 거주하는 윈난 지역이 쌀농사의 한 기원지로 추정되는 것은 결코 우연이 아니다.

왕권의 상징으로 우리 신화에 출현한 용

그런데 용정리 전설을 보면 황룡과 청룡이 우물의 주도권을 두고 싸운다. 이 전설에서 두 용은 노소(老少) 관계의 대립으로 설정되어 있지만 같은 유형의 다른 전설을 보면 노소가 아니라 선악이 문제가 된다. 전북 김제에 있는 벽골제에 얽힌 전설에서는 백룡이 벽골제를 수호하는 용이고, 청룡은 풍우를 일으켜 농사를 망치고 인명을 해치는 나쁜 용이다. 이런 선악의 대립은 다른 전설에서도 '황룡(백룡) 대 청룡(흑룡)'의 대결로 되풀이되고 있다. 용신이 이렇게

대립쌍으로 등장하는 것은 다른 데 이유가 있는 것이 아니라 농사의 흉풍을 결정하는 강우량 때문일 것이다. 모셔야 할 좋은 용과는 달리 쫓고 다스려야 할 악룡이란 태풍을 동반하고 퍼붓는 폭우, 농사를 망치는 비바람이 아니면 무엇이겠는가.

용신은 논농사의 풍요만을 관장하는 신은 아니다. 용신은 수신이기 때문에 해안 지역에서는 풍어를 관장하는 신이기도 하다. 용정리 전설과 같은 유형의 이야기가 충남 서산 지역에 전승되고 있는 예를 통해서도 그 점을 확인할 수 있다. 황금산 앞 바다의 신인 황룡과 칠산 앞 바다의 신인 청룡이 조기 떼를 두고 싸움을 하게 되었는데 공씨 성을 가진 청년이 황룡의 부탁을 받는다. 그런데 그는 실수로 청룡이 아닌 황룡을 쏘게 되었고, 그래서 황금산 앞바다에서는 더 이상 조기가 잡히지 않는다는 이야기다. 공씨의 실수 때문에 이야기는 전혀 다른 국면으로 전개되지만 어쨌든 용신이 풍농만이 아니라 조기 떼까지 관장하는 풍어신이었음이 분명하지 않은가.

마치 천지창조의 공간에서 미륵과 석가가 벌였던 주도권 다툼을 연상시키는 이 '용과 용의 대격전'의 다양한 변형에서 흥미로운 대목은, 창세신화의 대결과는 달리 둘 사이에 인간이 개입한다는 사실이다. 용정리 전설의 명사수 김씨나 벽골제 전설의 조연벽(趙連璧, 김제 조씨의 시조) 장군, 혹은 서산 지역 전설의 공씨가 그런 인물들이다. 이들 영웅들은 말하자면 신의 요청에 의해 신들의 싸움에 개입하여 선한 신을 도와 악한 신을 물리치는 존재들이다. 물론 실패하는 영웅도 있지만 대개의 영웅들은 용을 도와주고 용의 도움을 받아 옥토를 일구거나 높은 지위에 오른다. 조연벽과 같은 영웅이 시조로 신성화되는 것도 그 때문일 것이다.

물론 이 전설들과 작제건 신화는 다소 차이가 있다. 대지가 아니라

바다가 무대라는 점은 서산 지역의 변이형을 통해
유사성을 인정해 주더라도, 용과 늙은 여우의
싸움이라는 점은 사뭇 다르다. 그러나
주인공이 용을 도와 용의 적대자를
제거한 후 그 보답으로 용의 도움을
받는다는 점에서는 크게 다르지 않다.
이 동질성이야말로 저민의를 통해
고려 건국신화에 용의 피가 흘러드는
사건을 해명하는 데 더없이 긴요하다.
영웅과 짝이 된 용, 영웅을 도와주는 용은
단지 풍농과 풍어의 신이 아니라 영웅의 힘의
근원이 되는 것이 아닌가. 용은 영웅을 따라 권력의

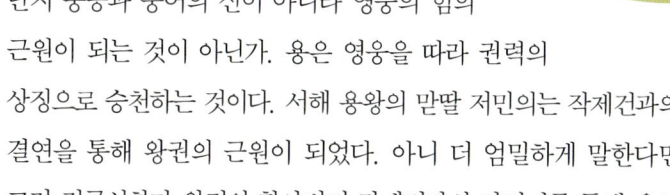

용 판화. 표정이 익살스럽다.

상징으로 승천하는 것이다. 서해 용왕의 맏딸 저민의는 작제건과의
결연을 통해 왕권의 근원이 되었다. 아니 더 엄밀하게 말한다면
고려 건국신화가 왕건의 할아버지 작제건과의 짝짓기를 통해 용신
저민의를 고려 왕권의 배후로 포획한 것이다.

　용이 왕권의 상징으로 우리 신화에 출현한 것은 기록으로 볼 때
삼국시대이다. 고구려 건국신화에서 천신 해모수의 수레를 끄는
오룡(五龍)이나 신라 혁거세의 왕비 알영을 낳은 계룡(鷄龍), 백제
무왕의 아버지인 지룡(池龍), 혹은 무수한 호국룡들이 좋은 사례들
이다. 그러나 이들은 천제(天帝)가 중심인 삼국시대의 신성 체계에서
왕권의 보조적 신격으로 존재했다. 이런 변두리의 용신이 고려시대에
와서 가장 중요한 왕권의 상징으로 솟아오른 데는 몇 가지 이유가
있으리라. 신라 중엽 이후 확산되어 간 논농사와 그에 동반되었을
용신 신앙, 예성강 일대의 해상 세력으로서 용신 신앙을 가지고

사찰을 수호하는 불교의 호법룡.
석림사(왼쪽).

줄다리기는 용과 용의 싸움을
상징한다. 영산강 문화축제의
한 장면(오른쪽).

있었을 왕건 집안의 내력, 그리고 이미 용을 황실의 상징으로
일반화화하고 있던, 당 숙종으로 표상되는 중국의 영향 등등.

그러나 용이 풍요의 신에서 권력의 신으로 변형되는 것이 별로
유쾌한 일은 아니다. 선룡을 도와 악룡을 물리쳐 풍농과 풍어를
일구는 것은 좋은 일이지만 그것이 영웅 숭배를 강요하는 '용비
어천가'로 만들어지는 일은 민중들에게 종종 불행한 역사를 초래
했던 기억이 있기 때문이다. 용은 풍요다산을 기원하는 우리의 줄다
리기에 응축되어 있듯이 풍요의 상징으로 함께 '땡길' 때 신명이
넘치는 것이다.

숙종과 진의의 결혼담과 작제건의 영웅담은 낯선 것이
아니다. 《삼국유사》〈기이편〉을 보면 태종 무열왕 김춘
추와 김유신의 누이 문희의 결혼 이야기가 있다. 언니 보희의
꿈을 문희가 비단을 주고 산 후 문희가 김춘추와 짝이 되었다고
한다. 역시 〈기이편〉에 진성여왕 시대에 당나라로 가던 배를 타고
있던 거타지라는 군사가 서해 용왕을 위해 용왕을 괴롭히는 늙은

여우를 쏘아 죽이고 용녀를 아내로 얻는 이야기가 실려 있다. 고려 건국신화는 분명 이 이야기들을 끌어들여 재구성한 것이다. 그 과정에서 김춘추는 당 숙종으로 바뀌고, 거타지는 작제건으로 변형되었다.

물론 차이가 없지는 않다. 당에 갔다가 귀국한 거타지의 행로와 중도에서 돌이키는 작제건의 행로가 다르기 때문이다. 그러나 이 차이는 이야기의 목적이 다르기 때문에 생긴 것이다. 당나라로 가는 신라 사신은 명사수 거타지 덕분에 용왕이 보낸 용의 호위를 받으며 당에 이른다. 이 때문에 신라 사신은 당 황제의 큰 대접을 받는다. 이 이야기는 신라의 자부심과 관계가 있다. 그러나 작제건 이야기의 목표는 서해에서 얻은 용녀와 돼지를 따라 2대조 강충의 옛 집터, 곧 삼한을 통합하는 자가 태어날 자리인 송악산 마가갑으로 돌아가는 데 있었다. 작제건 신화가 거타지 이야기를 모방하다가 코스를 바꾼 까닭이 여기에 있다.

27

3의 신화적 비밀

종교가 다르고 동서가 달라도 세 신의 조화와 일체가 반복되는 것은 결국 완성과 조화를 향한 인간의 무의식적 추구가 만들어낸 다양한 변주의 결과이다.

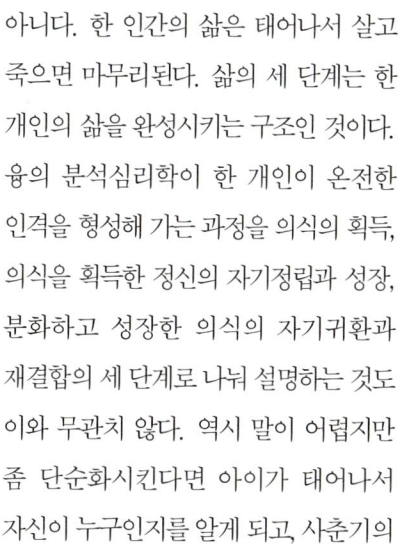

김영균이라는 의사가 있다. 쌍꺼풀 성형 전문가다. 수술을 받아본 적이 없어 알 수는 없지만 본인 말로는 이 분야의 교과서에 실릴 정도로 세계적이라고 한다. 이 양반이 흥미로운 것은 그 세계적 기술로 돈을 많이 벌기 때문이 아니라 번 돈을 3이라는 숫자에 바치고 있기 때문이다. 그는 자칭 3에 미친 사람이고 3을 통해 인류의 비밀을 풀어보려는 지적 모험가이기도 하다. 그는 장차 '박물관'까지 세워 '3 문화'에 남은 생을 헌신하겠다고도 한다. 대체 한 의사를 미치도록 유혹하는 3의 신화적 비밀은 무엇인가?

《숫자의 비밀》이라는 책에서 오토 베츠는 인간이 3차원적 존재라는 사실이 3을 강조하게 만드는지도 모르겠다면서 "3은 현실을 파악하고 묘사하기 위한 하나의 체계적인 구조체"라는 말을 했다. 말이 좀 어렵지만 우리가 의식하지 않는 가운데 3차원 공간 안에서 그 공간을 지각하면서 살고 있다는 것, 만물은 '생성-존재-소멸'이라는 세 국면으로 진행된다는 것을 생각해 보면 그리 어려운 말도

켈트족의 모신. 켈트족도 숫자 3을 신성시했다.

아니다. 한 인간의 삶은 태어나서 살고 죽으면 마무리된다. 삶의 세 단계는 한 개인의 삶을 완성시키는 구조인 것이다. 융의 분석심리학이 한 개인이 온전한 인격을 형성해 가는 과정을 의식의 획득, 의식을 획득한 정신의 자기정립과 성장, 분화하고 성장한 의식의 자기귀환과 재결합의 세 단계로 나눠 설명하는 것도 이와 무관치 않다. 역시 말이 어렵지만 좀 단순화시킨다면 아이가 태어나서 자신이 누구인지를 알게 되고, 사춘기의

삼불제석도, 서양이나 동양이나 3은 신성한 숫자였다.

혼란스러운 성장과정을 통해 자아를 정립하고, 그렇게 성장한 또 다른 자아를 만나 정신적 결합에 이르는 과정으로 이해할 수 있다. 사물의 세 국면, 세 국면의 대단원을 의미하는 3은 결국 조화와 완성을 상징하는 것이 아닐까?

우리는 '삼세 번'이라는 말을 많이 한다. 내기를 해도 세 번 해야 성이 차고, 술자리 지각생은 '후래자삼배(後來者三杯)'를 해야 한 자리에 끼워준다. 그래서인지 우리 옛이야기에서도 3은 무수히 반복된다. 세 가지 소원, 세 가지 시험, 세 가지 과업, 세 가지 보물, 세 가지 유산, 세 가지 교훈, 세 번의 죽을 고비, 세 형제, 세 자매……. 심지어는 〈해와 달이 된 오누이〉에서 호랑이도 "할멈 할멈 떡 하나 주면 안 잡아먹지"를 세 번 되풀이한다. 결국 이렇게 세 번은 해야 성이 차는 것은 우리가 무의식 가운데 3을 '완성'이나 '가득 참'으로 인식하고 있기 때문일 것이다. 3에 대한 호감과 집착은 인류 보편의 무의식인 것이다. 따라서 3에 대한 호감을 '우리 민족은 왜 그렇게 3을 좋아했지?' 하는 식으로 되물어서는 별로 신통한 소득을 기대할 수 없다. 그것은 우리 신화에 등장하는 3에 대해서도 마찬가지다.

우리 신화에 등장하는 3이라는 숫자

제주도 신화 〈천지왕본풀이〉에는 창조신 천지왕이 등장한다. 그런데 천지왕은 혼자 세계를 만들지 않는다. 그에게는 지상의 총맹부인이 낳은 쌍둥이 아들 대별왕과 소별왕 있는데 이들이 두 개씩 떠오른 해와 달을 하나씩 쏘아 떨어뜨린다. 쌍둥이 신 역시 아버지를 도와 창조의 과업을 수행하는 창조신인 셈이다. 후에 이들은 경쟁을 통해 각각 이승(소별왕)과 저승(대별왕)을 다스리는 신이 된다. 이렇게 따진다면 창조신화에 등장하는 신은 총멩부인까지 넷이지만 총멩부인은 출산 외에는 창조에 관여하지 않는다. 마치 단군신화의 웅녀와 같은 위상을 지닌 것이 총멩부인이다. 결국 제주도 창조신화의 창조신은 '천지왕·대별왕·소별왕' 3위라고 할 수 있겠는데 이들이 각각 '하늘·저승·이승'을 다스리는 신이 된다. 우리는 무속적 세계관에서 우주(세계)를 하늘과 저승과 이승으로 나눈다는 것을 잘 알고 있다. 그렇다면 세 신의 세 영역 차지는 창조의 '조화로운 완성'을 뜻하는 것이 아니겠는가.

창조신화의 이런 관념은 건국신화에서도 반복된다. 너무 잘 알아서 진부하기까지 한 〈단군신화〉의 '환인·환웅·단군'이 그렇다. 앞서도 말했듯이 이 남성 중심적 서사에서 웅녀는 모태를 대여해 주는 존재 이상이 아니다. 《세종실록》을 보면 황해도 문화현 구월산 신당의 북쪽 벽에는 단웅천왕(檀雄天王), 동쪽 벽에는 환인천왕, 서쪽 벽에는 단군천황이 그려져 있는데 그곳 사람들이 늘 삼성(三聖)으로 부른다는 기록이 있다. 단웅이 환웅을 말한다면 환웅이 중심에 있는 셈이지만 어쨌든 웅녀를 제외한 이들 세 신이 제사를 받았다는 것이다. 신당이라는 작은 우주를 충만하게 채우는 삼성, 곧 삼위일체가 세 남성신이었던 것이다.

사실 이런 식의 삼위일체 관념은 너무 익숙하여 꺼내기가 멋쩍을 지경이다. 기독교의 아버지(성부)와 아들(성자), 그리고 이들 사이에 소통되는 사랑의 기운이라고 할 수 있는 성령을 세 신격이면서 동시에 하나라고 보는 삼위일체의 신학이 그렇다. 불교 사찰에 가보면 석가모니불을 모신 대웅전에는 석가모니불만 홀로 앉아 있는 게 아니다. 반드시 좌우에 문수보살과 보현보살이 협시불(脇侍

경주 남산의 마애불. 가운데 본존불이 앉아 있고 좌우에 협시보살이 자리를 잡고 있다.

佛)로 앉아 있다. 본존불과 더불어 삼존불을 이루고 있는 것이다. 힌두교의 '브라흐마·비슈누·시바'도 삼위일체를 이루고 있다. 이들은 각각 세계의 '창조·보존·파괴'를 담당하는 신인데 세 신의 직능은 바로 우주의 세 가지 리듬을 상징한다. 이 순환이 조화로운 전체를 구성하는 것이다. 종교가 다르고 동서가 달라도 세 신의 조화와 일체가 반복되는 것은 결국 완성과 조화를 향한 인간의 무의식적 추구가 만들어낸 다양한 변주의 결과인 것이다.

'조화와 완성'이라는 3의 신화적 비밀

3의 또 다른 변주로 주목되는 것이 〈단군신화〉에 보이는 천부인(天符印) 셋이다. 환웅이 무리 3천을 거느리고 지상에 내려올 때 환인이 하사한 것이다. 이 천부인 셋이 무엇을 뜻하는가에 대해서는 일찍부터 여러 견해가 있었다. 바람(風伯)과 비(雨師)와 구름(雲師)의 신을 거느릴 수 있는 징표로 본 이병도의 견해를 제외하면 대체로 무당의 기물로 보는 것이 최남선 이래 일치된 생각이다. 하지만 무구(巫具)라고 해도 그 내용은 차이가 있다. 여기서도 일치하는 것은 거울과 신칼인데 나머지 하나에 대해서는 신모(神帽)다, 신고(神鼓)다, 방울이다 등으로 견해가 갈려 있다. 유사한 것이 일본에도 있는데 천황가에 전해져 오는 세 가지 보물, 곧 3종 신기(三種神器)가 그것이다. 역시 거울(야타노가가미)과 칼(쿠사나기노쯔루기)은 같으나 나머지 하나는 옥(玉, 야사카니노마가타마)이다.

과연 천부인 세 개의 정체는 무엇인가? 무당의 원조인 시베리아 샤만에게 가장 중요한 무구로 사용되는 것은 북이다. 북은 탈혼 상태에서 영혼의 세계를 여행할 때 타고 가는 말(vehicle)이기 때문

이다. 이 샤만의 전통에서 보자면 '북'에 손을
들어주고 싶지만 더 중요한 것은 무구의
이름이 아니라 그것의 상징성이다. 왜
하필 무당왕(shaman king)이라고
하는 환웅은 세 개의 천부인을 들고
신단수에 내려왔는가 하는 것이다.
　잠시 고구려 건국신화로 우회해
보자. 주몽이 건국 과정에서 송양과
다툴 때 이런 말을 한다. "나라를
처음 이룩한 탓에 고각(鼓角)의 위엄이
없도다. 비류국의 사자가 왕래할 때 왕의
예로 맞고 보내지 못한 까닭에 나를 가볍게

세 발 달린 까마귀 삼족오.
삼족오는 태양을 상징한다.

여기는도다."(《동명왕편》) 이 말을 들은 신하 부분노 등
세 사람이 비류국에 가서 북을 훔쳐 온다. 만약 천부인 셋 중 하나가
북이라면 북은 국가의 위엄, 다시 말하면 왕권을 상징하는 기물이다.
칼도 다르지 않다. 주몽이 동부여에 남기고 온 아들 유리를 아들로
확인할 때 사용한 징표가 '부러진 칼'이 아니었던가. 여기서도 칼은
왕권을, 부러진 칼의 합체는 왕권의 계승을 상징하는 것이었다.
일본에서 삼종 신기가 천황의 정통성을 상징한다는 뜻도 이와
다르지 않으리라.
　천부인이 무엇이든 샤만의 몸에 붙어 있을 때에는 샤만의 능력과
권위를 표상하는 사물이지만 왕의 손에 잡혀 있을 때에는 왕권의
상징이 된다. 그런데 그것이 하나가 아니고 꼭 셋이어야만 하는
까닭은 셋이어야만 왕권이 온전하다는, 3이라는 수에 대한 인식
때문이 아닐까? 3이 왕권에 닿자 3의 상징은 완성된 혹은 완전한

왕권의 의미를 낳았던 것이다.

'조화와 완성'이라는 3의 신화적 비밀을 들고 신화 속의 3을 찾아가자면 한이 없을지도 모르겠다. 주몽이 동부여를 탈출할 때 그를 따라나섰던 벗도 오이·마리·협보 셋이었고, 모둔곡에서 만난 현자도 삼베옷, 누비옷, 마름옷을 입은 세 사람이었다. 유리가 아버지를 찾아 졸본부여로 갈 때 함께 했던 사람도 옥지·구추·도조 셋이었다. 해모수가 만난 하백의 딸도 유화·위화·훤화 셋이었고, 심지어는 고구려 각저총 벽화의 태양 속에 그려져 있는 까마귀의 다리도 셋이다. 무속신화 〈제석본풀이〉의 당금애기가 낳은 아들도 셋이었고, 제주도 신화 〈초공본풀이〉에서 노가단풍 자지맹왕아기씨가 낳은 아들도 젯부기 삼형제였고, 〈차사본풀이〉의 악녀 과양각시가 구슬 셋을 삼키고 낳은 아들도 세 쌍둥이였다. 탐라국 건국신화의 모습을 간직하고 있는 삼성신화의 신인(神人)도 셋이고, 신라 건국신화에서 박혁거세를 맞이한 촌장들은 3의 배수인 여섯이고, 수로를 맞이한 가락국의 촌장들은 3의 세 배인 아홉이었다. 이런 식으로 따져 가자면 끝이 없을 테고, 일일이 설명을 다는 것도 사족일 테니 이쯤에서 접기로 하자.

신화적 사유의 이웃인 《노자》에는 "도(道)가 하나를 낳고, 하나가 둘을 낳고, 둘이 셋을 낳고, 셋이 만물을 낳는다"(42장)라는 명문이 꿈틀거리고 있다. 여기서 셋은 둘인 천지, 혹은 음양이 상호작용하여 생성된 기운(和氣)이라는 데 다수 주석가들은 동의한다. 천지와 음양의 조화로 생성된 기운, 음양과 천지를 완전케 하는 기운, 곧 3은 우주의 근원이다. 그것을 깨달은 것이 노자의 위대한 철학적 직관이다. 다음과 같은 시를 창조한 괴테의 시적 직관도 거기서 결코 멀지 않았으리라.

사람을 행복하게 하는 사랑

사랑은 고귀한 둘을 가깝게 하네.

그러나 너무나 황홀하게도

그 사랑이 향기로운 셋을 만들었네.

 죽을 고비를 세 번 넘긴 총각

옛날 강원도에 홀어머니를 모시고 사는 열여섯 살 총각이 있었다. 가난하지만 선비 집안 출신이라 한양에서 과거 시험이 있다는 말을 듣고 길을 나섰다. 어떤 고을을 지나는데 아이들이 막대기에 개똥을 찍어 코에 갖다 대며 눈먼 판수를 놀리고 있었다. 총각이 아이들을 쫓아주자 보답으로 판수는 총각을 자기 집에 재워주고 점도 쳐 준다. 점괘를 뽑은 판수는 이번 과거에 장원을 하겠지만 죽을 고비가 세 번이나 들었으니 고비를 못 넘기면 장원급제도 허사라고 한다. 총각이 살 방도를 묻자 앞의 두 번은 마음먹기에 달렸지만 세 번째 고비는 어렵다면서 쌈지 하나를 준다. 총각은 길을 떠나 한 주막에 묵게 되었는데 주인 여자가 잘 차린 술상을 들고 들어와 유혹했다. 느닷없는 유혹에 정신이 어질어질한 가운데 불현듯 판수의 말이 떠올라 여인을 물리쳤다. 그때 한 사내가 칼을 들고 들어와 무릎을 꿇었다. 마누라의 나쁜 행실을 눈치 채고 숨어 있다 여차하면 둘 다 죽이려고 했는데 그렇게 할 줄은 몰랐다면서 잘 대접하고 여비까지 주었다. 한양에 도착한 총각은 묵을 곳을 찾아 헤매다 밤이 이슥해졌는데 갑자기 사내들이 달려들어 보쌈을 했다. 자루에서 풀려나 보니 대갓집 별당의 처녀 앞이었다. 놀라 처녀에게 묻자 자신이 상부살이 있어 첫 남편을 잃을 운명이라 부모가 액막이를 하려고 보쌈을 했다는 것이었다. 미안해하는 처녀를 위로하자 처녀가 금덩이 둘을 주었다. 다음 날 새벽 다시 자루에 싸여 어디론가 가던 총각은 하인들에게 금덩어리를 주고 살아난다. 마음을 잘 써 죽을 고비를 두 번이나 넘긴 것이었다.

드디어 총각은 과거에서 장원을 한다. 시골 총각이 장원을 하자 조정에는 일대 소동이 벌어졌는데 김 정승과 이 정승이 서로 사위로 삼으려고 다퉜다. 결국 임금이 나서서 나이가 많은 김 정승 딸의 손을 들어주었다. 총각은 고향에도 못 내려가고 혼례를 올리게 되었는데 첫날밤 잠시 변소에 간 사이 신부가 칼에 찔렸다. 놀란 총각은 사람들을 불렀으나 도리어 의심을 사 포도청에 잡혀 간다. 옥에 갇혀 어쩔 줄을 모르던 총각은 문득 판수가 준 쌈지를 떠올렸다. 그는 포도대장에게 사건의 비밀이 그 안에 담겨 있다면서 쌈지를 올렸다. 쌈지 안에는 흰 백(白) 자 셋이 쓰어 있는 누런 종이밖에 없었다. 답을 알 수 없었던 포도대장이 임금에게 올리자 임금은 지혜롭기로 소문난 이 정승에게 명을 내렸다. "뜻을 풀지 못하면 김 정승의 사위를 처형하겠다."

그러나 아무리 생각해도 이 정승은 뜻을 알 수 없었다. 그때 한숨을 쉬는 아버지의 사정을 들은 딸이 누런 종이를 펴보더니 범인은 황백삼이라고 했다. "누런 종이에 흰 백 자가 셋이니 누를 황에 백삼 아니겠어요. 아마 김 정승 댁에 그런 사람이 있을 거예요." 아니나 다를까 김 정승 집의 젊은 종 가운데 황백삼이 있었다. 그는 관가에 잡혀와 죄상을 털어놓았고 총각은 풀려났다. 그러자 이번에는 이 정승이 사위를 삼겠다고 나섰다. 생명의 은인에게 보답하는 마음으로 어쩔 수 없이 혼인을 한 총각은 첫날밤 깜짝 놀라고 말았다.

신부가 바로 보쌈을 당했을 때 만난 처녀였기 때문이었다. 신부도 놀라기는 마찬가지. 두 사람의 사연을 듣고 놀라지 않는 사람이 없었다. 두 사람은 오래도록 행복하게 살았다고 한다.

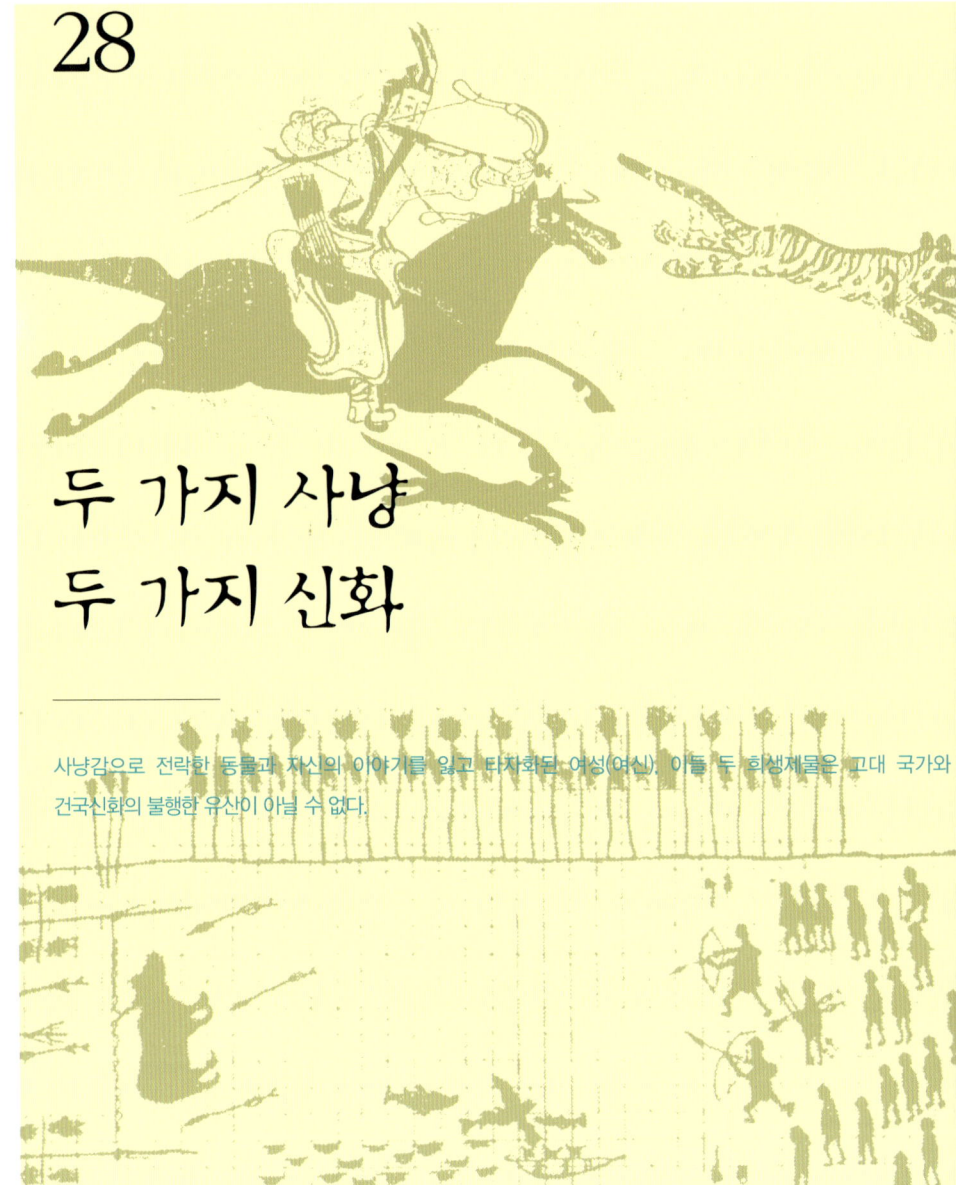

28

두 가지 사냥
두 가지 신화

사냥감으로 전락한 동물과 자신의 이야기를 잃고 타자화된 여성(여신), 아들 등 희생제물은 고대 국가와
건국신화의 불행한 유산이 아닐 수 없다.

무용총의 수렵도. 역동적인
아름다움이 넘친다.

굵은 선과 가는 선으로 단순하게 묘사된 산, 산야에서
말을 달리는 무사의 팽팽한 활시위, 쫓기는 호랑이와
사슴들……. 한국인이라면 불현듯 떠오르는 이미지가 있을 것이다.
무용총·감신총·수렵총 등의 이름이 붙은 고구려 고분에 그려진
수렵도가 그것이다. '씩씩한 고구려의 기상'을 표현한 작품이라는
교과서적 설명이 아니더라도 그림은 우리에게 역동적인 아름다움을
넘칠 정도로 선사한다. 그러나 넘치는 힘 뒤에 가려진 사냥의
본질에 대해 벽화는 말이 없고, 우리는 관심이 없다.

권력의 도구요 유혈 낭자한 폭력일 뿐인 사냥

《삼국사기》 열전에는 바보의 원조 '온달' 이야기가 기록되어 있다. 그 가운데 이런 대목이 있다. "고구려에서는 언제나 춘삼월 3일에 낙랑 언덕에 모여 사냥을 하여 잡은 돼지와 사슴으로 하늘과 산천의 신들에게 제사를 지냈다." 평강공주의 '교육'에 힘입어 온달은 이 사냥대회에서 1등을 차지한다. 다 아는 이야기지만 이 낙랑회렵(樂浪會獵)에서 우리가 놓치지 말아야 할 지점은 사냥대회가 왕의 제천행사와 함께 이뤄졌다는 사실이다. 고구려의 왕들은 해마다 3월 3일에 국가의 공식적이고 의례적인 사냥행사를 벌였던 것이다. 이런 사냥의례는 광개토왕이 변경 지역을 순행하면서 벌였던, 〈광개토왕비문〉 전렵(田獵) 기록에서도 확인할 수 있다. 사냥은 단지 짐승을 잡기 위한 행위가 아니라 군사훈련이기도 했고, 국가의 위엄과 왕권의 정당성을 천하에 과시하기 위한 행사이기도 했다. 고구려 무덤의 수렵도는 바로 이런 사냥의 한 장면을 광각렌즈로 포착한 것이다.

국가적 사냥의례는 고구려만의 전매특허는 아니었다. 공자가 '사무사(思無邪)'라고 칭송했던 《시경》에도 이런 고대 국가의 사냥에 대한 찬양이 숨어 있다.

내 수레는 벌써 손질을 마쳤고 /내 말도 벌써 준비를 마쳤네.
씩씩한 네 마리 수말 /수레 몰아 동쪽으로 달려가리라.

수레는 벌써 마련되었고 /씩씩한 네 마리 수말
동쪽에 있는 좋은 사냥터 /수레 몰아 달려가 사냥하리라.

우리 님(천자) 여름 사냥 떠나시니 /시중꾼을 뽑는 소리 떠들썩하네.
현무 깃발 쇠꼬리 깃발 높이 세우고 /오(敖) 땅에 달려가 사냥하리라.

네 마리 수말이 끄는 수레 /가지런히 잘도 달리네.
붉은 슬갑 금빛 신발 /모여드는 제후들 끊임이 없네.

깍지 팔찌 차례로 늘어놓고 /활도 화살도 벌써 손질을 마쳤네.
궁사들은 이미 화살을 날리고 /돌아와 쌓인 짐승들을 들어올리네.

수레를 끄는 것은 네 필 공골말 /곁말은 곁말대로 자릴 지키네.
교묘히 말을 몰아 달리면 /화살은 꿰이듯 바로 꽂히네.

조용한 말들의 울음소리 /유유히 나부끼는 깃발
보병도 기병도 조용히 걷고 /수라간엔 남은 짐승이 많지 않네.

우리 님 사냥을 가셨다더니 /씻은 듯 소리 하나 들리지 않네.
이런 군자께서 윗자리에 계신다면 /틀림없이 큰일을 하시리라.

〈소아(小雅)〉편에 실려 있는 '거공(車攻)'이란 제목의 시인데 주
(周)나라 선왕(宣王)의 전렵을 묘사한 작품으로 알려져 있다. 천자의
정례적인 여름 사냥의 떠들썩한 준비와 행차, 천자의 깃발 아래
몰려드는 제후들, 서로 잡은 짐승들을 겨루는 사냥의 풍경, 잡은
짐승을 나눠주는 천자의 덕에 대한 칭송으로 이루어진 이 작품은
중국 고대 왕들이 자신의 통치권을 선포하기 위해 제후들과 더불어
벌였던 '순수(巡狩)'라는 의례적 사냥의 현장을 잘 포착해내고 있다.

아이누 족의 이오만테 의식.
곰의 넋을 위로하는 의식이다.

단편적 기록과 벽화로 흔적을 남기고 있는 고구려의 낙랑회렵, 혹은 전렵도 이와 별로 다르지 않았으리라.

그런데 여기서 잠시 활시위를 당기는 무사가 아니라 짐승들에게로 시선을 옮겨보자. 무사들에게 짐승들은 목적이 아니라 수단이다. 사냥은 식량 삼아 짐승을 잡기 위한 행위가 아니다. 사냥은 잡은 짐승을 통해 왕의 권력과 성덕을 선포하는 수단이다. '이런 분이 윗자리에 계신다면 큰일을 하시리라'는 것을 보여주기 위해 살해된 짐승들은 천자의 수라간에 쌓여 있는 것이다. 이런 사냥에서 동물은 경외의 대상일 수 없다. 비록 살해된 짐승들이 제의의 희생제물이 되기는 하지만 제의는 희생물이 아니라 희생물을 드리는 왕을 위한 것일 뿐이다. 국가 시스템 속에서 사냥은 권력의 도구이고, 유혈이 낭자한 폭력일 뿐이다.

니브히 족의 '곰의 넋 보내기' 의례

그러나 세상에는 이런 사냥만 있는 것은 아니다. 우리에게는 보고된 사례가 없으니 니브히 족의 곰 사냥을 참조해 보기로 하자. 이 사람들은 숲에서 새끼 곰을 데려와 가족처럼 정성스레 키운다. 그러다가 곰을 보내는 날, 이들은 곰을 묶어 마을 공동체의 공간인 반지하식 수혈에 데리고 들어가 곰과 함께 음식과 농담을 주고받는 한바탕의 놀이를 벌인다. 이때 곰은 인간과 다를 바 없는 공동체의 일원이다. 그후 아름답고도 슬픈 음악이 연주되는 가운데 마을 밖 제의 장소에서 곰은 나무에 묶이고 제의용 화살에 맞아 죽는다. 장엄한 분위기 속에서 곰의 몸은 세심하게 뼈와 살로 분리된다. 살은 함께 나누고, 뼈는 따로 모아 장례를 지낸다. 이것이 사할린 지역에 살고 있는 니브히 족의 '곰의 넋 보내기' 의례이다.

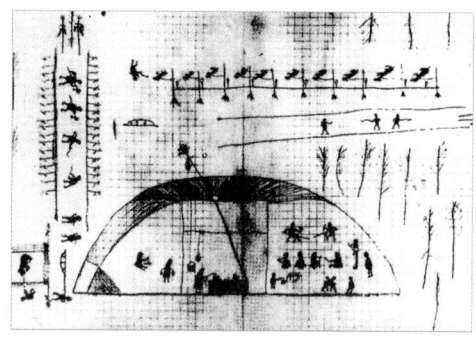
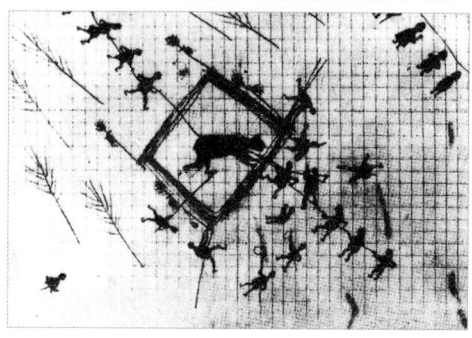
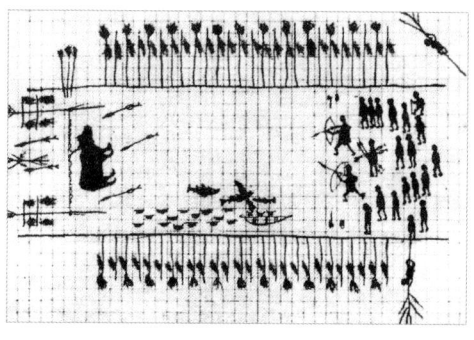

니브히 족의 '곰의 넋 보내기' 의례 모습.

　참으로 이상한 사냥이다. 사냥에 따르는 절차도 복잡할 뿐만 아니라 도무지 비효율적이다. 곰 한 마리를 죽여 고기를 나눠 먹기 위해 투여되는 시간과 노동이 오늘 우리의 시각으로는 이해가 안 된다. 저 고분벽화 속의 무사들도 다르지 않았을 것이다. 하지만 곰을 단순한 사냥감이 아니라 피를 나눈 형제자매라고 믿는다면 사정은 다르지 않을까? 곰이 해마다 일정한 시기에 자신들의 몸을 형제들에게 선물로 주기 위해 찾아오는 때가 있다고 여긴다면, 넋의 거처인 곰의 뼈를 모아 장례를 치러 넋을 잘 보내주면 곰이 다시 살아난다고

믿는다면 곰에 대한 태도는 다를 수밖에 없지 않을까? 니브히 족은 이런 믿음을 가지고 살았다. 이들에게 곰 사냥은 다른 무엇을 위한 수단이 아니었다. 곰 사냥 자체가 곰과 형제애를 나누는 방법이었다. 폭력 없는 곰 살해, 이것이 '곰 넋 보내기' 의례의 본질이다.

고대 국가의 사냥과 국가 아닌 사회의 사냥 이야기를 다소 장황하게 늘어놓았다. 그 까닭은 두 사회의 사냥과 지금부터 풀어 보려는 두 신화 사이에 깊은 친연관계가 있기 때문이다. 두 신화란 시조신화와 건국신화이다.

시조신화는 한 씨족 공동체의 기원을 이야기하는 신화이다. 신화는 흔히 기원을 이야기하지 않는가. 우주만물의 기원, 인류의 기원, 사물의 기원 등등. 시조신화 역시 이런 뜻에서 기원신화, 혹은 창조신화의 일부라고 해도 좋을 것이다. 그런데 시조신화는 인간의 조상을 흥미롭게도 다른 사물에서 찾는다. 사물 가운데서도 가장 흔한 것이 동물이다. 사할린의 니브히 족이나 홋카이도의 아이누 족, 동북 흥안령 일대의 에벤키 족 등은 모두 곰을 시조로 모시고 있고, 바이칼 지역의 부랴트 족이나 중앙아시아의 카자흐 족은 백조를, 러시아 하바로브스크의 아크몐카 족이나 중국 원난의 이 족은 호랑이를 시조로 섬기고 있다. 우리의 문헌신화나 무속 신화에는 이미 그런 모습이 잘 드러나지 않지만 〈단군신화〉의 곰과 호랑이에서 〈주몽신화〉의 물새처럼 입이 길어진 유화의 형상에서 그런 자취를 찾을 수 있다. 시조신화에서 동물들은 피를 나눈 혈연이자 조상신이다. 이들 민족에게 동물들은 숭배의 대상이다. 시조신화는 왜 어떤 동물들을 숭배해야 하는지, 함부로 잡을 수 없는지 가르쳐준다. 예컨대 니브히 족의 시조신화나 곰 넋 보내기 의례의 기원을 이야기해 주는 신화는 왜 그런 비생산적인 행위를 해야만 하는지 행위의 모범을 제시해 주는 기능을 한다는 말이다. 시조신화의 세계, 시조신화를 이야기하는 비국가적 사회, 다시 말해 원시사회에서 자연과 인간은 상호부조적 관계, 비폭력적 관계를 이루고 있었다고 해도 좋을 것이다.

그러나 국가의 출현은 이런 동물과 인간의 관계를, 시조신화의 세계관을 뒤집어버린다. 비국가적 사회에서 수장(首長)은 부족에게 봉사하는 사람이었지만 국가적 사회의 수장은 부족의 봉사를 받는 사람이다. 확산된 권력(비권력)이 아니라 집중된 권력의 정점에 수장, 즉 왕은 위치한다. 건국신화는 바로 왕이 왜 권력의 정점에 있는지를 이야기한다. 단군이 왜 고조선의 수장인가? 그것은 단군이 인격화된 곰 어머니 웅녀의 아들이기 때문이 아니다. 비국가적 사회에서는 곰 어머니의 후손이라는 종족적 정체성이 의미가 있었지

북유럽 신화 속의 영혼 군대. 오딘은 먹구름을 타고 이 사냥꾼 군대를 이끈다. 19세기 유채화.

만 이제 의미 있는 것은 종족적 정체성이 아니라 왜 한 종족이 한 사람에게 복종해야만 하는가, 곧 신민(臣民)이라는 새로운 정체성이다. 이 복종의 서사를 만들기 위해 건국신화는 시조신화에는 없던 제 3의 신을 호명한다. 그것이 사물 자체의 상징성을 넘어 추상화된 최고신이다. 환인이 있기 때문에 단군은 고조선의 수장이 되고, 천제가 있기 때문에 주몽은 고구려의 왕이 된다.

　이런 복종의 정체성 속에서 동물인들 온전할 것인가? 고구려 고분벽화의 동물들처럼 신성은 소실되고 사냥감으로 떨어진다. 이 사냥의 극점에 단지 웅담을 얻기 위해 곰을 죽이는 야만이 도사리고 있다. 그것은 마치, 앞서 웅녀의 수수께끼를 풀면서 이야기한 바 있듯이, 웅녀가 혹은 유화가 건국신화에서 소외되는 것과 같은 이치이다. 웅녀·유화 역시 본래 동물신의 형상을 지녔던 존재가 아니었던가? 사냥감으로 전락한 동물과 자신의 이야기를 잃고 타자화된 여성(여신), 이들 두 희생 제물은 고대 국가와 건국신화의 불행한 유산이 아닐 수 없다.

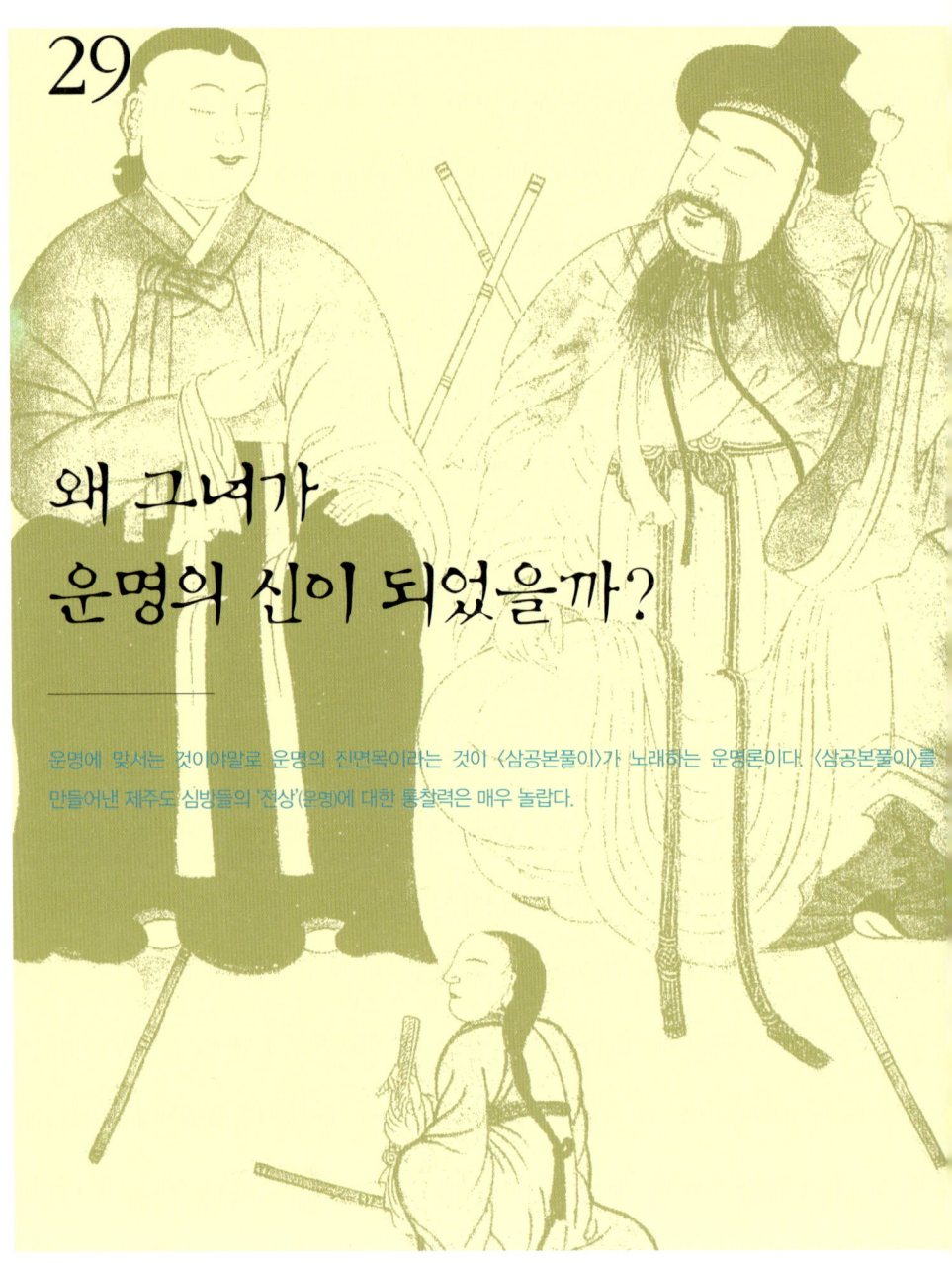

29

왜 그녀가
운명의 신이 되었을까?

운명에 맞서는 것이야말로 운명의 진면목이라는 것이 〈삼공본풀이〉가 노래하는 운명론이다. 〈삼공본풀이〉를
만들어낸 제주도 심방들의 '전상'(운명)에 대한 통찰력은 매우 놀랍다.

'신화' 하면 우리의 뇌리에 떠오르는 관념은 아주 오래된 이야기, 신에 관한 이야기, 신성시되는 이야기, 이런 것들이다. 신화가 신에 관한, 그리고 신성시되는 이야기인 것은 틀림없지만 아주 오래 되었다는 통념은 반드시 정당한 게 아니다. 구전되거나 문헌에 기록되어 있는 신화들 대부분이 원시시대부터 전해 내려온 것이겠지만 후대에 만들어진 신화가 아주 없는 것도 아니다. 예컨대 건국신화는 고대 국가 성립기나 역사가 기록될 때 만들어지지만 그보다 더 나중에 만들어진 신화도 있다. 그 대표적인 예가 제주도 무속신화 가운데 하나인 〈삼공본풀이〉다.

〈삼공본풀이〉, 삼공신의 근본을 풀어내는 이야기

제목도 요상한 〈삼공본풀이〉는 말하자면 '삼공신(三公神)의 근본을 풀어내는 이야기라는 뜻이다. 세 번째 신이 있으니 그 앞에 신들이 있을 것 같은데, 과연 그렇다. 무당의 조상신인 삼멩두(젯부기 삼형제)의 근본을 이야기하는 〈초공(初公)본풀이〉, 인간의 생명을 관장하는 서천꽃밭 꽃감관인 할락궁이의 근본을 풀이하는 〈이공(二公)본풀이〉가 그것이다. 그렇다면 삼공신은? 삼공신은 인간 한평생의 운명을 관장하는 '운명의 신'이다. 제주 심방들 말로는 '전상신[前生神]'인데 이 전상신의 내력에는 두 가지 흥미로운 부분이 있다. 하나가 이 무속 신화의 형성 과정이라면 다른 하나는 '하필 그녀가 왜 운명의 신이 되었을까?' 하는 것이다.

〈삼공본풀이〉는 제주도 굿에 본래부터 있었던 본풀이가 아니다. 본래 구전되던 설화를 심방들이 수용하여 무가로 부른 것이다. 설화가 먼저냐 무가가 먼저냐 하는 논란이 있는 〈이공본풀이〉와 달리

〈삼공본풀이〉에는 그런 논란이 없다. 우선 그 점을 확인하기 위해 줄거리를 더듬어볼 필요가 있겠다.

이야기는 전형적인 민담처럼 시작된다. 옛날 옛적에 강이영성이서불은 윗마을에 살고, 홍운소천궁에궁전궁납은 아랫마을에 살았다. 둘 다 너무 가난하여 남의 마을에 얻어먹으러 가다가 만났는데 연분이 있는지 부부가 되었다. 남의 품팔이를 하며 그럭저럭 사는 동안 여자아이를 낳는다. 동네 사람들이 불쌍하다고 은그릇에 가루를 타 먹여 살려 이름은 은장아기로 지었다. 제주도에서는 신생아에게 메밀가루를 물에 타 먹이는 풍습이 있는데 바로 그 얘기다. 그후 둘째 딸이 태어났는데 놋그릇에 가루를 타 먹여 놋장아기, 셋째 딸은 또 딸이라서 그랬는지 나무바가지에 가루를 타 먹여 가믄장아기라고 이름을 지었다.

세 딸이 태어난 후 부부는 복을 받아 점점 재산이 늘어 천하 거부가 된다. 세월이 흘러 딸들의 나이가 열다섯이 지나던 어느 날 부부는 심심하던 차에 딸들을 불러 문답놀이를 했다.

"은장아기야, 너는 누구 덕에 먹고 입고 잘 사느냐?"

"하느님도 덕이고 지하님도 덕이고, 아버님도 덕이고 어머님도 덕입니다."

"놋장아기야, 너는 누구 덕에 먹고 입고 잘 사느냐?"

"하느님도 덕이고 지하님도 덕이고, 아버님도 덕이고 어머님도 덕입니다."

"막내딸 가믄장아기야, 너는 누구 덕에 먹고 입고 잘 사느냐?"

"하느님도 지하님도 아버님도 어머님도 덕이지만 내 배꼽 밑에 '선 그믓' 덕에 먹고 입고 잘 삽니다."

가믄장아기는 '배꼽 밑에 세로 금이 뚜렷한 여자는 잘 산다'는 속설을 들어 대답한다. 말하자면 '나는 내 덕에 산다'는 과감한 독립선언이다. 첫째, 둘째를 기특하다고 칭찬했던 강이영성은 불효막심한 자식이라며 셋째를 쫓아낸다. 가믄장아기가 검은 암소 등에 입던 옷을 챙겨 싣고 정처없이 떠나는데 어머니가 섭섭하여 두 딸을 보내 식은 밥이라도 먹고 가라고 부른다. 그런데 은장아기도, 놋장아기도 아버지 어머니가 때리러 오니 빨리 가라고 거짓말을 한다. 그 때문에 노둣돌에 올라가 거짓말을 한 은장아기는 청지네로, 거름 위에 올라가 거짓말을 한 놋장아기는 용달버섯으로 변해 버린다. 두 딸이 소식이 없자 궁금해서 나오다가 부부는 문지방에 눈이 걸려 장님이 된다. 눈이 멀자 재산을 탕진하게 되고, 결국은 다시 비렁뱅이 신세가 된다.

집을 나선 가믄장아기는 산을 넘어 길을 가다가 허름한 초막에서 하룻밤 묵어가기를 청한다. 노부부가 마를 캐는 아들 삼형제와 사는 집이었다. 해가 저물자 큰 마퉁이, 둘째 마퉁이가 차례로 들어오면서 계집애를 들여 놀고 있다고 부모를 욕한다. 막내만 하늘이 도와 검은 암소와 사람이 함께 들어왔다고 반갑게 맞았다. 첫째와 둘째는 마를 삶아서도 부모에게는 모가지나 꼬리 부분만 주는데 막내는 가운데 부분을 드렸다. 가믄장아기가 찹쌀로 밥을 지어 밥상을 들고 들어가자 노부부와 두 형제 모두 조상들도 안 먹던 벌레 밥이라며 거부한다. 그러나 막내는 맛있게 받아먹는다. 그것이 인연이 되어 둘은 백년동거를 약속하고 부부가 되었다.

다음 날 가믄장아기는 마 파는 곳에 구경가자고 한다. 그런데 큰 마퉁이가 파던 곳에는 똥만 물컹물컹하고, 둘째 마퉁이가 파던 곳 에는 지네, 뱀, 짐승들이 가득했다. 그러나 작은 마퉁이가 파던

맹인 부부를 그린 조선 후기의 민화.

곳에서는 금덩이, 은덩이가 나와 검은 암소에 실어다 팔아서 기와집에서 부자로 살게 된다.

어느 날 가믄장아기는 작은 마퉁이에게 낳아준 부모가 틀림없이 거지가 되어 거리를 떠돌고 있을 테니 거지잔치를 벌여 부모를 찾고 싶다고 말한다. 부자도 보통 부자가 아니었던지 석 달 열흘 잔치를 여는데 만 명이나 되는 거지가 모여들었다. 백일 만에 강이영성 거지 부부가 찾아왔는데 가믄장아기의 꾀로 얻어먹질 못해 마지막에 남는다. 가믄장아기의 명을 받은 하인이 두 거지를 안방으로 청해 한 상 가득 차려 준다. 정신없이 먹는데 가믄장아기가 들어와 억지로 이야기를 청하자 살아온 내력을 풀어놓는다. 그때서야 가믄장아기는 '가믄장아기가 여기 있다'면서 술을 따른다. 깜짝 놀라 술잔을 놓으며 어머니, 아버지는 눈을 활짝 뜬다.

무당 안사인이 부른 창본은 여기까지가 끝이지만 한생소 등이 부른 몇 창본을 참고해 보면 가믄장아기의 말이 더 있다. "저는 본래 전상을 맡아 인간 세상에 나왔습니다. 부모님이 부자가 된 것도 저 때문입니다. 인간 세상 먹는 것도 전상, 입는 것도 전상, 장사하는 것도 전상, 농사일도 전상, 글하는 것도 전상, 활 쏘는 것도 전상, 모든 게 전상 아닙니까."

이렇게 줄거리를 따라가자니 몇 가지 물음이 저절로 떠오른다. '아니 이거 평강공주 이야기 아냐?', '마퉁이는 서동(薯童)과 선화공주 이야기에 나오는 인물인데?' 가믄장아기가 거지잔치를 벌여 눈먼 부모를 다시 만나고 마침내 눈먼 부모가 눈을 뜨는 대목은 옛소설 〈심청전〉 혹은 판소리 〈심청가〉를 빼닮았다는 생각도 지울 수 없다. 그러나 조금씩 비슷할 뿐 정작 어느 이야기와도 꼭 같지는 않다. 그런데 〈삼공본풀이〉와 아주 비슷한 민담이 있어 주목을 끈다. 이른바 '내 복(덕)에 산다' 유형의 민담이 그것이다.

이 유형의 민담을 한 문장으로 정리하면 '집에서 쫓겨난 여자가 천한 남자를 만난 후 귀한 물건을 발견하여 잘 살게 된다'는 내용으로 구성되어 있다. 세 문장으로 요약하면 이렇다. 누구 덕에 먹고 사느냐고 아버지가 묻자 막내딸만 내 덕에 산다고 대답하여 쫓겨난다. 가난한 숯구이 총각을 만나 함께 살다가 숯막 근처에서 금덩이를 발견하여 거부가 된다. 가난해진 아버지를 다시 만나 모시고 잘 산다. 이렇게 정리하고 보면 '내 복에 산다' 형 민담은 아무리 봐도 〈삼공본풀이〉와 구조적으로 동일하다. 다만 부모가 맹인이 되었다가 눈을 뜬다거나 두 언니가 청지네와 용달버섯(독버섯)으로 환생한다거나 숯구이 총각이 아니라 마퉁이 삼형제라거나 하는 부분에서 변이가 있을 뿐이다.

한데 이런 쫓겨난 여자의 발복(發福) 이야기는 우리나라 어디에 서나 들을 수 있는 민담이었을 뿐만 아니라 중국이나 일본에도 있는 이야기다. 그만큼 많은 사람들에게 공감을 얻은 보편적 이야기라는 뜻이다. 게다가 이미 《삼국사기》의 〈온달전〉에도 평강공주 이야기로 들어가 있으니 꽤 오래 전부터 구전되던 민담이라고 할 수 있다. 그런데 신화에서는 제주도 〈삼공본풀이〉 말고는 같은 유형의 이야기를 도무지 찾을 수가 없다. 무슨 뜻인가? 이 유형의 민담이 신화에서 온 것이 아니라 신화의 변형이란 뜻이다. 운명신의 본풀이가 먼저 있었다면, '내 복에 산다' 형 민담은 우리나라 전역에 전승되고 있는데, 제주도에만 운명의 신이 살아 있을 까닭이 없지 않은가? 〈삼공본풀이〉는 널리 퍼져 있는 민담을 심방들이 받아들여 전상신의 이야기로 새롭게 풀이 한 것으로 볼 수밖에 없다.

우리 운명의 여신, 가믄장아기

그렇다면 왜 제주 심방들은 부모에게 쫓겨난 가믄장아기를 전상신으로 모셨을까? 자연히 뒤따르는 의문이다. 이 의문을 풀려면 '내 복에 산다' 형 민담과 〈삼공본풀이〉가 공유하고 있는 핵심적인 화소를 불러내 심문해야 한다. 곧 아버지가 딸들에게 누구 덕에 사느냐고 물었을 때 언니들과는 달리 왜 막내딸은 그렇게 맹랑한 대답을 했는가 하는 것이다. 그저 버르장머리 없는 막내라서 그랬던 것일까?

두 딸은 심심해서 괜히 쓸데없는 질문을 한 아버지의 의도를 정확히 읽고 준비된 답변을 한다. 신화에서는 하느님(天神), 지하님(地神)의 덕이 관용적으로 덧붙었지만 정답은 '아버지 덕'이다. 얼마나 착한 딸들인가? 이들 민담이나 신화가 효(孝)에 방점을 찍었다면 당연히 두 딸이 주인공이 되고, 두 딸이 신이 되었을 것이다. 그러나 이들 이야기는 효가 아니라 운명에 관한 이야기다. 운명이란 시각으로 보면 두 딸은 아버지의 효성스러운 딸이라는 주어진 운명 안에 정확히 자리를 잡은 것이다. 그러나 막내딸은 그것을 거부한다. 막내딸은 자신에게 주어진 효녀로서의 운명을 부정한다. 따라서 민담에 그려진 막내딸의 모습에서 우리는 자신의 삶을 부모에게 맡기지 않고 스스로 일궈나가려는 한 여성의 주체성을 어렵지 않게 확인할 수 있다. 이를 두 언니의 운명론에 대해 반운명론이라고 부를 수도 있을 것이다. 언니들은 등장하지 않지만 〈온달전〉의 평강공주가 보여주는 '선택'이 바로 그런 것이다. 그녀는 아버지 평강왕의 명을 거부하고 오히려 한입으로 두말하는 아버지를 나무라다가 궁궐에서 쫓겨나지 않았던가.

그런데 〈삼공본풀이〉는 이 핵심 화소를 아주 재미있게 변형시킨다. 앞서 줄거리를 더듬으면서 슬쩍 흘렸지만 가믄장아기는 '내 덕에 산다'고 말하지 않고 '내 배꼽 밑에 선 그믓 덕에 잘 산다'는 괴상한 대답을 한다. '배꼽 밑에 선 그믓'이란 총각들은 잘 모르겠지만 배꼽 밑에 세로로 서 있는 금, 곧 임신선을 말한다. 임신을 하면 짙어졌다가 출산 후 다시 옅어지는 묘한 선이다. 이 임신선이 뚜렷해야 잘 산다는 민간의 속설이 있는 것을 보면 임신선과 여성의 운명을 연결시키는 관념이 있었던 모양이다. 마치 수상(手相)에도 운명선이 있고 관상을 통해서도 운명을 점치듯이. 그렇다면 가믄장아기의 대답은 나는 내 타고난 운명대로 산다는 뜻이 된다. 사실 본풀이의 마지막에 가믄장아기가 밝히듯이 자신은 전상신의 직분을 받아 세상에 온 것이고, 부모가 부자가 된 것도 자신 덕이고, 모든 것이 '전상'이라고 하는 것을 보면 사람은 다 타고난 전생대로, 곧 운명대로 산다는 말이다. 그렇다면 신화 〈삼공본풀이〉는 민담의 반운명론을 운명론으로 뒤집은 것인가?

그렇다고 하더라도 문제는 또 있다. 왜냐하면 민담의 이야기 구조가 신화 내에서 그대로 유지되면서 가믄장아기는 민담 주인공의 경로를 따라 집을 나가 천한 마퉁이를 만나 잘 살기 때문이다. 이렇게 되면 가믄장아기가 민담의 구조를 따르면서 몸으로 드러내는 반운명론적 사고와 모든 게 '전상'이라고 하는 신화적 발언 사이에 충돌이 일어난다. 〈삼공본풀이〉의 이야기 구조를 달걀에 비기자면 반운명론이라는 노른자를 운명론이라는 흰자가 감싸고 있는 셈이다. 이 형식상의 모순은 민담을 받아들여 무속신화로 창안하는 과정에서 발생한 어쩔 수 없는 상처인가, 아니면 운명에 대한 새로운 직관의 소산인가?

무신도 중 온당대신할머니(巫祖). 조선 후기.

그리스 신화의 운명의 여신 모이라. 이들은 인간이 태어날 때 그 운명을 결정한다.

개인의 운명이란 철학과 종교, 그리고 문학의 오래된 주제지만 정해진 답은 없는것 같다. 조선 후기 학자 이익은 《성호사설》에서 인간의 복을 하늘이 정한 복(天定)과 사람이 만들어가는 복(人力)으로 명쾌하게 가름한 바 있다. 타고난 운명과 만들어가는 운명, 이 두 개의 운명론은 마치 줄다리기를 하듯 서로를 밀고 당기고 있는지도 모르겠다. 그런데 〈삼공본풀이〉는 이 풀리지 않는 시소 게임 속으로 뛰어든다. 가믄장아기는 자신에게 주어진 운명, 사실은 두 언니들이 오인하고 있던 그 '천정'을 깨고 '인력'으로 다른 삶을 만들어간다. 그런데 〈삼공본풀이〉는 그게 바로 운명이고 전생이라고 풀이한다. 운명에 맞서는 것이야말로 운명의 진면목이라는 것이 〈삼공본풀이〉가 노래하는 운명론이다.

나는 〈삼공본풀이〉를 읽고 들을 때마다 〈삼공본풀이〉를 만들어낸 제주도 심방들의 '전상'(운명)에 대한 통찰에 놀라곤 한다. 민담의 반운명론을 받아들여 운명의 여신을 빚어낸 그들의 정신 안에는 성속(聖俗)의 관계에 대한 혜안이 빛나고 있다는 느낌을 지울 수가 없다. 세속(世俗)을 살아가는 인간의 운명이란 신성(神聖)의 손바닥 안에서 뛰노는 손오공이 아니라는 것! 오히려 세속적 실천이 성스러워질 수 있다는 것! 운명을 결정론적으로 사유하는 그리스 신화의 운명의 여신 모이라(Moira)의 형상에서는 쉽게 만나기 어려운 얼굴이다. 운명이 궁금해 점집 문이라도 두드리고 싶은 이들에게 우리 운명의 여신 가믄장아기를 만나보라고 말하고 싶다.

 헤시오도스의 《신통기》의 운명의 여신(모이라)들인 클로토·라케시스·아트로포스는 밤의 신 닉스의 딸로 인간이 태어날 때 길흉의 정도를 결정하는 신이다. 밤의 여신의 딸답게 인간과 신들의 죄를 추적하여 끔찍한 벌을 준 다음에야 비로소 화를 푸는 신으로 묘사되어 있다. 그런데 같은 책의 뒤쪽에서 이들은 제우스의 딸로 나타난다. 아마도 제우스 역시 인간의 운명을 주관하기 때문에 또 다른 혈통관계가 만들어진 것 같다. 그런데 이들의 이름에서 알 수 있듯이 이들 가운데 클로토는 생명의 실을 잣고, 라케시스는 그것을 나눠주고, 아트로포스는 그것을 끊어버리는 역할을 담당한다. 운명의 세 국면이 세 여신으로 복수화된 셈이다. 신화학자 카를 케레니는 모이라들이 인간에게 주는 실의 길이는 오직 그들만이 결정한다고 했다. 제우스도 그들의 결정에 관여하지 못한다는 것이다. 그리스 신화에서 인간의 운명은 운명의 여신들에 의해 태어날 때 이미 결정된다.

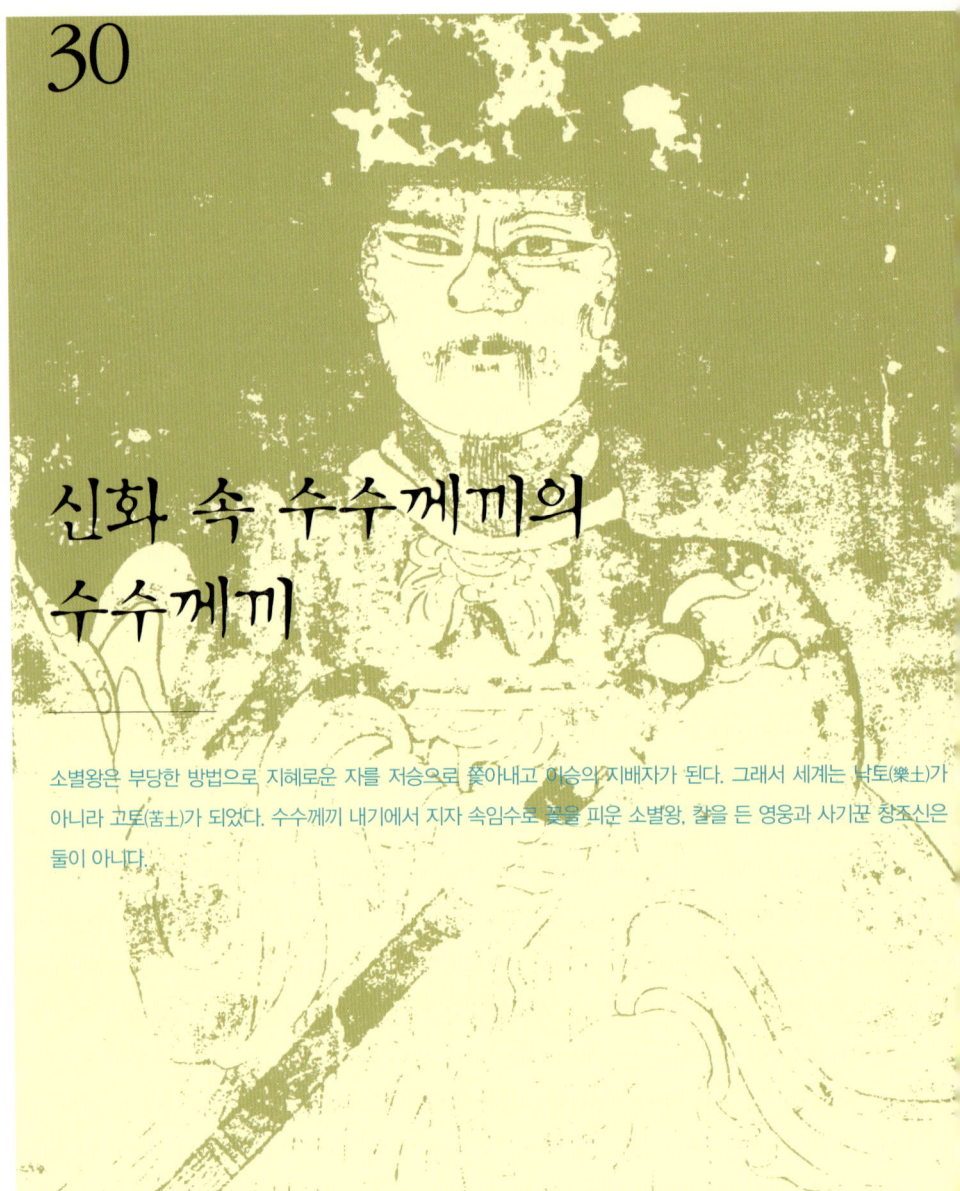

30

신화 속 수수께끼의
수수께끼

소별왕은 부당한 방법으로 지혜로운 자를 저승으로 쫓아내고 이승의 지배자가 된다. 그래서 세계는 낙토(樂土)가
아니라 고토(苦土)가 되었다. 수수께끼 내기에서 지자 속임수로 꽃을 피운 소별왕, 칼을 든 영웅과 사기꾼 창조신은
둘이 아니다.

 제주도 창조신화 〈천지왕본풀이〉에는 천지왕의 아들 둘이 등장한다. 대별왕·소별왕 형제, 천지왕과 지상의 총명부인 사이에서 태어난 신들이다. 그런데 이들 형제는 창조된 세계를 누가 다스릴 것인가를 두고 다툰다. 이승과 저승 가운데 서로 이승을 차지하겠다고 싸우는 것이다. 이는 한반도 창조신화에 보이는 미륵과 석가의 싸움과 흡사하다. 그러나 제주도 신화에는 본토 신화에는 없는 부분이 있다. 〈천지왕본풀이〉에도 미륵과 석가처럼 대별왕과 소별왕의 꽃 피우기 시합이 있지만 그 전에 둘은 먼저 수수께끼 내기를 한다. 제주 말로 예숙제긴다.

이치의 빈 곳을 공략하는 대별왕의 수수께끼

형인 대별왕이 묻는다. "어떤 나무는 주야 평생 이파리가 안 지고, 어떤 나무는 이파리가 지느냐?" "속이 여문 나무는 주야 평생 이파리가 안 지고, 속이 빈 나무는 주야 평생 이파리가 집니다." 소별왕의 대답에 형은 틀렸다고 대답한다. "설운 동생아, 모르는 말 하지 마라. 청대와 갈대는 마디마디가 비어도 이파리가 안 진다." 같은 방식의 수수께끼 문답이 한 번 더 되풀이된다.

대별왕 : 어떤 일로 동산의 풀은 자라지 못하여 짧고, 구렁의 풀은 잘
　　　　 자라 길어지느냐?
소별왕 : 이삼사월 봄에 비가 오면서 동산의 흙이 구렁으로 가니
　　　　 동산의 풀은 짧고 구렁의 풀은 키가 큽니다.
대별왕 : 설운 동생아, 모르는 말 하지 마라. 그러면 왜 사람의 머리는
　　　　 길고 발등의 털은 짧으냐?

대별왕은 수수께끼를 내는 신이고 소별왕은 그것을 풀어야 하는 신이다. 그런데 늘 수수께끼 시합에서 우위에 있는 자는 출제자다. 수수께끼는 상대편을 잡도록 계산된 질문이기 때문이다. 이 계산된 질문의 허를 되찔러 수수께끼를 풀어야 참으로 '지혜로운 자'가 되는 것이지만 소별왕은 대별왕의 허를 찌르지 못한다.

소별왕은 경험적이고 일상적 사고에 사로잡혀 있다. 나무는 속이 꽉 차야 이파리가 튼실해서 떨어지지 않는 것이고, 봄비에 언덕의 흙이 씻겨 내려가 구렁에 쌓이니 기름진 구렁의 풀이 무성한 것은 당연한 이치이다. 그러나 대별왕의 수수께끼는 당연한 이치의 빈 곳을 공략한다. 단단하게 속이 찬 실(實)한 나무가 잎이 튼튼하고 열매[實]도 먹음직스러운 것은 경험적으로 확인할 수 있는 사실이지만 다시 보면 자연에는 그런 이치를 거스르는 자연물도 있다는 것이다. 대별왕은 속이 텅 빈 대나무를 일례로 삼는다.

〈천지왕본풀이〉의 첫 번째 수수께끼 문답이 제기하는 허실(虛實) 문제는 간단치 않은 인문학적 상상력을 촉발시키지만 먼저 떠오르는 것이, 신화적 사유를 철학의 언어로 바꾸어놓은 《노자》의 잠언 들이다. "계곡의 신은 죽지 않으니 이것을 검은 암컷이라고 한다. 검은 암컷의 문을 하늘과 땅의 뿌리라고 한다. 이어지고 이어져 영 원히 존재하니 아무리 써도 마르지 않는다."(6장) 이 죽지 않는 '계 곡의 신'(谷神)을 대다수의 주석가들은 '텅 빔'(虛)으로 해석한다. '허'야말로 여성적 원리이고 모든 것의 근원이며 영원하다는 것이 다. 대별왕의 수수께끼 풀이는 노자의 잠언과 다를 바 없다. 소별왕은 자연의 실한 상태만을 보았지만 대별왕은 자연의 허한 지점까지 꿰뚫어본 신이다. 허실의 두 이치를 통관해야 천지를 다스리는 신이 될 수 있다는 것이 첫 번째 수수께끼 풀이의 참뜻이다.

두 번째 수수께끼 역시 연장선에 있다. 다른 것이 있다면 두 번째 수수께끼에는 갑작스런 사고의 비약이 개입되어 있다는 점이다. 첫 번째와 달리 대 별왕이 내놓은 답은 엉뚱하게도 대지의 풀에서 사람의 터럭으로 변환된다. 대별왕은 대지의 풀과 사람의 터럭을 동일시함으로써 경험적 사고의 뒤통수를 후려치고 있는 셈이다. 이런 동일시를 우리는 은유라고 부른다. '머리를 풀고 하늘로 올라가는 것은?'이라고 묻고 '연기'라고 대답하는 수수께끼 문답 속에 작동하는 언어의 놀이가 바로 은유다. 두 번째 수수께끼는 수수께끼 언어의 본질인 은유를 적절히 보여준다.

그런데 이 은유를 유심히 들여다보노라면 18세기 조선의 철학적 화두였던 인물성론(人物性論)이 슬며시 떠오른다.

수수께끼를 좋아한 스핑크스. 스핑크스는 테베로 통하는 길목의 바위 위에 앉아 있다 지나가는 사람에게 수수께끼를 내어 풀지 못하면 그 목숨을 빼앗았다. 구스타브 모로가 그린 '승리하는 스핑크스'.

인간의 본성과 사물의 본성은 같은가, 다른가? 같다고 하든 다르다고 하든 거기에는 나름의 논리가 있어 이른바 호락(湖洛)논쟁으로 불이 붙었지만 〈천지왕본풀이〉의 대별왕에게 인성(人性)과 물성(物性)은 애초에 다를 수가 없다. 대지의 풀과 사람의 터럭이 같다고 말하고 있지 않은가. 사물과 인간이 다르다고 생각하는 한 두 번째 수수께끼 풀이는 딜레마에 빠질 수밖에 없다. 이 딜레마를 벗어날 수 있는 지혜는 '나는 너다' 혹은 '나는 풀이다'라는 깨달음, 곧 논리적 추론 너머에 있는 직관 안에서 솟아난다. 〈천지왕본풀이〉의 두 번째 수수께끼에는 이런 지혜가 있어야 창조된 세계를 잘 다스릴 수 있다는 신화의 논리가 숨어 있다.

수수께끼 내기에서 지자 속임수로 꽃을 피운 소별왕

창조신화의 이런 수수께끼 형식은 영웅신화에서도 나타난다. 가장 잘 알려진 것이 아마도 "일곱 고개 일곱 골짜기에 있는 돌 위 소나무 아래 내가 감춰둔 물건을 찾아라"라는 수수께끼일 것이다. 주몽이 부여를 떠나면서 아직 태어나지 않은 아들에게 남긴 수수께끼다. 후레자식이라는 모욕을 당하고 돌아와 어머니에게서 아버지가 남긴 수수께끼를 들은 유리는 산골짜기를 찾아 헤맨다. 수수께끼임을 깨닫지 못하고 소별왕처럼 지시적인 뜻만을 좇아 헛수고를 한 것이다. 유리는 고생 끝에 돌아와 자기 집 마루 기둥에서, 이규보의 서사시 〈동명왕편〉에 따르면, '슬픈 소리'를 듣는다. 그때서야 깨달은 유리는 "일곱 고개 일곱 골짜기는 일곱 모가 난 돌을 일컫는 것이고, 돌 위의 소나무란 기둥을 의미한다"고 해석한다. 수수께끼를 수수께끼답게 푼 것이다.

그런데 유리의 수수께끼 풀이 과정에서 놓칠 수 없는 대목이 '슬픈 소리'이다. 이 소리가 없었다면 유리는 딜레마를 헤어날 길이 없었을 것이고, 끝내 아버지를 만나 왕위를 계승하지 못했을 테니까 말이다. 그렇다면 유리는 스스로 '지혜로운 자'가 된 것이 아니라 소리의 도움, 다시 말해 주인을 만나지 못해 슬픈 소리를 내고 있는 부러진 칼의 도움으로 수수께끼를 푼 영웅이 된 셈이다.

그러면 유리를 영웅으로 만든 부러진 칼이란 무엇인가? 다 알고 있듯이 유리는 이 칼을 들고 고구려로 가 주몽의 부러진 칼과 이를 맞춘다. 칼은 부자관계를 확인하는 신물(信物)이면서 동시에 신성한 왕권의 계승을 상징하는 신물(神物)인 것이다. 한데 부러진 칼들은 합체가 되면서 피를 흘린다. 이는 〈제석본풀이〉에서 아버지를 찾아간 삼형제와 아버지인 중이 손가락을 베어 은바릿대에서 피가 섞이는 것을 보고 나서야 관계를 확인하는 데서 알 수 있듯이 친자를 밝히는 방법이지만 꼭 그것만은 아니다. 합체된 칼에서 흐르는 피는 왕권의 획득과 유지에 수반되는 폭력의 상징이기도 하다. 그렇다면 '칼의 소리'를 통해 수수께끼를 풂으로써 증험된 유리의 지혜는 창조신화의 대별왕의 지혜와는 아주 다른 것이다.

　여기서 되돌아봐야 할 존재가 수수께끼 내기에서 진 소별왕이다. 그는 수수께끼 내기에서 지자 마지막으로 잠자면서 꽃 피우기 시합을 하자고 제안한다. 본토 〈창세가〉에 등장하는 석가의 제안과 같다. 물론 소별왕은 이 내기에서도 꽃을 피우지 못해 패배자가 되지만 형을 속여 내기에서 이긴다. 소별왕은 부당한 방법으로 지혜로운 자를 저승으로 쫓아내고 이승의 지배자가 된 것이다. 그래서 세계는 낙토(樂土)가 아니라 고토(苦土)가 되었다는 것이 우리 창조신화의 세계 인식의 일단이다. 이 고토에서 유리는 칼이 부르는 슬픈 소리를 듣고 아버지의 수수께끼를 푼다. 칼의 유인을 당하고서야 수수께끼를 푼 유리, 수수께끼 내기에서 지자 속임수로 꽃을 피운 소별왕, 칼을 든 영웅과 사기꾼 창조신은 둘이 아니다.

　지금까지 신화 안에 나오는 수수께끼에 대해 이야기했지만 사실 그것만이 수수께끼는 아니다. 신화 자체가 이미 수수께끼의 일부이기 때문이다. 신화는, "누가 이 삼라만상이 어디에서 태어났고 어디에서 왔다고 말할 것인가?"라는 《리그베다》의 물음처럼, "현명한 거인이여, 땅과 저 위의 하늘은 어디로부터 왔는가?"라는 《에다》의 신 오딘의 목숨을 건 질문처럼, 수수께끼 식의 물음에 대한 답변으로 구성되어 있다. 그러나 그 답변은 논리적 추론으로 이뤄진 것이 아니다. 예컨대 창조신이 하늘을 밀어 올려 천지를 만들고, 죽은 후에는 몸의 각 부분이 만물로 변형되었다는 식의 시적 이야기로 이뤄져 있기 때문에 답변 자체가 또 다른 수수께끼가 된다. 그렇다. 신화는 언제나 한판 수수께끼 내기를 하자고 저 푸른 안개 속에서 우리를 기다리고 있다.

| 사진 · 그림 저작권 및 출처 |

사진 및 그림 저작권(저작권자, 해당 페이지)

· 강요배 218

· 강창광 190, 195

· 김태형 13, 15, 20, 49, 62~64, 81, 83, 106, 124, 131, 205~206, 227, 231~232

· 박병욱 239

· 서헌강 152

· 선종혁 259

· 이재호 148, 150, 273

· 정남구 126

· 조현설 129, 175, 210, 211~212, 214

· 탁기형 41

· 경주박물관 176

· 미농미디어 157

· 연합뉴스 202

· 제주 뉴시스 189

도서 자료 사진

· 김태곤 편, 《한국무신도》, 열화당, 1989.

· 국립중앙박물관, 《중앙 아시아 미술》, 삼화출판사, 1986.

· 박성수, 《단군기행》, 교문사, 1988.

· 이기선 글, 안장헌 외 사진, 《지옥도》, 대원사, 1992.

· 안휘준 감수, 《풍속화》, 중앙일보사, 1985.

· 황용훈, 《동북아시아의 암각화》, 민음사, 1987.

· 한국방송공사, 《고구려 고분벽화 고구려 특별대전》, 1994.

· 구스타브 도레, 《도레 판화 성경》, 크리스탄 다이제스트, 1985.

· 나카자와 신이치, 《곰에서 왕으로》, 동아시아, 2003.

· 단테, 《신곡》, 범우사, 1994.

· 프랑수아즈 프롱티시 뒤크루아, 《신화》, 창해, 2001.

· Arthur Cotterell, 《The Encyclopedia of Mythology》, Anness Publishing, 1991.

· Rachel Storm, 《The Encyclopedia of Eastern Mythology》, Southwater, 1999.

· 戈阿干, 《A Collection of Dongba Original Text》, 云南人民出版社, 1991.

· 郭大烈 편, 《Research on Naxi Dongba Culture》, 云南人民出版社, 1991.

· 陶阳钟秀, 《Zhorggo Wenhuashi Congshu》, 上海人民出版社, 1989.

· 申甫廉, 《中國彝族虎文化》, 云南人民出版社, 1992

· 于晓飞 외, 《赫哲族阿伊努文化比較研究》, 黑龙江人民出版社, 2002.

· 黃任, 《通古斯滿語族神話》, 黑龙江人民出版社, 2000.

우리 신화의 수수께끼

© 조현설 2006

초판 1쇄 발행 2006년 1월 16일
초판 11쇄 발행 2021년 3월 10일
개정판 1쇄 발행 2026년 4월 20일

지은이 조현설
펴낸이 유강문
인문사회팀 최진우 김효진
마케팅 김한성 조재성 박신영 김애린 오민정 우지윤

펴낸곳 (주)한겨레엔 www.hanibook.co.kr
등록 2006년 1월 4일 제313-2006-00003호
주소 서울시 마포구 창전로 70 (신수동) 화수목빌딩 5층
전화 02-6383-1602~3 **팩스** 02-6383-1610
대표메일 book@hanien.co.kr

ISBN 979-11-7213-411-2 03380